Das Buch

Eine wahre Abenteuergeschichte, die zwischen Europa, Afrika und Südamerika in den Weiten des Ozeans spielt: Timo Peters hat kein Boot, so gut wie keine Segelerfahrung und kaum Geld – nur die verrückte Idee, den Atlantik zu überqueren. Per Anhalter.
Klingt eher aussichtslos, aber nach einigen Tagen in Südspanien findet er eine Mitsegelgelegenheit zu den Kanaren. Und von dort soll es weitergehen, Richtung Kapverden, zum Äquator und dann nur noch nach Westen!
Unterwegs taucht er ein in die skurrile Community der Weltumsegler. Er trinkt Champagner mit Millionären und lauscht den Geschichten stolzer Kapitäne. Denn zwischen den winzigen Inseln inmitten des Nichts treiben sich jede Menge Träumer, Hippies und Hasardeure herum. Eines haben sie alle gemeinsam: Sie wollen ausbrechen aus dem Alltag und sind auf der Suche nach der ganz großen Freiheit.

Der Autor

Timo Peters lebt und arbeitet als freiberuflicher Journalist für diverse Zeitungen und Magazine in Norwegen. Nebenbei betreibt er den Abenteuerblog »bruderleichtfuss.com« und das Onlinemagazin »Fjordwelten«.

Wie ich per Anhalter auf Segelbooten nach Südamerika reiste

Timo Peters

COUCH-SAILING

AUF DEM ATLANTIK

Kiepenheuer & Witsch

HUDSONBAI

LABRADORSEE

USA

NO
ATLANT
OZE

GOLF VON MEXIKO

MEXIKO

KUBA

PUERTO RICO

GUATEMALA

KARIBISCHES MEER

NICARAGUA

VENEZUELA

GUYANA

KOLUMBIEN

SURINAME

ECUADOR

PERU

BRASILIEN

NORWEGEN

VEREINIGTES
KÖNIGREICH

IRLAND

DEUTSCHLAND

FRANKREICH

ITALIEN

SPANIEN

PORTUGAL

TUNESIEN

RD-

ISCHER

AN

MAROKKO

ALGERIEN

WESTSAHARA

MAURETANIEN

MALI

NIGER

BURKINA
FASO

GUINEA

NIGERIA

GHANA

GOLF VON
GUINEA

GABUN

ÄQUATOR

Inhalt

Für Modi und Malla

Der 14-Stunden-Schlaf

Ich glaube, ich muss kotzen. Mein Magen zieht sich zusammen, es ist gleichzeitig heiß und kalt und zwischendurch habe ich das Gefühl, dass mir schwarz vor Augen wird. Ich spüre, wie sich Schweißtropfen auf meiner Stirn sammeln.

Verdammt, was ist denn los mit mir? Bin ich seekrank? Das kann eigentlich nicht sein. Es darf jedenfalls nicht sein, nicht jetzt! Ich war noch nie seekrank. Weder auf den Wochenendtörns im Sommer auf der Ostsee noch letztes Jahr auf dem Mittelmeer. Nie hatte ich Probleme. Ich konnte bislang sogar bei ordentlich Wellengang unter Deck sitzen und ein Buch lesen, während der Rest der Crew oben an Deck den Horizont fixierte, um die Übelkeit unter Kontrolle zu bekommen.

Abgesehen davon: Hier herrscht gar kein Seegang. Wenn man überhaupt von Wellen sprechen kann, dann sind sie winzig klein. Die *Mystique* treibt gemächlich über das Meer, sie stampft nicht durch das Wasser, sie hat so gut wie keine Schräglage.

Das letzte Segelmanöver war heute Morgen, als der Wind nachließ und wir das Vorsegel hissten, um mehr Segelfläche zu haben und nicht den Motor zuschalten zu müssen.

Seitdem herrscht Ruhe an Bord, ein paar Schäfchenwolken stehen am Himmel. Im Westen, Richtung Amerika, versinkt gerade die Sonne im Meer und taucht den friedlichen Ozean in rötliches Licht. Ein paar Seevögel sitzen auf dem Wasser und scheinen zu müde zum Jagen zu sein (oder zu satt). Dies ist eher Binnenalster als wilder Atlantik.

34° 23' 03.5" N – 008° 09' 10.3" W

Tag 11 der Reise

In meinem Kopf aber herrscht seit ein paar Stunden das Chaos. Irgendwann heute Nachmittag realisierte ich, dass der Moment gekommen war, dem ich seit Monaten entgegengefiebert hatte: kein Land mehr in Sicht! Meine Welt ist von jetzt an in zwei Hälften geteilt: oben der Himmel, unten das Wasser. Zwei Blautöne, getrennt von einer hauchdünnen und kreisrunden Linie. Egal in welche Himmelsrichtung ich mich drehe, ich sehe den Horizont. Ein Gefühl der absoluten Freiheit wollte ich jetzt verspüren. Endlich richtiges Hochseesegeln, auf den Spuren der großen Entdecker und Abenteurer! Die Nase im Seewind, eine Hand am Ruder und die Augen immer Richtung Karibik – so hatte ich mir das vorgestellt.

Stattdessen krallen sich meine beiden Hände so fest an das dünne Drahtseil der Reling, dass ich das Weiße auf meinen Handknöcheln sehen kann.

Eigentlich wäre es gerade meine Aufgabe, das Meer und den Horizont zu beobachten und nach Schiffen Ausschau zu halten, die unseren Kurs kreuzen könnten. Dafür hat Captain Randy mich an Bord genommen, als wir vorgestern abgelegt sind: als Unterstützung für den Ausguck. Randy kommt aus Colorado in den Vereinigten Staaten, ist 52 Jahre alt und eigentlich ein »Einhandsegler« – er segelt sein Schiff in der Regel allein und ohne die Hilfe einer Crew. So hat er im vergangenen Frühjahr den Atlantik überquert, von Florida nach Frankreich. Jetzt ist er auf dem Rückweg, der ihn zunächst entlang der Küste Marokkos in den Süden führt, zu den Kanarischen Inseln. Hier herrscht eine Menge Verkehr: Tanker und Containerschiffe teilen sich diesen wichtigen Seeweg, Kreuzfahrtriesen und vor allem eine Menge kleiner marokkanischer Fischerboote ohne moderne Ausrüstung. Um dieses Gewimmel jederzeit im Auge zu haben, hat Randy beschlossen, für dieses Teilstück ausnahmsweise jemanden bei sich an Bord zu haben.

Im Moment bin ich ihm jedoch keine große Hilfe. Zwar starre ich hinaus auf das Meer, meine Gedanken drehen sich aber nicht um unseren Kurs und den der anderen Schiffe in diesem Seegebiet. Sie drehen sich um alle möglichen Horrorszenarien: Wie weit mag es von hier aus zur Küste sein? Was, wenn mir hier was passiert? Oder Randy? Ich könnte die *Mystique* auf keinen Fall allein manövrieren. Oder? Mein Blick folgt jetzt dem roten Seil, das vor meinen Füßen entlangläuft bis nach vorne zum Bug. Keine Ahnung, wohin genau, aber es steht unter Spannung, muss also wichtig sein. Scheiße, denke ich und überlege, wie ich aus der Nummer hier herauskomme.

Ungefähr 55 Seemeilen sind es von hier aus zur Küste von Marokko, gute hundert Kilometer. Wie weit können eigentlich Rettungshubschrauber fliegen? Würde so ein Helikopter uns hier überhaupt noch erreichen und wie lange bräuchte er dafür wohl?

55 Seemeilen ... die *Mystique* schafft im Schnitt bislang so fünf Meilen in der Stunde ... wir bräuchten also elf Stunden, um Land zu erreichen.

Könnten wir bei diesem Wind überhaupt nach Afrika segeln?

Meine Gedanken drehen sich im Kreis. Oder sie springen im Zickzack. Ob Kolumbus sich auch so gefühlt hat, als er nach Amerika aufbrach? Sicher nicht, denke ich, vielleicht die Schiffsjungen. Wobei selbst die Schiffsjungen im 15. Jahrhundert wahrscheinlich härtere Typen waren, als ich es bin.

Wie schnell ist wohl ein professionelles Rettungsboot? Bestimmt fünfmal so schnell wie wir. Wäre also in zwei Stunden hier, das geht.

Wobei: Wo ist wohl die nächste Stadt, in der so ein Speedboat auf meinen Funkspruch wartet? Und gibt's in Marokko überhaupt so moderne Schiffe? Bislang habe ich hauptsächlich klapprige alte Fischerboote gesehen ...

TIMO! Beruhig dich!

Ich muss versuchen, meine Gedanken zu ordnen. Also versichere ich mir: Alles läuft hier absolut nach Plan. Mein größter Traum ist gerade dabei, in Erfüllung zu gehen. Wenn mir vor einer Woche jemand gesagt hätte, wo ich mich heute befinden würde, hätte ich das mit Kusshand genommen! Ich bin an Bord einer hochmodernen Segelyacht mit der besten Ausrüstung, die man sich wünschen kann. Anders als Christopher Kolumbus' *Santa Maria* hat die *Mystique* eine Radaranlage, wir haben Funkgeräte an Bord, GPS natürlich und AIS, ein Navigationssystem, das auch von der professionellen Hochseeschifffahrt genutzt wird. Über das Satellitentelefon bekommen wir Wetterinfos und E-Mails, theoretisch könnte ich jederzeit meine Mama anrufen. Apropos Wetter: Es könnte nicht besser sein und aller Voraussicht nach wird es auch in den kommenden Tagen so bleiben.

»Es gibt keinen Grund, Angst zu haben!«, sage ich jetzt laut zu mir selbst.

Es funktioniert, denke ich und merke, wie meine Hände sich ein wenig entkrampfen. Entspann dich, Timo, locker bleiben. Dein Captain hat jede Menge Erfahrung. Was sagte Randy, als wir uns kennenlernten? Die *Mystique* ist schon sein drittes Segelschiff, er war schon auf dem Pazifik unterwegs und kennt den berüchtigten Golf von Mexiko wie seine Westentasche. Dort hat er irgendwann in den Neunzigern das »Yachtmaster Ocean Certificate« erworben, das ist der größte und schwierigste Segelschein, den man überhaupt machen kann. Ich durfte auch einen Blick in sein persönliches Logbuch werfen: 50.000 Seemeilen sind da vermerkt. Rein rechnerisch hat Randy die Welt also schon mehr als zweimal umrundet. Einen besseren Skipper hätte ich nicht finden können!

Okay, es wird besser, merke ich und lasse meinen Blick über den Horizont schweifen. Rechts von der *Mystique*, oder steuerbord, wie ein echter Segler sagen würde, funkelt das Meer jetzt geradezu. Orangerot blitzt es an einer Million Stellen gleichzeitig auf. Einige Vögel scheinen diesen spektakulären Sonnenuntergang zu nutzen, um sich zu ihrer nächtlichen Angeltour aufzuraffen. Ganz in der Nähe des riesigen Feuerballs, der gerade im Westen in den Atlantik taucht, schießen sie immer wieder ins Wasser, bis sie schließlich mit ihrer Beute im Schnabel abdrehen und verschwinden.

Auch Randy kümmert sich anscheinend gerade um das Essen. Bis eben hat er in seiner Koje geschlafen, jetzt dringen Klappergeräusche aus der Bordküche zu mir an Deck. Das war keinen Moment zu früh, denke ich. Zum Glück hat Randy meine kleine Krise nicht mitbekommen! Die Blöße möchte ich mir echt nicht geben.

Also stürze ich nicht gleich nach unten zu meinem Captain, sondern wische mir den kalten Schweiß von der Stirn und lasse mir noch ein bisschen Wind um die Nase wehen.

Einige Minuten stehe ich so da und schaffe es jetzt auch, mich auf meine eigentliche Aufgabe zu konzentrieren: Im Norden hat gerade ein Containerschiff seine Positionslichter eingeschaltet, ich sehe ein schwaches grünes Leuchten – das Schiff ist also in Richtung Osten unterwegs. Vielleicht fährt es ins Mittelmeer, vielleicht läuft es aber auch einen marokkanischen Hafen an, Casablanca, Rabat oder Tanger. Ich werde es nicht erfahren, denn es ist weit weg und wird bald hinter dem Horizont verschwinden.

Gut für uns, denke ich noch, hier besteht ganz sicher keine Kollisionsgefahr. Da steckt Randy seinen Kopf durch die Luke: »Wie läuft's hier oben, alles gut?«, fragt er. Ich erschrecke mich ein bisschen und höre mich noch »Alles super« sagen, bevor ich einen Satz zur Seite mache und mich in hohem Bogen über die Reling übergebe.

Na klasse, denke ich. Wie sehr wird Randy jetzt bereuen, dass er mir eine Koje angeboten hat. Statt auf der Reise zu den Kanaren jemanden dabeizuhaben, der mitanpacken kann, hat er jetzt einen nutzlosen Mitesser an Bord, um den er sich noch zusätzlich zu kümmern hat. Ich fühle mich elend und bin mir nicht sicher, was gerade am schlimmsten ist: die Übelkeit? Das schlechte Gewissen oder die Scham? Oder die Gewissheit, dass es noch mindestens sieben Tage dauern wird, bis ich wieder festen Boden unter meinen Füßen habe?

Randy lässt sich nichts anmerken, er gibt sich verständnisvoll und erzählt mir von seinen Erfahrungen mit Seekrankheit, die ja fast jeder Segler schon mal gehabt hätte. Ich kann ihm leider nur halb zuhören, so sehr bemitleide ich ihn und mich selber. »Ich bin nicht seekrank«, stammle ich und merke dabei, wie unglaubwürdig sich das anhören muss. Randy scheint mich gerade auch nicht ernst zu nehmen, denn jetzt reicht er mir eine Packung mit Tabletten gegen Seekrankheit. Ich bemerke, dass sie tatsächlich schon geöffnet ist und einige Pillen fehlen – für einen Augenblick kann ich mich darüber freuen.

Eigentlich möchte ich trotzdem keine schlucken, aber ich bin jetzt zu schwach, um mich zu wehren. Ich spüle eine der Tabletten hinunter und frage mich, wie ich mich jetzt weiter verhalten soll. Aber Randy, ganz der Captain, hat schon einen Plan: »Ich habe geschlafen, fühle mich gut«, sagt er, »jetzt übernehme ich.« Ich schaue auf die Uhr und unterdrücke kurz den Impuls, ihm zu widersprechen:

Es ist gerade einmal sieben Uhr und ich habe laut Plan noch den größten Teil meiner Schicht vor mir. Aber ich lasse die Dinge jetzt einfach geschehen und wehre mich nicht, als Randy mich in meine Koje schickt. »Du schläfst dich jetzt erst mal aus und morgen sieht die Welt dann ganz anders aus!«

Das bezweifle ich stark, denke ich, als ich die Treppe hinuntersteige und zu meiner Koje im hinteren Teil der *Mystique* wanke. Dort ziehe ich mich aus und drücke mein Gesicht in das Kopfkissen. Wie soll ich die nächste Woche bloß überstehen? Wie wird Randy morgen mit mir umgehen? Hält dieses bescheuerte Gefühlschaos jetzt wirklich noch tagelang an? Falls ja, dann ist dies schon das Ende meiner Tramperreise über den Atlantischen Ozean.

»Die Kanaren sind ja auch ganz schön«, denke ich noch, bevor ich in einen langen, traumlosen Schlaf falle, aus dem ich die nächsten 14 Stunden nicht erwachen werde.

Libertalia

Es ist ein Augusttag in San Sebastián und zu dieser Zeit kann man sich in die baskische Hafenstadt eigentlich nur verlieben. In der Altstadt wimmelt es von Einheimischen und Touristen, die den ganzen Tag über nur Kaffee und Rotwein zu trinken scheinen. In kleinen Imbissen und Restaurants lassen sie sich Tapas schmecken, die hier Pintxos heißen und angeblich hier erfunden wurden. Durch jede der kleinen Gassen wehen die Klänge von Geigen, Gitarren, Bongos und allen erdenklichen anderen Instrumenten. In den letzten vier Wochen habe ich viele Städte gesehen, aber nirgendwo tummelten sich so viele Straßenmusiker wie hier.

An der Strandpromenade legen sich barfüßige Zauberer, Jongleure mit dicken Rastazöpfen und Feuerspucker in Batikshirts ordentlich ins Zeug, um sich von den flanierenden Touristen ein paar Euros für etwas zum Essen, einen Tetrapak Wein oder den nächsten Joint zu erschnorren. Unten am Strand springen Kinder in die Luft und versuchen, überdimensionale Seifenblasen zum Platzen zu bringen, die eine Blondine in einem bunten Blümchenkleid mit zwei Stäben in die Luft zieht. In großen Lettern hat sie »GRACIAS« vor sich in den Sand geschrieben, um die Eltern der Kinder wissen zu lassen, dass auch sie sich über eine Spende freuen würde.

Eines der beliebtesten Motive der Postkartenhändler zeigt die Promenade aus einem Winkel fotografiert, der die Bucht, die sie umschließt, wie ein riesiges Herz erscheinen lässt – mit einer kleinen Insel an der Spitze.

Um dem sowieso schon heftig übertriebenen Kitsch die Krone aufzusetzen, wird genau hinter dieser kleinen Insel gleich die Sonne im Atlantik untergehen.

43° 19' 05.6" N – 001° 59' 11.3" W

1 Jahr vor der Reise

Eigentlich müsste diese Hippieszenerie ganz gut zu meiner Stimmung passen. Ich nutze gerade meine letzten freien Semesterferien für eine Reise per Anhalter. Kreuz und quer bin ich in den letzten Wochen durch Europa getrampt. Ich habe als Couchsurfer in Prag und Paris übernachtet und in meinem kleinen Einmannzelt auf Rastplätzen in der Slowakei und an Autobahnabfahrten in Frankreich. Zwischendurch bin ich mal drei Tage von Bratislava aus an der Donau entlanggewandert, um in Wien einen Kumpel zu besuchen. Ich nehme alles so, wie es kommt, lasse mich treiben und lebe komplett ohne Pläne. So gesehen könnte ich mich also eigentlich ganz gut bei den anderen Tagträumern von der Strandpromenade an der Bahía de la Concha einreihen. Hier ein paar Freunde für die nächsten Tage zu finden, sollte kein Problem sein.

Noch vor ein paar Tagen hätte ich mich einfach ins Getümmel gestürzt. Doch jetzt gerade fehlt mir irgendwie die Lust. Vielleicht liegt es daran, dass San Sebastián bislang nicht gerade freundlich zu mir war. Bis kurz vor den Toren der Stadt lief es noch perfekt. Ramunas, ein litauischer Trucker, hatte mich aus Frankreich ins Baskenland mitgenommen. Ein superfreundlicher Kerl, der englisch sprach und mir zum Abschied ein halbes gebratenes Hühnchen zusteckte. An einer Abfahrt der Autopista 1 stieg ich aus dem Führerhaus seines Kühltransporters und ging davon aus, für die letzten paar Kilometer in die Altstadt schnell eine Mitfahrgelegenheit zu finden. Stattdessen wartete ich Ewigkeiten ohne Erfolg und ging schließlich fast zwei Stunden zu Fuß durch die nordspanische Mittagshitze.

Endlich angekommen, erwartete mich dann die nächste negative Überraschung: Auf meine Anfragen für einen Übernachtungsplatz über Couchsurfing gab es nur Absagen.

Ich beschloss, mir für meine erste Nacht in San Sebastián erst einmal ein kleines Lager am Strand zu errichten – nur um wenig später von der Guardia Civil verjagt zu werden. Ziemlich frustriert schlug ich also spätabends mein Zelt auf einem Campingplatz auf, der auch noch etwas außerhalb der City lag. Dort habe ich die letzte Nacht verbracht, umringt von schicken Wohnmobilen und Familienurlaubern – ich fühle mich nicht wohl hier. Und dazu habe ich zum ersten Mal überhaupt auf meiner Reise für meine Unterkunft bezahlt. Zwar nur sieben Euro, aber bezahlt ist bezahlt und es geht ums Prinzip.

Nun sitze ich etwas missmutig vor meinem Laptop in einem Café in einer Seitengasse zur Strandpromenade. Bei Couchsurfing habe ich noch immer keine Zusage erhalten. Wie soll meine Reise jetzt weitergehen? San Sebastián und ich, das passt anscheinend gerade nicht. Also erst mal weitertrampen. Bislang habe ich es genossen, jeden Tag vollkommen frei entscheiden zu können, wohin ich möchte. Jetzt überfordern mich die Möglichkeiten ein bisschen und nichts reizt mich so richtig. Weiter entlang der Atlantikküste, nach Bilbao oder Santander? Oder in die Großstadt, nach Madrid oder Lissabon? Gelangweilt klicke ich mich durchs Internet, lade ein paar Bilder der letzten Tage bei Facebook hoch. Ein Selfie von mir vor dem Eiffelturm, ein Foto von meinem Rucksack auf einem Trecker irgendwo zwischen Paris und Bordeaux. Ich muss schmunzeln: die langsamste Mitfahrgelegenheit meiner Reise bislang, ich war beim Trampen ein Stückchen vom Weg abgekommen und ein Bauer brachte mich zurück zur Autobahn. Wir konnten uns nur mit Händen und Füßen verständigen, er sprach kein Wort Englisch und ich spreche kein Wort Französisch. Ein Foto von Stéphane, meinem Couchsurfing-Host in Paris. Bei ihm saßen jeden Abend außer mir noch weitere Gäste auf der Couch und gemeinsam mussten wir seine neuesten Erfindungen testen: Stéphane arbeitet als Brettspielentwickler. So richtig gut funktioniert hat irgendwie keines seiner Spiele, aber vielleicht lag das auch an dem Rotwein, den er zu unseren Spielrunden ohne Pause ausschenkte.

Während ich auf die ersten Reaktionen auf die Fotos bei Facebook warte, aktualisiere ich immer mal wieder den

Couchsurfing-Tab. Vielleicht sagt mir hier ja doch noch jemand zu.

Nichts.

Also gebe ich mögliche Ziele in das Suchfenster ein und schaue mir die Profile der Gastgeber an. In Madrid und Bilbao fällt mir niemand ins Auge, ich scrolle eine Weile bei »Spanien«. Zwischendurch wieder zu Facebook, die ersten Kommentare auf meine Bilder sind da. Meine Tante schreibt mir, wie sehr sie Paris liebt, Adrian lacht über meine Treckerfahrt und wünscht mir noch viel Spaß.

Ich bin auf der dritten Suchergebnisseite für »Portugal« angekommen, als ich plötzlich bei einem Host hängen bleibe. »My couch is on a boat«, steht da und »Accepting guests«. Der Gastgeber heißt Phil, ist Deutscher und wohnt angeblich auf einem Segelboot, das sich gerade in Südportugal befindet.

»Das wäre ja zu cool, um wahr zu sein«, höre ich mich murmeln und merke, wie es anfängt zu kribbeln. Mit einem Schlag ist diese Reiseeuphorie wieder da, die ich heute so vermisst habe. Couchsailing – das wäre es doch! Ich versuche, mich ein wenig zu bremsen. Ist das vielleicht eines dieser unseriösen Angebote bei Couchsurfing, vor denen man immer mal wieder gewarnt wird? Möglicherweise hat der Typ es nur auf junge Frauen abgesehen, die er mit billigen Tricks beeindrucken kann? Vielleicht ist er aber auch einfach auf der Suche nach erfahrenen Seglern. Wahrscheinlich das. Wieso sollte jemand mit eigenem Segelboot sich irgendwelche Tramper auf seine Yacht holen?

Ich studiere das Profil genauer. »Ich benutze Couchsurfing, um Crew für mein Segelboot zu finden« steht da. Ein

Bild von Phil, er scheint nicht viel älter zu sein als ich, es sei denn, das Foto ist nicht ganz aktuell. Und ein Bild von einem schwarzen Schiff mit zwei Masten. Das ist »normalerweise mit öffentlichen Verkehrsmitteln zu erreichen« und hat zwei Gästekabinen. Plus eine »Wohnzimmercouch« – in Anführungszeichen.

Last-Minute-Anfragen okay? Ja
Maximale Anzahl von Gästen? 3
Kinder erlaubt? Nein
Haustiere erlaubt? Nein
Rauchen erlaubt? Ja

Und immerhin vier positive Referenzen, von denen sich zumindest zwei definitiv so anhören, als hätten da tatsächlich Leute bei Phil auf dem Boot übernachtet. Couchsurfing funktioniert auf Vertrauensbasis, Sicherheit wird nur dadurch geschaffen, dass Reisende ihre Hosts nach der Reise öffentlich einsehbar bewerten – und umgekehrt.

Ich schreibe Phil eine Nachricht:

Hey, ich bin Timo und gerade in Nordspanien unterwegs. Suchst du gerade Leute zum Mitsegeln? Ich hätte Lust, bin aber noch nie gesegelt (außer einmal auf Klassenfahrt auf dem Ijsselmeer, aber das zählt glaube ich nicht). Stimmt die Info, dass du gerade an der Algarve bist? Habe noch viel mehr Fragen, aber belasse es erst mal dabei und freue mich auf eine Antwort!
Lieben Gruß
Timo

Die Nachricht abgeschickt zu haben, gibt mir ein gutes Gefühl. Allerdings: Solange ich keine Antwort habe, habe ich noch immer keine Idee, wie es hier und jetzt für mich weitergeht. Also gehe ich erst einmal zum Tresen und bestelle eine der gelben Bierdosen, die mich aus dem Kühlschrank anlächeln. Es ist schließlich schon Nachmittag und ich bin im Urlaub. »Keler« heißt das lokale Gebräu und genau in dem Moment, in dem ich die Dose mit einem Zischen öffne, ploppt schon die Nachricht von Phil in meinem Couchsurfing-Posteingang auf:

Suche Crew, melde dich: +351921123456

Ein Telefonat und einen 30-Stunden-Trampermarathon quer durch Spanien später besteige ich das kleine Beiboot der *Libertalia*, mit dem mich Phil von einem Steg am Hafen des Fischerörtchens Tavira abholt. Ab jetzt reise ich per Anhalter auf einem Segelschiff!

Bevor ich drei Wochen später schweren Herzens von Bord gehen muss, da meine Semesterferien zu Ende sind, erlebe ich eine Zeit, die sich wie ein Traum anfühlt. Außer Käpt'n Phil und mir »wohnen« auf dem Boot: Reini, ein 49-jähriger Weltreisender aus Bremen. Anthony, ein Franzose, der so alt ist wie ich, aber schon seit einem Jahr durch Europa reist und dabei sagenhafte 150 positive Referenzen von Couchsurfing-Gastgebern erhalten hat. Später stößt noch die Schwedin Maria zu uns und gemeinsam segeln wir durch die Straße von Gibraltar ins Mittelmeer.

Auf dem Weg beobachten wir Delfine, die auf unserer Bugwelle surfen. Ich lerne, was »backbord« und »steuerbord« bedeutet und dass man bei »Raumwind«, also bei Wind von der Seite, am schnellsten segelt. In Cádiz verbringen wir ein Wochenende, an dem wir jede Nacht bis in die Morgenstunden in Strandklubs tanzen. Ich stehe zum ersten Mal in meinem Leben am Ruder eines echten Schiffes. Wir ankern in Buchten, schnorcheln zwischen Barrakudas, angeln und grillen. In Gibraltar trinken wir britisches Ale, machen Selfies auf dem Affenfelsen und mit schwitzenden Polizisten. Ihre Uniformen sind für englischen Nieselregen und nicht für die südspanische Mittelmeersonne ausgelegt.

Und im Hafenbüro von La Línea entdecke ich einen Aushang am Schwarzen Brett: »Crew wanted: Gibraltar – Las Palmas de Gran Canaria«.

Viel zu schnell muss ich meine Koje auf der *Libertalia* wieder gegen mein selbst gebautes WG-Bett in Hamburg tauschen und meinen Platz am Ausguck gegen den Schreibtischstuhl.

Eigentlich sollte meine ungeteilte Aufmerksamkeit nun meinem Uniabschluss gelten.

Doch dieser Zettel von La Línea geht mir einfach nicht aus dem Kopf. Sollte es tatsächlich möglich sein, über den Atlantik zu trampen? Einen Ozean ohne Flugzeug und ohne eigenes Schiff zu überqueren?

Irgendwann vor ein paar Jahren hatte ich einmal darüber nachgedacht, auf einem Containerschiff anzuheuern und so nach Amerika zu reisen. Das hatte sich damals aber schnell zerschlagen: Auf den modernen Ozeanriesen arbeitet in der Regel nur eine Handvoll hoch qualifizierter Leute. Auf Tankern und Containerschiffen wartet niemand auf einen hemdsärmligen Tramper wie mich. Aber auf Segelbooten also?

Immer wieder ertappe ich mich in diesen Monaten bei dem Versuch, mehr über das Trampen zur See herauszufinden. Wie realistisch wäre so ein Vorhaben? Ich stoße auf Blogs von Seglern, die Ozeane überquert haben oder gerade dabei sind. Und ich verschlinge bergeweise Bücher der großen Segellegenden. Abenteuererzählungen von den Weltmeeren statt Fachliteratur in Erziehungswissenschaften. Bei den Berichten von Wilfried Erdmann und Bernard Moitessier über ihre aberwitzigen Abenteuer wird das Kribbeln in meinem Bauch so stark, dass ich mich frage, wieso ich nicht schon viel früher auf das Segeln gestoßen bin. Der Virus hat mich gepackt.

Es gibt nur diesen einen kleinen Haken: In meinen Segelgeschichten haben die Atlantiküberquerer natürlich ein eigenes Boot – ausnahmslos. Ab und an finden sich aber immerhin kleine Hinweise: Manchmal ist von Mitseglern die Rede, die beim Ausguck helfen oder auf See die Kinder eines jungen Weltumseglerpärchens betreuen und unterrichten. Das könnte doch ich sein!

In jedem Fall wäre es gut, segeln zu können. Also mache ich nebenbei in einem Onlinekurs den »Sportbootführerschein See«. Ein Anfängerkurs für 200 Euro, in dem es um die Grundlagen der Navigation und die wichtigsten Regeln auf See geht. Eine Segelyacht könnte ich damit noch nicht chartern, aber immerhin habe ich jetzt in der Theorie mal einen Segeltörn geplant. Bei der Arbeit mit Seekarte, Bleistift und Zirkel komme ich mir schon fast vor wie ein echter Segler. In Wirklichkeit bin ich zwar noch weit davon entfernt, eine richtige Segelyacht führen zu können. Aber ich kenne ein paar Fachbegriffe – und mit dem Schein habe ich nun ein amtliches Dokument in der Hand, das zumindest beweist, dass ich mich mit dem Hochseesegeln schon mal beschäftigt habe.

Je näher das Ende meines Studiums rückt, desto klarer wird mir: Das Referendariat wird warten müssen. Bevor ich mir einen richtigen Job suche, muss jetzt erst mal meine Abenteuerlust gestillt werden.

Über Facebook habe ich über die letzten Monate den Kontakt zu Phil gehalten, meinem Käpt'n von der *Libertalia*. Ich weiß, dass er in diesem Sommer von Spanien aus in den Süden zu den Kanarischen Inseln gesegelt ist. Die ganze Zeit über mit verschiedenen Mitseglern an Bord. Irgendwann will auch er den Ozean überqueren – vielleicht stellt er sich als mein Joker bei der Suche nach einer Mitsegelgelegenheit heraus. Das würde meinen Plan deutlich vereinfachen. Ich erreiche ihn schließlich per Skype und sehe ihn auf meinem Monitor, wie er mit nichts als einer ölbefleckten giftgrünen Badehose auf dem Deck seines Schiffs sitzt. In der Hand hält er eine Zigarette und vor ihm steht eine grüne Dose Tropical.

»Timo, altes Haus! Was macht das Spießerleben? Nieselregen? Oder wie ist das Wetter da oben bei dir?«

»Ja, das Wetter sieht bei dir besser aus ... Aber mein Spießerleben ist bald wieder vorbei! Ich werde wieder segeln gehen!«

Ich berichte Phil von meinem frisch erworbenen Bootsführerschein und von meiner Idee, an der er gewissermaßen eine Mitschuld trägt.

»Geil! Mach das! Ich habe hier eine Menge Tramperty-pen wie dich gesehen – total normal hier!«

Ich bin mir ziemlich sicher, dass Phil übertreibt. Das weiß ich noch von unserer gemeinsamen Zeit auf dem Mittelmeer: Er liebt es, Leute für große Abenteuer zu motivieren. Aber jetzt hoffe ich eigentlich auf etwas anderes:

»Wie schaut's denn bei dir aus? Wolltest du nicht auch über den Großen Teich, jetzt bald?«

»Jo, der Plan steht! Im November geht's los und dann ab nach Brasilien!«

Ich überlege. Bis November müsste ich dafür schon auf den Kanaren sein, das wird knapp. In Spanien oder Portugal müsste ich ein Boot zu den Kanaren finden. Das dauert sicher ein, zwei Wochen. Der Segeltörn selber dürfte noch mal ähnlich lang dauern. Oder soll ich einfach nach Fuerteventura fliegen ... Phil unterbricht meinen Gedankengang:

»Die Crew habe ich schon zusammen! Ein Amerikaner und zwei Norwegerinnen kommen bald!«

»Shit. Das heißt, dass du für mich keinen Platz hast. Oder?«

»Nee, sorry. Hättest du mal eher Bescheid gesagt, ich hätte dich gerne dabeigehabt! Aber zu fünft – das wird zu eng! Aber wir sehen uns ja dann trotzdem, oder? Wird mal wieder Zeit für ein gemeinsames Bierchen!«

Eigentlich müsste ich jetzt enttäuscht sein, aber mein alter Käpt'n ist schon dabei, meine Reise zu planen. Spätestens im Oktober soll ich in Südspanien sein, sagt er: »Am besten in Gibraltar, da tanken alle noch mal billigen Sprit!«

Das deckt sich mit dem, was ich mir angelesen habe: Atlantiküberquerungen in Richtung Westen finden im Spätherbst und im Winter statt. Zwischen November und Februar bläst der Nordost-Passat, eine Windströmung, die Segelschiffe zuverlässig über den Ozean pustet. Angeblich nutzen viele Bootseigner den Passatwind, um den kalten europäischen Wintermonaten aus dem Weg zu gehen und stattdessen den Jahreswechsel in der Karibik zu verbringen. Was für ein Leben!

»Da sind jede Menge Rentner unterwegs, Timo! Die können alle gut jemanden gebrauchen, der noch fit ist und ein bisschen anpacken kann!«

Unser Skype-Telefonat läuft zwar nicht so, wie ich es mir insgeheim erhofft hatte. Trotzdem habe ich anschließend das Gefühl, dass mein »Atlantikprojekt« auf jeden Fall klappen kann. Phil verspricht, sich im Hafen umzuhören, ob jemand Crew braucht. Und er gibt mir eine Menge Tipps, wie man denn genau ein Boot findet. Schwarze Bretter gibt's in jedem Hafen, genau wie Hafenkneipen, in denen ich Segler treffen kann. Außerdem schickt er mir eine Liste mit »Crewbörsen« – Internetforen, in denen Skipper nach Mitseglern suchen. Wir bleiben in Kontakt.

Kopfschütteln

Mein Herz klopft, als ich ein letztes Mal nach oben scrolle, bevor ich auf den roten »Buchen«-Button der Flugsuchmaschine klicke.

Datum: 11. November
Abflug: 15.55 Uhr
Ziel: Málaga, Costa del Sol, Spanien
Reiserücktrittsversicherung: ohne

Stimmt alles. Málaga ist es geworden, weil es dorthin von Hamburg aus billige Direktflüge gibt und es bestimmt nicht schaden kann, neben Gibraltar auch ein paar andere Häfen in der Nähe abzuklappern. Ich drücke auf den Button und wenige Sekunden später erscheint die Flugbestätigung in meiner Mailbox. Ich grinse, springe aus meinem Schreibtischstuhl auf und drehe mich vor Freude und Aufregung einmal um meine Achse – jetzt ist es fix! In nicht einmal vier Wochen startet die Reise, der ich seit einem Jahr entgegenfiebere.

24 Tage bis zum Start

Eigentlich hatte ich nach der Flugbuchung noch ein bisschen weiter mein Abenteuer planen wollen. Aber im Grunde ist die Planung abgeschlossen, alles Weitere wird unterwegs in Südspanien passieren. Mein erstes Boot über den Ozean werde ich eher nicht an diesem Donnerstag in meiner WG in Hamburg-Altona am Computer finden.

Und immerhin ist eben der Startschuss zur Erfüllung eines meiner größten Träume gefallen. Oder ich habe mich zumindest in den Startblock gesetzt. Jedenfalls bin ich aufgeregt und hibbelig und dieser Tag muss gefeiert werden!

In der Wohnküche meiner WG, mein erster Anlaufpunkt für solche Gelegenheiten, werde ich nicht fündig – keiner da. Also laufe ich in Richtung Sternschanze. Dort arbeite ich schon seit dem Studium in verschiedenen Bars und Cafés. Gerade in den letzten Wochen habe ich dort so manche Schicht geschoben – und mir so ein bisschen Geld für meinen Trip verdient. Dementsprechend viele Leute kenne ich dort – da findet sich bestimmt jemand, der Lust auf ein Bier hat.

Dunkle Wolken hängen über der Stadt, der Wind fegt durch die Häuserschlucht an der Stresemannstraße, auf der der Feierabendverkehr stadtauswärts in Richtung Autobahn kriecht. Die Leute hetzen in Richtung S-Bahn, ein Fahrradfahrer pöbelt einen Fußgänger an, der brüllt zurück. Es ist noch nicht einmal sechs Uhr und die Dämmerung hat eingesetzt – der Herbst ist angekommen in Hamburg, der Nieselregen lässt bestimmt nicht lange auf sich warten. Nur meiner Laune kann all das gerade nichts anhaben. Immer wieder merke ich auf dem Weg, wie manche meiner Schritte zu kleinen Freudensprüngen werden. Was interessiert mich das Hamburger Wetter? Schon bald befinde ich mich auf dem Weg in die Karibik! Ich versuche, einen Gang herunterzuschalten, scheitere aber: Nach wenigen Sekunden befinde ich mich wieder hüpfend auf dem Weg nach St. Pauli. Als ich an die Sternbrücke komme, erkenne ich, dass in der Astrastube das Licht brennt – perfekt.

»Lenni!« – begrüße ich meinen Mitbewohner, der in dem kleinen, abgeranzten Musikschuppen unter der baufälligen Bahnbrücke gerade ein Konzert von zwei Indiebands vorbereitet. »Was machst du denn hier?«, fragt er, erwartet aber keine Antwort, sondern läuft nach hinten zum Kühlschrank und kommt mit drei grünen Jever-Flaschen zurück.

Im selben Moment kommt Niels mit einer Kiste Fritzkola durch die Eingangstür. Deshalb drei. Niels ist für das Programm in der »Stube« zuständig. Ich glaube, er kennt jede Rockband zwischen Neapel und Kirkenes und ist eigentlich immer hier, wenn er nicht gerade schläft.

Wir setzen uns auf die Barhocker und stoßen an.

»Ich habe gerade einen Flug gebucht!«

»Wohin?«

»Málaga!«

»Wann?«

»In vier Wochen.«

»Warum?«

Lenni spricht nicht viel und ein großer Reisefan ist er auch nicht. Niels studiert das Booklet einer CD und ich bin mir nicht sicher, ob er uns überhaupt zuhört.

»Dort geht's los, von da trampe ich über den Atlantik!«, sage ich. Lenni schaut mich an, als würde er sich fragen, ob ich das ernst meine. »Hä?«, fragt er.

»Lenni, davon spreche ich doch seit Monaten.« Ich hatte mir ein bisschen mehr Euphorie erhofft, hätte mir aber auch denken können, dass Lenni dafür der falsche Ansprechpartner ist.

»Ich dachte, das wäre nur Gequatsche«, sagt Lenni und prustet jetzt laut los: »Das klappt doch nie!«, sagt er. »Du meinst das ernst, oder? Ich sehe dich schon auf irgendeiner Insel im Ozean sitzen und den Schiffen winken! Hola, hola, por favoooor!« Lenni bekommt sich kaum ein vor Lachen, und auch ich muss jetzt schmunzeln.

Viele Konzertbesucher erwarten Lenni und Niels heute nicht. Die beiden Bands kommen aus Lübeck und Neuss – sie haben ihren großen Durchbruch noch vor sich und sind hier in Hamburg bislang nur wenigen echten Liebhabern bekannt. Aber neben einer Handvoll eingefleischter Musikfans stoßen den Abend über noch einige Freunde und Bekannte zu uns und ich kann ausgiebig mein Projekt bequatschen.

Immer wieder muss ich erklären, wie ich mir das vorstelle: In den Häfen Südspaniens will ich mich auf die Suche machen nach Kapitänen, die mit ihren Schiffen in Richtung Amerika unterwegs sind und für die Überfahrt Crew brauchen. Klassisches Anheuern, wie es noch vor hundert Jahren hier gleich um die Ecke im Hamburger Hafen absolut üblich war.

»Aber wieso sollte dich da jemand mitnehmen wollen?«, fragt Niels. »Und dann auch noch umsonst? Oder bezahlst du denen dann was?«

»Nein, zahlen möchte ich nichts. Eine Ozeanüberquerung mit dem Segelboot dauert mehrere Wochen«, sage ich. »Da haben viele Segler lieber noch ein Paar zusätzlicher Hände an Bord – und die habe ich!«

Ich ernte viel ungläubiges Kopfschütteln und es wird nicht das letzte Mal bleiben, dass ich das Prinzip »Hand gegen Koje« erkläre. So richtig kann sich hier keiner vorstellen, dass – und wie genau – das funktionieren soll. Und wenn ich ehrlich bin: Auch ich habe noch keine Ahnung, ob ich in ein paar Wochen tatsächlich das europäische Festland auf einem Segelboot verlassen werde.

»Ja, geiler Trip«, sagt Felix, einer meiner Tresenkollegen aus der Kneipe, »die Karibik ist super. Aber wieso sparst du nicht einfach noch einen Monat und kaufst dir dann ganz normale Flugtickets?«

Ich brauche eine Sekunde, um die Frage überhaupt zu verstehen.

»Ich will doch nicht segeln, nur um nach Südamerika zu kommen. Also schon, aber darum geht es mir doch nicht. Ich will wissen, wie das ist, wenn man wochenlang kein Land sieht!«

Ich will herausfinden, wie groß sich so ein Ozean anfühlt. Wie es ist, irgendwann an der anderen Seite Land zu sehen und an einem Ort anzukommen, an den man normalerweise nur per Flugzeug kommt. Ich möchte am eigenen Leib erfahren, wie groß der Planet ist, auf dem wir leben. Mit dem Flugzeug geht das nicht: Bei jedem meiner Interkontinentalflüge der letzten Jahre kam es mir nach der Landung geradezu absurd vor, wie ich nach einigen Stunden in der klimatisierten Flugzeugkabine plötzlich an einer ganz anderen Ecke der Welt ausgespuckt wurde. Mit dem Flugzeug bin ich schneller in New York als mit dem Auto in München – wie soll man so begreifen, wie weit es nach Amerika ist?

Im Moment werden solche Fragen aber auch langsam unwichtiger: Ich stoße ausgiebig auf mein Projekt an und werde zum Protagonisten jeder Menge beschwipster Szenarien, die an diesem Abend entworfen werden. In ihnen treffe ich auf Kapitäne, die mich auf dem Ozean als Lustknaben halten, lande schiffbrüchig wahlweise auf irgendwelchen einsamen Inseln, Eisschollen oder treibend auf selbst gebauten Flößen Tausende Seemeilen von der nächsten Küste entfernt. Mehrmals werde ich darauf hingewiesen, dass ich im schlimmsten Notfall meinen eigenen Urin trinken kann, und es tauchen erstaunlich viele und kreative Ideen auf, wie ich bei Hunger ohne jegliche Ausrüstung Fische fangen kann.

Es wird eine lange Nacht, in der wir nach der Astrastube noch in einigen anderen Bars landen. Als Lenni und ich nach Hause torkeln, fährt die S-Bahn schon wieder – also ist es nach halb fünf am Morgen.

Wenige Tage später sitze ich knapp 250 Kilometer weiter westlich bei ein paar Tassen Ostfriesentee in der Küche meiner Eltern. Natürlich dreht sich auch hier alles um meinen Trip – nur der Tonfall unterscheidet sich deutlich.

»Das ist doch Träumerei! Und wie viel Zeit du damit wieder vertrödeln wirst! Du willst wohl nie anfangen zu arbeiten?« Mein Vater kommt einfach aus einer anderen Welt als ich: Handwerksmeister, selbstständig (»Die Betonung liegt auf ›ständig‹!«) seit fast zwanzig Jahren, und wahrscheinlich wird er mir gleich erzählen, dass er gerade fünfzehn Jahre alt war, als er anfing, »richtig zu arbeiten«, und dass er seitdem nie länger als zwei Wochen Urlaub am Stück gemacht hat.

Eigentlich müsste er sich langsam daran gewöhnt haben, dass ich etwas anders Urlaub mache, als er das tut. Ich habe in den letzten Jahren viel Zeit auf Reisen »vertrödelt«: Ich trampte durch Israel und den Nahen Osten und war zu Fuß in den Anden und im südamerikanischen Dschungel unterwegs. Auf Offroadpisten fuhr ich durch das australische Outback und in Südostasien tanzte ich nächtelang auf Full-, Half- und Quartermoonpartys. Selten dauerten diese Abenteuer kürzer als zwei, drei Monate. Mein Vater hielt sie schon immer eher für Zeitverschwendung und hatte eigentlich die Hoffnung, dass ich jetzt bald anfangen würde, meine Karriere in Schwung zu bringen. Wenn schon nicht als Handwerker, dann zumindest als Lehrer.

Dass er von meiner Idee, nach Amerika zu trampen, nicht gerade hellauf begeistert sein würde, überrascht mich also nicht. Also versuche ich erst gar nicht, ihm klarzumachen, wie sinnvoll und wie wichtig dieser Trip für mich ist.

Aber ich wundere mich ein bisschen darüber, wie meine Mutter reagiert. Eine ganze Weile sitzt sie einfach da auf unserer kleinen roten Küchencouch und sagt gar nichts. Von ihr hätte ich mir eigentlich ein bisschen Begeisterung erhofft. Dass sie Papa vielleicht an seinen Vater erinnert, der letztes Jahr gestorben ist und sein ganzes Leben lang von einer großen Weltreise geträumt hatte, am liebsten zur See.

Meine Mutter hatte meine Reiselust schon immer besser nachvollziehen können. Von ihr kamen im Laufe der Jahre immer wieder die Sprüche, die ich hören wollte: »Ich hätte mir die Welt auch mehr anschauen sollen, als ich noch jung war«, und, mein persönlicher Favorit: »Du weißt selbst am besten, was das Richtige für dich ist!«

Jetzt nippt sie an ihrem Tee und es fällt mir schwer, ihren Gesichtsausdruck zu lesen.

»Mama, du sagst ja gar nichts!«

Sie schweigt weiter, wirft aber jeweils einen Kluntje in jede unserer drei Teetassen. Ohne den großen weißen Kandis trinkt hier niemand seinen Tee – ostfriesisches Teegesetz ist ostfriesisches Teegesetz. Jetzt steht meine Mutter auf, sie hat noch immer nichts gesagt, und gibt einen Schuss heißes Wasser in die Teekanne aus Porzellan, aus der wir schon Tee trinken, seit ich denken kann. Sie füllt unsere Tassen auf, setzt sich und sagt: »Aber an Weihnachten bist du wieder da, oder?«

Daher weht der Wind! Meine Mutter ist schon einen Schritt weiter und gerade dabei zu verstehen, dass so ein Trip auch bedeutet, dass wir uns eine ganze Weile lang nicht sehen werden. Und ganz offensichtlich hat sie schon eine Vorstellung davon, wie lange man für so eine Atlantiküberquerung so brauchen könnte: Denn bis Weihnachten wird das natürlich knapp. Die reine Segelzeit von Spanien nach Amerika müsste ungefähr vier Wochen betragen.

Da ist kein einziger Landgang miteingerechnet und erst recht nicht die Zeit, die ich in den Häfen brauchen werde, um überhaupt erst mal ein Boot zu finden, das Platz für mich hat, und einen Kapitän, der mich brauchen kann. Und dazu kommt: Sollte ich tatsächlich gleich in Málaga auf ein Segelboot stoßen, das bereit zum Ablegen ist und eigentlich nur noch auf mich wartet, hätte ich wahrscheinlich schon Lust, mir nach der erfolgreichen Atlantiküberquerung noch ein bisschen die karibische Sonne auf den Bauch scheinen zu lassen. Aus meiner Sicht spricht auch nicht viel dagegen, die Weihnachtstage unter Palmen zu verbringen.

»Das kommt darauf an, wie schnell ich ein Boot finde«, sage ich. »Versprechen kann ich das nicht.« Mutter nickt nur, aber ich kann ihr ansehen, dass sie weiß, was das bedeutet. Sie kennt mich. Wenn die Angelogene weiß, dass sie angelogen wird, dann ist es keine Lüge mehr, oder?

Das scheint auch meine Mutter so zu sehen, jedenfalls schaffen wir es jetzt, uns noch ein paar schöne Tage zu machen, bevor ich wieder nach Hamburg fahre, um die letzten Dinge zu organisieren. Für mein WG-Zimmer finde ich ziemlich schnell einen Zwischenmieter – ein Kumpel von einem Kumpel meines Mitbewohners sucht gerade eine Unterkunft. Ich mache mit ihm aus, dass er mein Zimmer für mindestens drei Monate haben kann und eventuell auch noch länger. So habe ich das immer gemacht, wenn ich auf einer größeren Reise war: WG-Zimmer in Hamburg sind heiß begehrt, sodass sich eigentlich immer jemand findet, der meine Miete zahlt, während ich irgendwo anders unterwegs bin.

Ein bisschen länger denke ich darüber nach, was ich einpacken soll. Ölzeug, Rettungsweste, Segelschuhe und -handschuhe – als ich mich im Bootsausrüstungsladen Niemeyer bei mir um die Ecke umschaue, finde ich viele Dinge, die ich eventuell brauchen könnte. Hier würde es nicht lange dauern, einen Koffer zu füllen. Noch schneller würde ich hier aber auch ein riesiges Loch in meine kleine Reisekasse reißen. Wahrscheinlich ist es schlauer, meine künftigen Kapitäne mit ultraleichtem Gepäck zu beeindrucken als mit perfekter Segelausrüstung. Ich kaufe mir für zwei Euro das winzige Büchlein »Knoten. 24 maritime Knoten in über 100 praxisgerechten Fotos« und beschließe, ansonsten mit dem auszukommen, was ich bereits habe.

Meine Regenhose kommt mit, gegen das Wasser, das von unten an Deck spritzt. Nach langem Hin und Her entschließe ich mich auch, meine Allwetterjacke einzupacken. Ansonsten wird es auf dem Boot wahrscheinlich eher heiß – schließlich bin ich einen Großteil der Reise in tropischen Breiten unterwegs. Also Sonnenbrille und -creme, Badehose. Bei meinem Neoprenanzug, den ich mir mal zum Windsurfen gekauft habe, überlege ich kurz, lasse ihn dann aber zu Hause. Handgepäck sollte reichen. Schließlich gibt es auf Segelbooten in der Regel wenig Platz, da brauche ich nicht meinen halben Hausstand mitzuschleppen. Falls sich unterwegs herausstellen sollte, dass irgendetwas unverzichtbar ist, dann werde ich mir das schon irgendwo kaufen können. Nur mein Schlafsack muss auf jeden Fall mit, ich kann nicht erwarten, dass mein nächster Kapitän Bettzeug für mich bereithält. Und wahrscheinlich brauche ich ihn auch bei meinen Unterkünften an Land:

Solange ich kein Boot habe, möchte ich wenn möglich bei Couchsurfern übernachten. Das ist kostenlos und ich lerne außerdem gleich noch ein paar Locals kennen, das ist immer gut. Und wer weiß, vielleicht treffe ich ja jemanden, der jemanden kennt, der ein Segelboot hat …

Als Gastgeber für meine erste Nacht in Málaga kämen Kiki und Reme infrage, ein Paar, das den Bildern im Couchsurfing-Profil nach zu urteilen ein paar Jahre älter als ich sein müsste und sagenhafte 70 positive Bewertungen gesammelt hat. Oder Loreno, der auf seinem Profil von seinem dreiwöchigen Couchsurfing-Trip durch Italien schwärmt. Mari Jaime ist 26, hat kurze blonde Haare und ihre Fotos sind entweder sehr vorteilhaft oder sie ist extrem sexy, außerdem war sie schon mal in Hamburg. Als ich ein paar Tage vor meinem Abflug ein paar Couchsurfer anschreibe, um eine Bleibe für die erste Nacht zu finden, beginne ich meine Nachrichten immer gleich:

SUBJECT: Timo from Germany sent you a new CouchRequest
Hey,
ich bin Timo, bin 28 Jahre alt und mein Ziel in diesem Winter ist es, über den Atlantik zu trampen. Also muss ich als Erstes eine Segelyacht finden, die mich zu den Kanaren bringt. Die Häfen in Südspanien sind gut, um so ein Boot zu finden. Also probiere ich es zuerst in Málaga.

Ich frage mich, was ich wohl gedacht hätte, wenn mir vor zwei Jahren jemand so eine Anfrage geschickt hätte. Möglich, dass ich die Idee für spannend gehalten und den

Couchsurfer zu mir eingeladen hätte. Das kann ja nur ein interessanter Kerl sein! Für genau solche Leute bin ich doch auf Couchsurfing, den will ich kennenlernen! Vielleicht hätte ich mir aber auch einen verlorenen Träumer vorgestellt, der sich irgendeinen Unsinn überlegt hat. Jemanden, der sich mein Essen schnorrt und den ich womöglich gar nicht mehr loswerde, weil sein Plan dann doch nicht ganz hinhaut. Vielleicht muss ich am Ende in ein Hostel.

Noch wichtiger wäre eine positive Antwort auf mein nächstes Anliegen, das ich breit ins Internet spamme: Mitsegelgelegenheit gesucht! Es ist Zeit, die Kapitäne der sieben Weltmeere wissen zu lassen, dass ein neues Crewmitglied bereitsteht! Für diesen Zweck gibt es Online-Crewbörsen, die »Desperate Sailors« heißen oder schlicht »Floatplan« oder »7knots«. Außerdem habe ich herausgefunden, dass Bootsfans um den ganzen Erdball sich nach wie vor gerne in Foren aufhalten, in denen auch manchmal nach Crew gesucht wird. Und natürlich gibt es die weltgrößte Börse für alles: Facebook. Dort entsteht unter meinem Gesuch in einer großen deutschsprachigen Seglergruppe eine lebhafte Diskussion, in der sich Yachteigner darüber streiten, ob sie Mitsegler mitnehmen würden oder nicht. Zwischen »unbedingt« und »auf keinen Fall« gibt es jede Meinung und während mich einige Segler für »naiv und blauäugig« halten, gibt es auch einige, die mein Plan begeistert und die mir »immer eine Handbreit Wasser unter dem Kiel« wünschen.

Ich verfolge die Diskussion einigermaßen interessiert, bis sie in ein Fachgespräch über die verschiedenen Segel-

und Bootsführerscheine abdriftet. Eine dreimonatige Ausbildungsfahrt im Schlechtwettersegeln auf dem Ärmelkanal würde meinen Segelskills zwar ganz sicher guttun, mich außerdem zum zertifizierten Hochseeskipper machen und meine Chancen erhöhen, von einem Kapitän mitgenommen zu werden. Allerdings fehlt mir für so etwas nicht nur die Lust, sondern auch das Geld und sowieso die Zeit: In wenigen Tagen werde ich in südspanischen Hafenkneipen hocken und Bier trinkend Kapitäne aus aller Welt davon überzeugen, dass ich der perfekte Mitsegler bin – so zumindest lautet der Plan.

Muelle Uno

Verkatert bestelle ich mir am frühen Sonntagnachmittag im Sicherheitsbereich des Terminals 2 am Hamburger Flughafen eine eiskalte Cola. Viel Zeit habe ich nicht mehr, bis das Boarding für die Norwegian-Airlines-Maschine beginnt, die mich ans Mittelmeer bringen wird. Ich war ganz schön spät dran auf dem Weg hierher und hätte fast verschlafen – gestern Abend war es wild. Meine Abschiedsparty fand im Haus III & 70 statt, der Location, in der ich über die letzten Jahre die meisten Tresenschichten geschoben hatte. Jede Menge Freunde und Bekannte von mir waren da, um mir eine gute Reise zu wünschen, und mir blieb kaum eine andere Wahl, als mit jedem einzeln anzustoßen. Die Stimmung war zwar ähnlich ausgelassen wie vor ein paar Wochen in der Astrastube, aber diesmal lag auch ein spürbarer Hauch von Abschied in der Luft. Je später es wurde, desto öfter hörte ich Sätze wie »Pass bloß auf dich auf!« oder »Mach keinen Scheiß!«. Mein alter Kumpel Steve guckte mir zum Abschied einen Tick länger in die Augen, als er es normalerweise tun würde: »Junge, komm mir gut wieder!« Und sogar Lenni rang sich irgendwann dazu durch, mir noch eine kurze Umarmung zu verpassen.

Meine Suche nach einer Schlafgelegenheit für heute Abend war erfolgreich: Kiki und Reme hatten zwar sofort abgesagt, Lorenos negative Antwort kam erst, als ich in der

S-Bahn zum Flughafen saß, und Mari Jaime hatte, das war ja klar, gar nicht geantwortet. Aber Magda, laut Couchsurfing-Profil 23 Jahre alt und Erasmusstudentin aus Danzig, hat mir einen Platz auf dem Sofa in ihrer WG-Küche zugesagt. Sie hat dabei einen Zwischenweg gewählt, den ich auch schon selber bei Couchsurfern angewendet habe, bei denen ich mir nicht ganz sicher war, wer genau mich da erwartet: Ich darf zwar drei Tage bei ihr wohnen, allerdings kündigt sie mir an, dass sie viel zu tun hat und die meiste Zeit unterwegs sein wird, sodass sie für meine Unterhaltung vor Ort nicht sorgen kann. Wenn ich lande, schreibt sie mir, werde sie gerade auf einem Treffen bei anderen Erasmusstudenten sein, sodass ich mir erst mal anderswo die Zeit vertreiben soll, bis sie zu Hause ist und mich empfangen kann.

So ist mein erster Anlaufpunkt in Málaga natürlich klar: Es geht zur Muelle Uno, einem der beiden Segelboothäfen der Stadt. Die Muelle Uno liegt mitten in der City. Als ich aus dem Bus steige, ist hier trotzdem nicht viel los. Es ist schon dunkel draußen und nur vereinzelt huscht mal eine Gestalt an mir vorbei, während ich unter den Palmen des Parque de Málaga zur Hafenmole gehe. An dem kleinen Pavillon, der mitten im Park am Spielplatz steht, sind die Tische und Stühle bereits eingeklappt, geschlossen. Auch in der Touristeninformation brennt kein Licht mehr. Ein Sonntagabend im November.

Nach ein paar Schritten sehe ich die ersten Boote an der Muelle und bin erst mal enttäuscht: Hier haben zwar mehrere Dutzend Yachten festgemacht, allerdings fehlt den meisten davon etwas ganz Entscheidendes: der Mast!

An den dicken schwarzen Stahlpollern sind vor allem Motoryachten vertäut, die sich zwar perfekt für coole Speedfahrten vor der Küste Südspaniens eignen – für eine Atlantiküberquerung allerdings nicht infrage kommen. Und hinter den Bullaugen der wenigen Segelboote brennt genauso wenig Licht wie in den Kabinen der Motoryachten. Tote Hose an der Muelle Uno.

Während ich an der vielleicht 500 Meter langen Kaimauer entlangschlendere, achte ich auf die Flaggen an den Booten. Die am Heck zeigt an, wo das Schiff herkommt, habe ich in meinem Onlinesegelkurs gelernt. Alle Flaggen sind rot-gelb-rot, ausnahmslos. Jede Yacht an der Muelle Uno kommt aus Spanien, internationale Gäste sind keine da. Sieht nicht gerade danach aus, dass hier allzu viele Kapitäne auf ihrem letzten Landgang vor den Barbados sind, denke ich.

Auch eine Hafenkneipe scheint es hier nicht zu geben. Stattdessen: ein Steakhouse, ein Burgerladen, eine Pizzeria – Systemgastronomie mit Blick auf den Yachthafen. Mir wird klar: Hier treffe ich Touristen und keine Atlantiküberquerer. Und im Moment treffe ich hier niemanden außer dem Kellner von »Amigos Mexican & Indian Cousine«. Der steht vor seinem Restaurant und versucht tapfer, Blickkontakt mit mir aufzunehmen und mich so vielleicht zu einem seiner wenigen Gäste heute Abend zu machen.

Als ich gerade überlege, seinem Blick nachzugeben, piept mein Handy. Magda schreibt, sie mache sich jetzt auf den Weg in ihre WG, wir könnten uns dort in einer halben Stunde treffen.

»Soll ich auf dem Weg irgendwas einkaufen? Wein, was zu knabbern?«

»Wir haben genug Wein und mehr als genug zu essen da«, schreibt Magda, was sich wenig später als absolut wahr erweisen soll. Ich treffe sie und ihre polnische Mitbewohnerin Elena, ebenfalls Erasmusstudentin, schon im Hauseingang. Sie sind schwer bepackt mit mehreren riesigen Plastikboxen, deren Inhalt für mich gedacht ist: In der kleinen Studentenbude servieren mir die beiden bergeweise Pierogi, polnische Teigtaschen, die heute beim Treffen der polnischen Erasmusgruppe in Málaga übrig geblieben sind. Dazu stehen mehrere geöffnete Weinflaschen in der ansonsten aufgeräumten Wohnung. Die beiden Mädels hätten gestern hier eine Party veranstaltet, erklärt Magda, weswegen sie auch supermüde seien. Mir geht es da ähnlich, außerdem geht's morgen für die beiden wieder in die Uni und für mich über den Atlantik. Also sorgen die beiden Polinnen noch dafür, dass ich mich ordentlich satt futtere, und gehen bald darauf schlafen. Vorher gibt Magda mir noch ihren Ersatzschlüssel und wir verabreden uns für morgen zum Abendessen in der WG.

Ich übernachte auf der kleinen Couch in der Wohnküche, trinke am nächsten Morgen noch einen Kaffee mit den beiden und verlasse mit ihnen die Wohnung. Punkt eins auf meinem Tagesplan ist schnell abgehakt: Ich kaufe mir eine spanische Prepaid-SIM-Karte für mein Handy. Mein erster Kapitän soll mich schließlich einfach erreichen können. Anschließend gehe ich wieder an der Muelle Uno entlang, an der noch dieselben Schiffe liegen wie gestern Abend. Ein Motorbootkapitän steht mit einem Wasserschlauch an Deck seines Schiffes, bei den anderen Yachten gibt es keine Hinweise auf ihre Eigner. Das ist schade, denn ich würde gerne jemanden finden, den ich ein bisschen ausfragen kann. Was für Segelboote sind gerade im Hafen, herrscht viel Kommen und Gehen und wohin sind sie unterwegs? Die Muelle Uno scheint nicht die beste Adresse für Bootstramper zu sein. Zum Glück gibt es aber noch einen weiteren Hafen in Málaga, und zwar die Marina Málaga vom Real Club Mediterráneo. Segeln ist die Freizeitbeschäftigung der Könige: Der aktuelle heißt Juan Carlos, war Olympiateilnehmer und nahm noch bis vor Kurzem regelmäßig an internationalen Regatten teil. Das kann doch auch für mich nur Gutes bedeuten.

Im königlichen Hafenbecken liegen vielleicht 30 Segelboote, einige kleinere Angelboote sind an den Pontonbrücken vertäut. Eine Handvoll Möwen sitzt auf der Kaimauer, ansonsten sehe ich niemanden. Während ich die Schiffe beäuge und nach Leben Ausschau halte, entdecke ich ganz hinten am Ende der Mauer ein offenes Garagentor, das aussieht, als würde es zu einer Werkstatt gehören. Als ich darauf zusteuere, erkenne ich einen Arbeiter, der mich schon eine Weile im Auge zu haben scheint.

»Hola«, grüße ich jetzt ein bisschen überrascht und beginne, meine Spanischbrocken herauszukramen, die ich mal aus Ecuador mitgebracht habe.

»Weißt du, ob es hier ein Hafenbüro gibt?«

»Si claro, da oben!« Der Mann trägt eine grüne ölverschmierte Latzhose, einen Schnurrbart und kurze schwarze Haare, die an den Schläfen beginnen zu ergrauen. Vielleicht 50 Jahre alt. Er zeigt auf eine Stahltreppe, die am Gebäude entlang in die erste Etage führt. »Da ist aber keiner.«

»Wo ist denn der Hafenmeister?«

»Ich bin der Hafenmeister.«

Hätte ich mir denken können. Er guckt mich erwartungsvoll an.

»Sind hier zufällig Schiffe im Hafen, die auf dem Weg zu den Kanaren sind oder nach Madeira?« Der Gesichtsausdruck des Hafenmeisters verändert sich nicht.

»Nein, wieso?«

Ich erzähle dem Mann, dass ich ein Boot suche für die Überfahrt, dass ich nach Amerika möchte. Er lässt sich nicht anmerken, was er von der Idee hält, erklärt mir aber, dass die meisten Boote im Hafen hier einen festen Liegeplatz hätten und kaum eines auf Durchreise ist. Die paar Gastlieger kämen aus Marbella oder Almería, einen Tagestörn entfernt an der spanischen Küste.

»Über den Atlantik will hier keiner.«

Ich versuche, mir nicht anmerken zu lassen, dass mich das enttäuscht. Ich will trotzdem noch etwas aus diesem Gespräch mitnehmen. Kennt der Hafenmeister Häfen irgendwo hier in der Gegend, in denen Segelboote auf großer Fahrt haltmachen? Irgendeine Idee? Hat er zumindest mal von jemandem gehört, der ähnlich reiste wie ich? Leider merke ich, dass mein Spanisch mittlerweile ganz schön eingerostet ist, und der königliche Hafenmeister von Málaga gibt mir weiterhin nur einsilbige Antworten. Ich bitte ihn noch, einen Zettel mit meiner Telefonnummer am Schwarzen Brett anheften zu dürfen. Es gibt kein Schwarzes Brett, aber ich darf meinen schnell dahingekritzelten Zettel in einem Kasten zwischen Werbung für Yamaha-Außenbordmotoren und Flyern des örtlichen Supermarkts präsentieren.

Das geht ja gar nicht gut los. Beide Marinas von Málaga scheinen für meine Zwecke gänzlich unbrauchbar zu sein. Das ist ein Problem, denn weitere Anlaufplätze habe ich in der Stadt nicht. Ich muss entscheiden, wie ich weitermache. Und ich muss eine Frage verdrängen, die jetzt zum ersten Mal in meinem Kopf auftaucht: Was mache ich eigentlich, wenn ich überhaupt kein Schiff finde?

Immerhin tut sich in der Onlinewelt etwas, Leute reagieren auf meine Suchanzeigen in Foren und Gruppen. In einem Thread schreibt mir ein Franzose, dass er bei seinem Törn im letzten Jahr nach Madeira gerne jemanden wie mich dabeigehabt hätte, aber niemanden gefunden hat. Ich werde gebeten, später zu berichten, und man wünscht mir wieder die anscheinend obligatorische »Handbreit«. Bei Facebook habe ich fast ein Dutzend Freundschaftsanfragen von Menschen mit Segelbooten im Profilbild. Ich nehme jede Anfrage an: Es ist gut, wenn ich Segler kennenlerne, und es kann mir nur helfen, wenn Kapitäne und Skipper auf der ganzen Welt wissen, dass es mich gibt.

Zwar ist noch keine Zusage für eine Atlantiküberquerung dabei, aber das Feedback ist positiv und macht Mut. Und den darf ich mir nach meinen Erfahrungen an der Muelle Uno und im Real Club Mediterráneo nicht nehmen lassen.

Nach einigen Minuten ziellosen Umherschlenderns mache ich schließlich an einem Strand halt. Ich bin jetzt schon seit fast einem Tag dem Hamburger Herbst entflohen und stehe stattdessen im T-Shirt am Mittelmeer. Da darf ich mir ruhig mal ein paar Minuten nehmen, um das zu genießen. Zwar ist auch hier Anfang November kein Badewetter mehr, aber der Himmel ist strahlend blau und die Mittagssonne ist immer noch stark genug, um meine Laune wieder ein bisschen aufzubessern.

Passend dazu steht direkt am Strand ein sehr alter Mann an einem kleinen Feuerchen im Sand, über dem auf drei Spießen 18 Sardinen brutzeln. Als ich ihn frage, ob er sie verkauft, verneint er nur, um mir eine Minute später drei kleine Fische zu reichen – geschenkt. Ich setze mich zum Essen auf einen kleinen Felsen. Der frische Fisch schmeckt köstlich und mit dem Hunger lösen sich auch meine Zweifel am Gelingen meiner Atlantiküberquerung langsam wieder auf.

Eingestehen muss ich mir allerdings, dass Málaga ganz offensichtlich nicht der richtige Ort für mich ist. Der nächste Hafen auf meiner Liste wäre Marbella. Allerdings befürchte ich, dass es mir dort ähnlich ergehen würde wie hier: Ist dort bekanntlich nicht jeder schön und reich und hat für jede Aufgabe eigenes Personal? Das Risiko, einen weiteren Tag zu verlieren, will ich nicht eingehen, denn: Irgendwo hier an der Küste bereiten sich gerade die diesjährigen Atlantikfahrer auf ihren großen Törn vor, und solange sie mich nicht kennengelernt haben, wird es jeden Tag wahrscheinlicher, dass sie ohne mich ablegen.

Damit bleibt nur Gibraltar. Die britische Enklave ist nicht nur der letzte europäische Felsen vor Afrika, sondern liegt direkt an der schmalen Meerenge zwischen Mittelmeer und Atlantik. Jedes Schiff, das das Mittelmeer in Richtung Westen verlassen möchte, kommt durch die Straße von Gibraltar. Im Hafen von La Línea hatte ich damals den »Crew wanted«-Zettel entdeckt. Er liegt zwar auf der spanischen Seite der Grenze, zählt aber gefühlt noch zu der englischen Stadt unter Palmen, die vor allem wegen ihrer strategisch unschlagbar guten Lage seit Jahrhunderten ein ewiger Zankapfel zwischen den Königreichen Spanien und Großbritannien ist.

Auch heute noch läuft fast jedes Schiff einen der vielen Häfen Gibraltars an, wenn es in der Gegend ist: Das britische Überseegebiet ist nicht nur ein Steuerparadies für britische Briefkastenfirmen, sondern auch für seine Einwohner und Besucher: Durch die fehlende Mehrwertsteuer kann man eine Menge bares Geld sparen, indem man seinen Tank und seine Proviantkammer in Gibraltar füllt. Und wer über einen Ozean segeln möchte, der will vorher auf jeden Fall noch ordentlich Proviant bunkern.

Mir schmeckt der Gedanke immer noch nicht so richtig, meine ganze Hoffnung auf einen Ort zu konzentrieren, aber die Zeichen sind klar: In Gibraltar war mir überhaupt die Idee für diesen Trip gekommen, Phil hat mir den Ort empfohlen und auch in meinen Foren und Gruppen im Internet taucht er immer wieder auf. Meine Entscheidung ist gefallen. Weit ist es nicht in die Stadt am südlichsten Zipfel Spaniens, gute hundert Kilometer. Die sind schnell getrampt.

Ich stehe von dem kleinen Felsen auf, drücke dem alten Mann mit den Sardinen eine Zwei-Euro-Münze in die Hand und gehe in Richtung Stadtzentrum. Bei allem Zeitdruck: Abgesehen von ein paar Couchsurfing-Anfragen für morgen in Gibraltar habe ich heute nichts mehr zu organisieren. Gerade Mittag und schon frei: läuft doch!

Und so verbringe ich den Rest des Tages damit, Málaga ein bisschen kennenzulernen. Die Stadt hat alles, was eine spanische Mittelmeerstadt ausmacht: enge weiße Gassen, in denen über die Jahrtausende die Römer, Phönizier und die Mauren ihre Spuren hinterlassen haben. Uralte Gebäude säumen unzählige kleine Plätze mit Bäumen, an denen fast reife Zitronen und Limetten hängen. Und natürlich gibt es jede Menge kleiner Cafés und Tapasrestaurants. Bei einer Ensalada Marisco und einem kleinen Gläschen Rotwein komme ich mit Cameron ins Gespräch, einem Backpacker aus Südafrika. Er erzählt mir, dass er jetzt seit acht Monaten auf Reisen ist und in der Zeit in Tansania war und in Kenia, in Botswana und in Uganda. In Europa war er vor allem in Großbritannien unterwegs und natürlich eine Woche in Amsterdam. Jetzt Spanien und hier steht heute das gleiche Programm an wie für mich: entspanntes Sightseeing. Also wandern wir gemeinsam auf den Hügel mit den Ruinen des Castillos de Gibralfaro, von wo aus wir Aussicht auf den Hafen haben, und auf die Stierkampfarena Málagas. Zum Glück findet dort gerade kein Kampf statt. Wir besuchen die »Manquita«, die Kathedrale der Stadt. Zwischendurch setzen wir uns immer mal wieder vor eines der kleinen Tapasläden und gönnen uns einen Imbiss. Im Menü kostet ein kleines Glas Rotwein nur einen Euro extra – ein Angebot, dem wir irgendwann nicht mehr widerstehen können.

Später stößt dann auch Magda zu uns, die uns über den Abend durch die Studentenkneipenlandschaft von Málaga führt. Wir lachen viel, Cameron erzählt Anekdoten von seiner Reise und gemeinsam spinnen wir mein Abenteuer weiter. Trotzdem habe ich nicht das Gefühl, dass Magda sehr enttäuscht ist, als ich ihr erzähle, dass ich Málaga schon morgen verlassen werde. Ich kenne das von mir selbst, wenn ich in Hamburg Couchsurfer zu Gast hatte: So gut man sich auch versteht, ist es dann auch schön, wenn man wieder ein bisschen mehr Privatsphäre in der Küche hat.

Jules

»POLICÍA CONTROL«, »STOP« und »CUSTOMS –
DOUANE – ADUANA« – ein Schilderwald in allen Formen und Farben macht hier eindeutig klar, dass ich an einem Grenzübergang stehe. Für den Fall, dass jemand es
noch immer nicht begriffen hat, passen mehrere unifor-
mierte Beamte in kleinen Grenzhäuschen auf, dass sie niemand unkontrolliert passiert.

Auch wenn Gibraltar nicht zum Schengenraum gehört,
ist die spanisch-britische Grenze generell geöffnet. Um
von Spanien aus auf den Landzipfel unter britischer Kontrolle zu gelangen, sollte es eigentlich reichen, meinen Pass
zu zeigen.

Im Moment aber versperrt ein Schlagbaum den Weg.
Die beiden Schlangen aus Autofahrern und Fußgängern
werden immer länger, keiner kommt hier durch.

Der Grund für die Sperrung ist von Beginn an unüberhörbar und schließlich auch unübersehbar: Nur wenige
Meter vor uns steigt direkt hinter der Straßenschranke
ein riesiger Airbus mit weiß-rot-blauer British-Airways-
Lackierung in den Himmel. Das kleine Rollfeld des internationalen Flughafens von Gibraltar dient gleichzeitig
auch als Grenzstreifen – Platzmangel. Immer wenn ein
Flugzeug startet oder landet, wird die Grenze für kurze
Zeit geschlossen.

Ich stehe in der Schlange für Fußgänger, denn die letzten Meter zur Grenze bin ich gelaufen. Heute Vormittag bin ich von Málaga aus losgetrampt und fand innerhalb weniger Minuten eine Mitfahrgelegenheit. Ein kleiner roter Seat war zwar schon mit drei Jungs in ihren Zwanzigern und ihrem Gepäck ganz gut beladen, hatte aber trotzdem noch Platz für mich. Die drei Brüder wollten nach La Línea, also genau dorthin, wo ich damals den Aushang »Crew wanted« entdeckt hatte – perfekt! Während der Fahrt über die »Autovía del Mediterráneo« entlang des Mittelmeers hatte ich zwar meinen Rucksack auf dem Schoß, aber dank Mesut Özil fanden wir schnell ein gutes Small-Talk-Thema: Der deutsche Spielmacher ist gerade bei Real Madrid nur Einwechselspieler und steckt damit in einer Krise. So ging die Stunde schnell vorbei, bis die drei mich ein paar Hundert Meter vor der Grenze aus dem Auto ließen. Um zum Übergang zu gelangen, musste ich nur auf den Felsen zugehen, der sich südlich von mir mehrere Hundert Meter hoch über das Mittelmeer erhob.

Dort öffnet sich der Schlagbaum nur wenige Sekunden nach dem Abheben des Fliegers, und zusammen mit anderen Grenzgängern darf ich das Rollfeld queren. Auf der anderen Seite beginnt Großbritannien und zum Stadtzentrum Gibraltars brauche ich zu Fuß nur ein paar Minuten. Trotzdem bin ich hier in einer anderen Welt: Statt Tapas mit Rotwein gibt es hier Fish & Chips mit britischem Ale. Die Straßen heißen »Fish Market Lane« und »Castle Road«, an ihnen stehen rote britische Telefonhäuschen und auf den Bildschirmen hinter den großen Fenstern der Sportbars am Bürgersteig flimmern Pferderennen.

In Gibraltar sieht es aus wie in Liverpool oder Newcastle – wenn nicht die Palmen wären und der blaue Himmel. Wobei heute wie so oft diese eine kleine Regenwolke bei sonst strahlendem Sonnenschein oben an der Spitze des Felsens festhängt. Ein meteorologisches Phänomen, auf das die Spanier allerdings eine eigene Sicht haben: Sie sind sich sicher, dass die Wolke erst verschwinden wird, wenn der Felsen wieder seinem rechtmäßigen Besitzer gehört – dem spanischen König.

Mein Couchsurfing-Host heißt Jules und wohnt in der Engineer Lane mitten in der City. Wie sollte es auch anders sein: Die 35.000 Bewohner Gibraltars teilen sich eine Fläche von etwa fünf Kilometer Länge und einem Kilometer Breite. Für einen Stadtrand gibt es hier keinen Platz.

Jules schreibt bei Couchsurfing, dass er im Sommer gerne zum Kiteboarden nach Tarifa fährt und im Winter zum Skifahren nach Granada. Meine Nachricht an ihn war fast wortgleich mit der vor ein paar Tagen an Magda, und seine Antwort kam innerhalb von wenigen Minuten:

no probs man u can stay with me for a few days

Gefolgt von drei Sätzen mit einer präzisen Wegbeschreibung, einer Adresse und seiner Telefonnummer.

Als er mir die Wohnungstür öffnet, scheint er für einen Augenblick überrascht zu sein. Hat er etwa vergessen, dass er einen Möchtegern-Segelboottramper aus Deutschland zu sich eingeladen hat? Dann scheint es ihm wieder einzufallen, jedenfalls begrüßt er mich freundlich und führt mich durch einen Flur in eine Art Wohn-Schlaf-Küche:

rechts eine Küchenzeile, links ein Hochbett und darunter eine Sitzgruppe mit zwei Sofas. Die Unterseite des Bettes ist mit einem Batiktuch abgespannt, über der Stehlampe in der Ecke hängen Klamotten und Handtücher. An der Wand Bilder mit asiatischen Zeichen, die mir größtenteils nichts sagen. Nur das Yin-und-Yang-Symbol kenne ich und ich glaube, dass es Buddha sein müsste, der da vom Wandteppich aus in den Raum schaut. In der Ecke steht ein Didgeridoo und auf einem Holztisch laufen Youtube-Videos auf einem kleinen Monitor.

Davor saß bis gerade eben Tom, der jetzt aufsteht, mir die Hand gibt und sich als Kumpel von Jules vorstellt. Jules stellt drei Gläser mit Tee auf den Tisch und wir setzen uns auf die dunklen abgewetzten Sofas aus Lederimitat. Die beiden zünden sich Zigaretten an und bieten mir auch eine an.

»So, erzähl, was machst du in Gibraltar?«, fragt Jules. Er scheint meine Couchsurfing-Anfrage echt höchstens überflogen zu haben, bevor er mir zugesagt hat.

»Ich bin hier auf der Suche nach einem Boot, am besten erst mal zu den Kanaren oder nach Madeira.«

Tom hat schon mal von jemandem gehört, der jemanden kannte, der das auch gemacht hat. Die beiden sind interessiert an meiner Idee und wollen genauer wissen, wie ich mir das vorstelle. Ich erkläre meinen Plan ausführlich, bis Jules erst mal keine weitere Frage hat, sondern nur verkündet:

»Das ist absolut genial und ich wünsche dir echt, dass das klappt. Wenn du willst, kannst du so lange bei mir übernachten, bis du ein Boot gefunden hast!«

Perfekt! Bislang habe ich Couchsurfer immer nur für

zwei oder drei Nächte angefragt, weil ich ihre Gast-
freundschaft nicht überstrapazieren möchte. Aber hier in
Gibraltar werde ich wahrscheinlich ein bisschen länger
bleiben. Noch auf dem Weg hatte ich mir überlegt, dass es
ein wenig nervig wäre, wenn ich hier jetzt alle zwei Tage
umziehen muss. Hotels sind teuer, ich habe nur ein Hostel
gefunden, in dem eine Nacht im Mehrbettzimmer auch
immerhin noch 23 Pfund und damit über 25 Euro kostet.
Das Geld würde ich lieber sparen, schließlich geht meine
Reise gerade erst los. Dementsprechend kommt mir Jules'
Angebot sehr gelegen. Ich werfe einen genaueren Blick
auf die Dreiercouch: nicht gerade luxuriös, aber darauf
könnte ich es mir schon ein paar Nächte lang bequem machen.

Als könnte Jules Gedanken lesen, erklärt er mir jetzt:
»Tom hat gerade Stress mit seiner Freundin und bleibt deshalb auch erst mal ein paar Tage hier. Ihr schlaft auf den
beiden Sofas hier. Einen Schlafsack hast du doch, oder?«

Habe ich. Und fürs Erste tut's dann auch der Zweisitzer.

»Das ist supernett von dir«, bedanke ich mich artig, »ich
hoffe für uns beide, dass das nicht zu lang sein wird.« Tom
und Jules grinsen und geben mir recht.

Irgendwann holt Jules ein kleines buntes Metalldös-
chen mit einem Brocken marokkanischem Hasch heraus
und dreht einen Joint. Wir quatschen den ganzen Abend
lang über unsere Reiseerlebnisse auf der ganzen Welt. Dass
Jules großer Südostasienfan ist und schon mehrmals in In-
dien war, war mir schon beim ersten Blick in sein Zimmer
aufgefallen. Mir gefällt besonders eine Anekdote aus Kam-
bodscha: Dort waren Jules und ein Freund vor zwei Jahren

mit dem Motorrad unterwegs, als den beiden ungewohnt viele Tramper am Straßenrand auffielen, die darauf warteten, mitgenommen zu werden. Also beschlossen sie kurzerhand, das Motorrad gegen einen alten Bus einzutauschen und von jetzt an nicht mehr allein zu reisen. Jules hat offensichtlich ein echtes Herz für Tramper. Mein Start in Gibraltar hätte schlechter sein können.

Am nächsten Morgen bereite ich am Stadtplan meine heutige Jagd nach Kapitänen, Skippern und Segelyachten vor. Im Grunde genommen ist die Seeseite Gibraltars ein einziger großer Hafen für Schiffe jeder erdenklichen Größe, vom Ruderboot über kleine Frachtkähne zu großen Tankern, Containerschiffen und Kreuzfahrtschiffen. Ich finde vier Häfen, die für Segelboote geeignet sein könnten. Die will ich heute der Reihe nach abklappern, von Nord nach Süd. Auf der anderen Seite des Flughafens in Spanien gibt es dann noch die Marina von La Línea – vielleicht hängt dort ja wieder so ein Zettel, auf dem ein Kapitän nach Crew sucht; ich bin bereit!

Nach einem englischen Frühstück mit Bohnen, Spiegelei und Speck in einem Imbiss in der Main Street komme ich als Erstes an die Ocean Village Marina, eine riesige Anlage direkt neben der Landebahn. Sie scheint nicht so alt zu sein wie der Rest Gibraltars, in dem man an jeder Ecke auf Erinnerungen an die Kriege und Schlachten der letzten Jahrhunderte stößt: Das Hafenbecken liegt eingerahmt zwischen modernen Hochhäusern aus Glas, Beton und Stahl. In den oberen Stockwerken scheinen sich vor allem Büros zu befinden, im Erdgeschoss sind Restaurants, Pubs und schicke Bars, vor deren Türen auch jetzt am Mittwochmorgen schon eisgekühlte Champagnerflaschen für ihre Käufer bereitgehalten werden.

Die Segelboote liegen an mehreren Schwimmpontons, die mit Stegen und Brücken aus Holz und Bambus miteinander und mit dem Land verbunden sind. Auch hier zeigen die Flaggen an, woher sie kommen: Viele tragen den Union Jack oder die spanische Flagge. Aber ich entdecke auch Boote aus Frankreich und Italien, eine Yacht kommt aus Israel. Ein wunderschönes, altes Holzsegelboot ist offensichtlich einmal um ganz Europa gesegelt, um hier anzukommen: An seinem Heck hängt die gelb-blaue schwedische Flagge. Leider scheint der Kapitän gerade ausgeflogen zu sein – an Deck tut sich nichts und alle Luken sind geschlossen. Über dieses schöne Schiff hätte ich gerne mehr erfahren.

Wobei mir auffällt, dass meine Vorstellung von »Leute auf Booten ansprechen« bislang doch eher theoretischer Natur war und ich mir noch keine genaue Taktik überlegt habe, wie ich das in der Praxis angehen möchte.

Also folge ich erst einmal dem Pfeil mit der Aufschrift »Reception«. Das müsste das Hafenbüro sein. Betont langsam gehe ich über die Holzstege und versuche dabei, möglichst freundlich auszusehen. Was auch immer das heißen mag, jedenfalls stelle ich mir vor, dass irgendwo vielleicht mein erstes Boot für den Weg über den Ozean liegt und der Kapitän mich womöglich schon im Auge hat.

Die Rezeption befindet sich in einem unscheinbaren Gebäude am Ende eines Pontons und ist kleiner, als mich die Ausmaße dieser Marine haben ahnen lassen. Weiße Fliesen auf dem Boden, ein paar Drahtgestelle mit Flyern am Eingang. Hinter einem einfachen weißen Holztresen lächelt mich eine junge Frau in dunkelblauem Poloshirt an, ihr Namensschild stellt sie als »Anya« vor. Sie begrüßt mich mit einem leicht spanischen Akzent: »Welcome to the Ocean Village Marina!«

»Ich suche nach einem Platz an Bord eines Schiffes, das mich zu den Kanaren mitnehmen kann oder nach Madeira«, sage ich und versuche, dabei selbstbewusst zu klingen. Schon beim Hafenmeister in Málaga war es mir ein bisschen peinlich gewesen, diesen Satz auszusprechen: In den Ohren von jemandem, der noch nie von einem Bootstramper gehört hat, muss sich das doch komplett lächerlich anhören, oder?

Anya aber versteht offensichtlich sofort: »Ah, wir haben da vorne eine Pinnwand, schau da mal drauf!« Das mache ich und finde vor allem Verkaufsanzeigen für Schlauchboote oder Außenborder. Aber von den Fotos auf zweien der Zettel lächeln mich Typen in meinem Alter an. »Skipper for hire« steht fett über einem Foto, das andere ist mit »Hello everyone!« überschrieben. Paweł ist der Skipper und hat sein Foto außerdem noch mit einer polnischen Flagge markiert. Er schreibt von sich, dass er Inhaber des International Certificate of Competence (ICC) ist und bereits zwei Atlantiküberquerungen gemacht hat, beide von Ost nach West. Er sucht wie ich nach einer Ozeanüberquerung, will dafür allerdings auch noch bezahlt werden. Samuel, der Typ auf dem anderen Foto, ist ebenfalls auf der Suche nach einem Boot. Seine Erfahrung ist vergleichbar mit meiner: »Mehrere Törns auf dem Mittelmeer«, schreibt er unter der Überschrift »Experience«.

Den Zettel eines Kapitäns, der nach einem neuen Crew-

mitglied sucht, finde ich nicht. Im Grunde genommen bedeuten Samuel und Paweł Konkurrenz für mich. Plätze
an Bord von Segelyachten werden schließlich nicht unbe-
grenzt zur Verfügung stehen. Trotzdem freue ich mich: Es
gibt noch mehr Bootstramper! Mehr Leute, die eine Atlantiküberquerung per Anhalter für möglich halten – das
kann doch nur Gutes bedeuten.

Anya hat die beiden leider nicht getroffen: »Die Zettel hängen schon länger dort.« Vielleicht sitzen die Jungs
also bereits irgendwo auf dem Ozean an Deck eines Segel-
bootes. Hier kämen um diese Jahreszeit jährlich ein paar
Leute wie Samuel, Paweł und ich vorbei, erzählt Anya. Unsere Chancen kann sie schwer einschätzen, aber »eigentlich sind die Tramper immer recht schnell wieder weg«. Ich
halte unser Gespräch noch ein bisschen am Laufen, aber
sooft ich auch nachhake, die Rezeptionistin der Ocean
Village Marina kann jetzt auf Anhieb keinen Skipper mit
freier Koje aus dem Ärmel schütteln. Sie erlaubt mir aber,
den Zettel an das Board zu pinnen, den ich mir gestern bei
Magda noch ausdrucken durfte: »Crew available Gibraltar – Canaries – Transatlantic« steht fett darüber. Dann ein
Schwarz-Weiß-Foto von mir in Rettungsweste auf dem
Mittelmeer und ein paar Sätze zu mir. Ganz unten ein paar
Streifen mit meiner Mailadresse und Telefonnummer zum
Abreißen. Mit einem ganz ähnlichen Zettel war ich mal
(erfolgreich!) in Hamburg auf WG-Suche gewesen.

Eigentlich sollte ich hier noch ein bisschen Zeit verbringen und versuchen, Leute kennenzulernen. Aber auch hier
gibt es keine Hafenkneipen, wie ich sie mir vorgestellt hatte:
An Ocean Village Marina geht man fein essen. Dabei kann

ich die Leute wohl schlecht stören, um mit ihnen ins Gespräch zu kommen. Ich könnte sie direkt auf ihren Schiffen ansprechen, allerdings sind viele gerade nicht an Deck und ich stelle es mir unangenehm vor, einfach so an die Bordwand zu klopfen. Ich rede mir meine Feigheit damit schön, dass es ja eh erst mal wichtiger ist, mit Hafenmeistern zu sprechen und meine Zettel in den Hafenbüros zu verteilen.

Die Mid Harbours Small Boat Marina und der Royal Gibraltar Yacht Club liegen direkt nebeneinander an einer langen Mole und sehen schon von Weitem alles andere als vielversprechend aus: Hier liegen mehrere Hundert kleine Angel- und Arbeitsboote, die meisten davon nicht länger als sechs Meter und keines hat Segel. Die Marina wird mir nicht weiterhelfen, den Yachtklub hebe ich mir jetzt auch erst mal für später auf – denn nur ein paar Hundert Meter weiter sehe ich, wie sich jede Menge weiße Masten im Wind hin- und herwiegen.

Die Queensbay Quay Marina liegt nach vier Seiten eingeschlossen zwischen hellgelben und vier- bis fünfstöckigen Gebäuden mit Ferienwohnungen und Dächern aus orangefarbenen Tonziegeln. Die meisten Wohnungen haben Balkons mit Hafenblick. Um das Hafenbecken kann man in beide Richtungen halb herumlaufen, dort befindet sich die Ausfahrt in Richtung Atlantischer Ozean. Der Großteil der vielleicht hundert Boote hier liegt unten an Schwimmpontons, zu denen man über eine Brücke gelangen könnte – wäre sie nicht durch eine Gittertür mit Codeschloss versperrt. Immerhin wieder eine gute Ausrede, mein geplantes direktes Ansprechen von Besatzungen auf später zu verschieben. Jedenfalls machen hier die Flaggen an den Hecks der Segelyachten Mut: Ihre Heimathäfen liegen über ganz Europa verstreut, auch hier scheint viel los zu sein.

Das bestätigt sich im Büro des Hafenmeisters. Auf dessen Schwarzem Brett finde ich wieder die beiden Zettel von Samuel und Paweł, außerdem die Suchanzeigen zweier weiterer Bootstramper. Und ein Gesuch mit der Überschrift: »Gibraltar – Las Palmas: Experienced sailor wanted«. Alle Telefonnummerstreifen sind schon abgerissen, sodass es keine Kontaktdaten mehr gibt. Aber den Namen des Boots merke ich mir: *Andiamo*. Zwar will mir der wortkarge Hafenmeister aus irgendeinem Grund nicht sagen, ob die *Andiamo* noch im Hafen liegt, aber ich will selber Ausschau halten. Sollte ich das Boot entdecken, müsste ich auf jeden Fall über meinen Schatten springen und die Besatzung ansprechen.

Insgesamt zeigt sich der Hafenmeister nicht sehr kooperativ. Meine Bitte, mir doch kurz die Tür zu den Pontons zu öffnen, empört ihn. Immerhin hat er zwei Stecknadeln, mit denen ich meinen Zettel an die Pinnwand heften kann.

Tag 3 der Reise

Damit wären für heute schon ein paar Dinge abgehakt und ich beschließe, dass es jetzt Zeit ist, endlich einmal nach Afrika hinüberzuschauen. Dafür muss ich an den Südzipfel Gibraltars, der natürlich nicht weit entfernt ist. Auf dem Weg kaufe ich mir in einem Supermarkt ein bisschen Käse, Tomaten und das beste Brot, das ich finden kann: ein süßes und pappiges Weißbrot, willkommen im United Kingdom. Am Ende der Queen's Road etwas oberhalb der Stadt stoße ich auf mehrere Fels- und Betonplattformen, die einige Infotafeln als ehemalige Artilleriestellungen ausweisen. Das ist kein Zufall: Von hier aus hat man einen fantastischen Ausblick über die Meerenge von Gibraltar. Im Westen, also rechts von mir, liegt der Atlantik, im Osten das Mittelmeer. Und gegenüber, im Süden, liegt Afrika. Klar und deutlich kann ich die hügelige Landschaft auf der anderen Seite erkennen und die Silhouette einer Stadt. Das müsste Ceuta sein. Was Gibraltar für Großbritannien ist, ist Ceuta für Spanien: eine Enklave in einem fremden Land, die aus strategischen Gründen seit Jahrhunderten beansprucht und gehalten wird. Die Spanier sind da keinen Deut besser als die Engländer.

Ich esse mein Sandwich und schaue hinaus auf die Straße von Gibraltar. Ein Containerschiff fährt gerade ins Mittelmeer, ein Tanker drüben an der anderen Küste scheint Ceuta anzulaufen. Als ich ein Segelschiff sehe, das mit prall gefüllten weißen Segeln in Richtung Ozean segelt, muss ich an meinen ersten Kapitän denken. Der warf damals hier fast ununterbrochen mit Gibraltar-Filmzitaten aus »Das Boot« um sich. Ich beschließe, mich später mal bei ihm zu melden. Vielleicht hat er ja mittlerweile einen Stegnachbar, der auf einer der Kanarischen Inseln gerade händeringend nach einem Mitsegler sucht. Oder er weiß sogar von Seglern, die gerade hier in Gibraltar liegen – schließlich kennt man sich unter Seglern.

Später am Tag sitze ich mit meinem kleinen alten Laptop bei einem Kaffee auf der Terrasse des Restaurants The Landing direkt an der Kaimauer der Queensbay Quay Marina. Eine kleine Computersession: Ich durchsuche wieder Foren und Facebook-Gruppen nach Kojenangeboten. Auf einigen Schiffen der Atlantic Rally for Cruisers gibt es noch Platz an Bord, allerdings nur gegen Bezahlung. 150 Euro pro Tag plus Bordkasse: So würden bis zur anderen Seite des Ozeans mehrere Tausend Euro fällig – das kommt für mich nicht infrage. Ich schreibe mein Kojengesuch in einige neue Foren und Crewbörsen. Meine eigenen Threads hole ich wieder weiter nach oben, indem ich sie kommentiere: »Bin mittlerweile vor Ort in Gibraltar und kurzfristig verfügbar!«

Anschließend bin ich überrascht, dass ich Phil beim ersten Versuch per Skype erreiche. Er befindet sich auf seinem Boot im Hafen von Gran Tarajal auf Fuerteventura – »die billigste Marina der Kanarischen Inseln«, erzählt Phil mir stolz und dass er im Moment die meiste Zeit mit Warten verbringt: Nächste Woche erwartet er sein erstes Crewmitglied für seinen Transatlantiktörn, kurz danach die beiden Norwegerinnen. Noch wichtiger ist allerdings, dass die neue Batterie für den Startermotor der *Libertalia* möglichst bald geliefert wird. Phil hat sie schon vor Wochen bestellt, aber die Lieferung verzögert sich immer weiter. »Wenn du dich beeilst, holst du mich also wirklich noch ein«, sagt er, als ich ihm erzähle, wo ich bin und wie meine letzten Tage aussahen.

Gran Tarajal sei »ein verschlafenes Nest« und der Hafen klein, berichtet er. Trotzdem gebe es außer ihm noch ein weiteres Boot, das sich dort auf eine Atlantiküberquerung vorbereitet: ein Paar mit zwei Kindern. Phil hat den beiden von mir berichtet, aber das Boot ist mit vier Personen schon voll. Aber erst mal muss ich ja sowieso irgendwie auf die Kanaren kommen. Phil ist zuversichtlich, dass das bald klappt. Er macht schon Pläne für unser Wiedersehen: »Es gibt hier zwar nicht viel, aber eine Superkneipe mit Billardtisch, da kannst du was von mir lernen!« Der alte Angeber hat nicht vergessen, dass ich letztes Jahr in Almería drei Partien in Folge gegen ihn verloren habe.

Ich verspreche, ihn besuchen zu kommen, sollte ich noch vor seinem Ablegen auf den Kanaren ankommen, und er verspricht, mich anderen Atlantiküberquerern zu empfehlen. Außerdem gibt er mir seine spanische Telefonnummer: »Falls sich ein Kapitän nicht ganz sicher ist, ob er dich mitnimmt, dann soll er mich anrufen!«

Am Abend gibt's bei Jules selbst gemachte Pizza. Als ich in die Wohnung komme, holt Tom gerade das erste Blech aus dem Ofen. Eigentlich hatte ich ein bisschen gehofft, dass er es heute schafft, sich mit seiner Freundin zu vertragen, und dass er dann wieder zu Hause einziehen dürfte. Das hätte bedeutet, dass die größere der beiden Couches für mich frei werden würde – aber Tom bleibt noch ein bisschen.

Abends kiffen die beiden wieder, Jules schneidet parallel Videos von seinem letzten Indientrip und schwelgt in Erinnerungen. Die Joints lehne ich heute ab: Morgen werde ich nicht mehr darum herumkommen, Skipper und Besatzungen direkt anzusprechen, und dafür möchte ich fit sein.

Mein erster Weg führt mich am Morgen allerdings nach Spanien. La Línea de la Concepción ist der volle Name des Grenzortes, der direkt in Gibraltar übergehen würde, wenn der Flughafen mit der Grenze nicht wäre. Auf der gegenüberliegenden Seite staut sich der Verkehr kilometerlang, und das, obwohl diesmal kein Airbus den Weg versperrt. Zwei von drei Einwohnern von La Línea pendeln täglich zur Arbeit nach Gibraltar.

Mein Hafenmeister-Small-Talk geht mir hier schon leichter über die Lippen. Meinen Zettel hänge ich oben links an die Pinnwand – dorthin, wo ich beim letzten Mal den »Crew wanted«-Zettel entdeckt hatte. Und auch das gezielte Ansprechen von Seglern bereitet mir nicht so viele Schwierigkeiten wie befürchtet. Denn meine Pickup-Line funktioniert bei ausnahmslos jedem hier: »Schönes Boot!«

Na klar, Komplimente gehen immer. Wieso bin ich da nicht gestern drauf gekommen? Ich smalltalke den Vormittag über mit bestimmt einem Dutzend Seglern. Die meisten finden ihre Boote auch sehr schön: Bei Mike aus der Nähe von Southampton und Valentin, Franzose, werde ich an Bord eingeladen, um die Boote aus der Nähe zu bestaunen. Nur ein Engländer mit ölverschmierten Händen und schmutzigem Gesicht schimpft: »Ein Scheißboot ist das!« oder so ähnlich. Bei »You can buy it if you want« fängt er an zu lachen.

Auf einem französischen Boot, der Segelyacht *Penelope* am vorletzten Ponton, spreche ich einen jungen Kerl an, der gerade dabei ist, Schraubenschlüssel in einen Werkzeugkasten zu sortieren. »Parlez-vous français?«, fragt er mich, was ich verneinen muss, aber kein Problem ist: In tadellosem Englisch erklärt er mir, dass das nicht sein Boot ist und dass er erst seit zwei Tagen an Bord ist. Als er beginnt, vom bevorstehenden Törn nach Gran Canaria zu erzählen, fällt mir auf, dass ich sein Gesicht kenne: »Du bist Samuel, oder? Trampst du über den Ozean?«

Genau sechs Tage hatte Samuel gebraucht, um auf der 41-Fuß-Yacht der französischen Nobelmarke Beneteau zu landen. Schon übermorgen würde er zusammen mit dem schon etwas älteren Besitzerpaar der *Penelope* ablegen und in Richtung Süden segeln. Was für eine Erfolgsgeschichte! Ich beginne ihn auszufragen, doch irgendwann wird Samuel unruhig. Bis sein Kapitän zurückkommt, hat er noch so einiges zu erledigen. Er macht mir aber Mut, sagt, dass er es genauso angestellt hätte wie ich und dass ich hier auf jeden Fall schon mal am richtigen Ort bin.

Ich trage noch meinen Zettel mit dem Kojengesuch zum Royal Yacht Club und verbringe den Rest des Tages damit, Kapitänen aus aller Welt in den Yachthäfen von Gibraltar Komplimente für ihre Boote zu machen.

Abends hängen wir wieder in Jules' Apartment herum. Wir essen gerade die Fish & Chips, die ich von einem 24-Stunden-Imbiss mitgebracht habe, als ich einen Anruf von einer spanischen Nummer erhalte: Am anderen Ende der Leitung stellt sich Maximo vor, Eigner eines 54-Fuß-Schiffes und Kapitän einer bislang zweiköpfigen Crew, die noch wachsen soll. Er hätte meinen Zettel im Hafen von La Linea gesehen und sein Ziel sei Las Palmas de Gran Canaria. Wir verabreden uns für morgen früh um zehn an Deck der *Emilia 2* am Ponton Nummer drei in der Marina von La Linea.

Randy

Die Sitzbänke im Cockpit der Segelyacht von Maximo sind mit Leder überzogen, der Kapitän serviert mir einen Cappuccino aus dem bordeigenen Kaffeeautomaten. Maximo hat die *Emilia 2* hier in Spanien gekauft und möchte sie jetzt zunächst nach Venezuela überführen. Ein Freund aus seiner chilenischen Heimat hilft ihm dabei, außerdem wird ein befreundeter Spanier mit an Bord sein. Maximo erzählt mir, dass er zusätzlich gerne eine vierte Person dabeihätte, um während der Überfahrt zu den Kanaren einen entspannteren Wachrhythmus zu haben: Je mehr Leute sich die 24 Stunden aufteilen, desto kürzer und seltener werden die Schichten für jeden Einzelnen. Sehr wichtig ist ihm, dass ich auch zu Nachtschichten in der Lage bin.

Ein bisschen erinnert mich die Situation an ein Bewerbungsgespräch: Ich muss jetzt einen guten Eindruck machen und Maximo davon überzeugen, dass ich der richtige Mann für ihn bin. Als er mich nach meiner Segelerfahrung fragt, muss ich einen gesunden Mittelweg finden. Einerseits muss ich selbstbewusst auftreten und ihm klarmachen, dass ich mir das auf jeden Fall zutraue. Andererseits darf ich natürlich keine Fähigkeiten versprechen, die ich nicht habe – das könnte später auf hoher See böse Folgen haben. Also erkläre ich ihm, was ich für meinen Sportbootführerschein gelernt habe, lasse aber den Fakt weg, dass es sich dabei um einen Onlinekurs handelte. Auch dass ich schon Nachtschichten im Ausguck auf hoher See überstanden habe, stimmt: Bei einem meiner Törns mit der *Libertalia* hielt ich in einer dunklen Nacht auf dem Mittelmeer die Fahrwasserbetonnung im Auge, die uns den Weg in den Hafen von Almería zeigen sollte.

Maximo scheinen meine Ausführungen erst einmal zu reichen: »Und du bist flexibel, könntest am Wochenende los?«, fragt er mich.

»Wie bitte?«, frage ich zurück. Wir sprechen die ganze Zeit auf Spanisch und ich bin mir immer mal wieder nicht ganz sicher, ob ich Maximo richtig verstanden habe. Ach so, »si, no problemo, das geht!«. Maximo erzählt mir, dass er schon einen Mitsegler gefunden hatte, der ihm aber abgesprungen sei. Während mir der Chilene das ganze Schiff zeigt, will er schließlich von mir wissen, ob ich denn noch Fragen an ihn hätte. An dieser Stelle kann sich in einem Bewerbungsgespräch noch mal alles ändern. Meine Fragen zum Törn bis Gran Canaria beantwortet Maximo schlüssig: Ungefähr 750 Seemeilen sind es bis nach Gran Canaria, je nachdem, wie unser Kurs schließlich aussehen wird. Spielt der Wind einigermaßen mit, sollten wir nach einer Woche auf See in den Hafen von Las Palmas einlaufen. Im Schnitt sind das knappe fünf Knoten, acht oder neun Stundenkilometer. Hört sich realistisch an. Als ich mich vorsichtig nach den Kosten erkundige, die für mich anfallen würden, erhalte ich die beste aller möglichen Antworten: »Keine«, sagt Maximo. »Für Diesel und Liegeplätze zahlen wir ja nicht mehr, nur weil du an Bord bist. Den Proviant kann ich dann auch auf meine Kappe nehmen.« Es ist ihm offensichtlich ziemlich wichtig, noch jemanden für die Überfahrt zu finden – und viel Zeit hat er dafür ja nicht mehr, wenn er schon in ein paar Tagen ablegen will. Schließlich erklärt er mir noch die Sicherheitsausrüstung an Bord. Die *Emilia 2* stammt aus der französischen Jeanneau-Werft, die einen ähnlich guten Ruf hat wie die Firma Beneteau, auf deren Modell Bootstramper Samuel untergekommen ist. Außerdem ist sie erst drei Jahre alt. An Bord der *Emilia 2* ist alles gut in Schuss, es gibt ein Satellitentelefon, aktives und passives AIS, Radar. Zum Glück habe ich gestern mit so vielen Kapitänen gesprochen, so habe ich jetzt zumindest eine grobe Ahnung, wovon wir sprechen.

Soweit ich es beurteilen kann, ist das Schiff sicher und geeignet für die Atlantiküberquerung. Maximo zeigt mir sein Yachtmasterzertifikat und er macht einen vernünftigen Eindruck. Als er mich schließlich fragt, ob ich nicht gleich morgen auf dem Boot einziehen möchte, fühlt sich das zwar irgendwie überstürzt an, aber das Herz hüpft mir bis unter das Kinn und ich sehe auch einfach keinen Grund, ihm nicht zuzusagen. Ab morgen wohne ich auf einem Schiff und am Wochenende starte ich meine Atlantiküberquerung!

Den Weg zurück nach Gibraltar zu Jules kenne ich mittlerweile auswendig, sodass ich mir unterwegs Gedanken über Maximo und die *Emilia 2* machen kann. Die Yacht ist absolut luxuriös, das muss man sagen. Ich bin mir nicht ganz sicher, wie gut ich das finde. Ich hatte mir die ganze Zeit ein minimalistisch ausgerüstetes Boot vorgestellt. So wie ich das von anderen Segelbooten kenne: eine einfache Kochmöglichkeit, schmale Kojen und ein enges Cockpit.

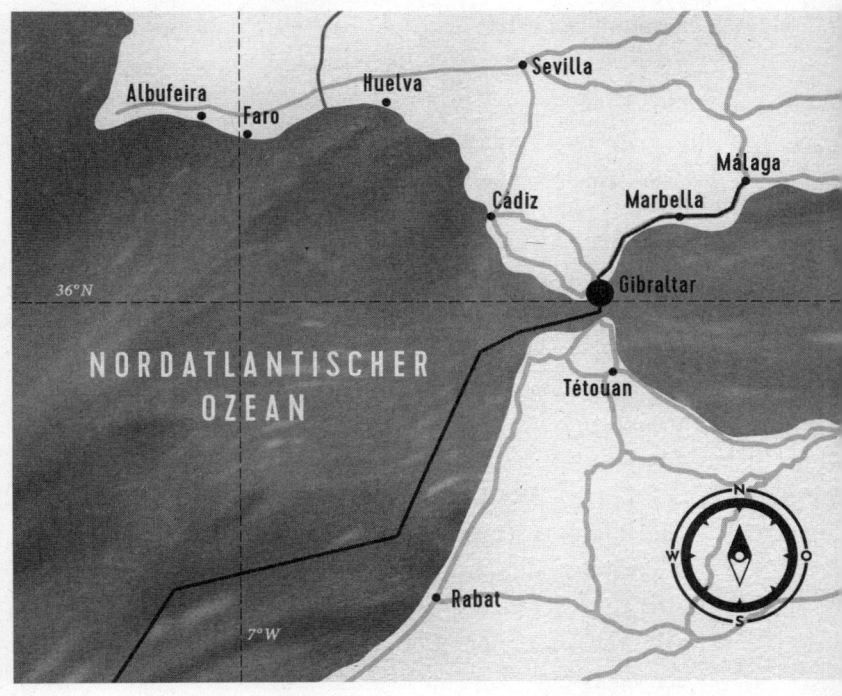

Auf der *Emilia 2* lag gebügeltes Bettzeug auf der breiten Koje, die jetzt wohl meine wird – fühlt sich irgendwie weniger abenteuerlich an. Aber an zu viel Komfort will ich meine Reise dann doch nicht scheitern lassen. Schwerer wiegt dann schon das Kommunikationsproblem. Ich muss unbedingt herausfinden, wie gut Maximo und seine beiden Freunde Englisch sprechen. Dass ich die beiden anderen Crewmitglieder nicht kennengelernt habe, ist nicht optimal. Aber ich wohne ja noch zwei, drei Tage mit ihnen zusammen. Wenn sich herausstellt, dass die Sprachbarriere zu groß ist oder dass ich mit einem der Crewmitglieder absolut nicht auskomme, kann ich ja immer noch einen Rückzieher machen. Beim Trampen auf der Autobahn oder auf der Landstraße weiß man schließlich auch nie, was einen erwartet, und im schlimmsten Fall kann man immer noch aussteigen. Wobei ich diese Möglichkeit dann ab nächster Woche nicht mehr haben werde: Mitten auf dem Ozean kann ich das Boot nicht mehr einfach so verlassen. Irgendwie will in mir nicht die rechte Euphorie aufkommen, die in einem Moment wie diesem eigentlich typisch für mich gewesen wäre. Mich stört es ein wenig, dass mir plötzlich so viele Wenn und Aber einfallen.

Auf dem Weg kaufe ich ein paar Dosen Bier und stelle sie bei Jules in den Kühlschrank. Schließlich ist heute dann schon unser letzter Abend. Bis dahin will ich die Neuigkeiten meiner Familie und ein paar Freunden erzählen, ein paar Mails schreiben und vielleicht mal Mutti anrufen. In den nächsten Tagen auf dem Ozean werde ich schlecht erreichbar sein.

Als ich mein Mailprogramm öffne, hat die neueste Mail den Betreff »Du hast eine neue private Nachricht auf worldcruising.com« und besteht aus dem folgenden Satz: »Wenn du an einer Koje auf einem Segelboot interessiert bist, ruf mich gerne an. Randy, SY Mystique.« Kurz darauf sitze ich an Bord des Schiffes, Randy gießt kochendes Wasser in meine Tasse mit Pulverkaffee und erzählt von seiner Segelreise. Er kommt aus den USA und hat im Frühjahr als »Singlehander«, also allein segelnd, den Atlantik in Richtung Europa überquert und den Sommer größtenteils an der französischen Mittelmeerküste verbracht. Eigentlich hatte er geplant, auch den kompletten Rückweg allein zurückzulegen. »Aber die Leute hier in Gibraltar machen einem so eine Angst vor dem ganzen Verkehr in der Meerenge und vor der Küste Marokkos!« Wie bei Maximo soll ich auch hier dabei helfen, andere Schiffe im Auge zu behalten.

Die *Mystique* ist eine »MacGregor 65« und stammt aus einer Werft in Florida. Die 65 im Namen deutet auf die stattliche Länge des Schiffes hin: 65 Fuß, das sind 20 Meter. In der Breite ist die *Mystique* ziemlich schmal, erklärt der Captain, weshalb sie »schon ordentlich Fahrt aufnehmen« kann. Zugleich seien zehn Knoten absolut drin, prahlt er, der Bootstyp käme auch bei Regatten zum Einsatz. Mein persönlicher Rekord beim Segeln liegt bei etwas über sieben Knoten und ich bin beeindruckt. Das verstärkt sich noch, als wir über die kleine Treppe, den sogenannten Niedergang, in den Bauch des Schiffes hinuntersteigen. In der Luft liegt hier dieser typische Segelbootgeruch nach Öl und Lösungsmitteln, Nahrungsmitteln und frischem Abwasch. Segelboote riechen gleichzeitig nach Werkstatt und Wohnküche, ich liebe diesen Duft. Dabei sind die verschiedenen Bereiche auf der *Mystique* eigentlich ganz gut voneinander abgetrennt: Es gibt zwei Doppelkabinen und eine Einzelkabine zum Schlafen. Mein Platz wäre die Einzelkabine, denn die Doppelkoje ganz vorne in der Bugspitze nutzt Randy als Lager. »Da wird man so durchgeschüttelt, wenn's mal ein bisschen mehr Welle hat«, erklärt er. Daneben gibt es links in der Mitte des Schiffes eine Küchenzeile, gegenüber steht ein Kartentisch mit einem Computermonitor und einer Menge Kontrolldisplays und -panelen. Weiter vorne geht es in den eigentlichen Salon, das Wohnzimmer mit zwei gepolsterten Bänken und einem Tisch, den man komplett einklappen kann. Gegenüber meiner Koje liegt eine Nasszelle mit Toilette und Dusche. Alles ist in nüchternem Graublau gehalten und außer auf dem Kartentisch, auf dem mehrere aufgeklappte Bücher liegen, ist es überall sehr aufgeräumt. Die Einrichtung macht einen soliden und praktischen Eindruck. Die Liste der Sicherheitsausstattung ist enorm lang, die meisten Features gibt es doppelt – falls ein Gerät mal ausfallen sollte.

Randy erzählt mir, dass er in seiner Heimat ein eigenes Bauunternehmen leite. In letzter Zeit hätte das Unternehmen weniger Aufträge, sodass er sich eine Auszeit genommen habe. In dieser Zeit kümmere sich sein Partner um die Firma. Randy ist 52 Jahre alt und segelt schon sein Leben lang: Als Jugendlicher war er mit seinem Vater vor allem im Golf von Mexiko unterwegs, vor zehn Jahren segelte er von Kalifornien nach Hawaii und zurück, einmal war er auf den Galapagosinseln. Pazifiksegeln. Ich erinnere mich an die Segelbücher, die ich in letzter Zeit gelesen habe. Vom Stillen Ozean schwärmt jeder, der mal dort war. »Alles mit der Mystique?«, frage ich. Randy verneint und erklärt, dass er sich für größere Segelreisen meistens ein Boot gekauft hätte, um es nach dem Trip wieder zu verkaufen. »Meistens habe ich am Ende sogar noch Geld verdient!«, sagt er. Randy und ich trinken noch einen weiteren Kaffee. Mich ziehen seine Abenteuererzählungen von den Weltmeeren in den Bann, ihm sind meine Trampergeschichten sympathisch: »Als ich jung war, war das normal, aber ich hätte nicht gedacht, dass das heute auch noch geht!« Von Couchsurfing hat er noch nie gehört, aber die Idee fasziniert ihn.

So richtig eilig hat Randy es nicht auf seinem Weg zurück nach Amerika, es gibt noch keinen festen Ablegetermin. »Aber es wird ja auch schon ganz schön frisch hier«, sagt er. Es ist mittlerweile später Nachmittag, die Sonne strahlt und es sind bestimmt noch 25 Grad. Ich muss schmunzeln. Randy scheint zu wissen, warum, jedenfalls grinst er auch: »Deswegen würde ich schon gerne demnächst los.« Alles, was noch fehlt, sei ein Mitsegler und dann ein passendes Wetterfenster. Je länger unser Gespräch dauert, desto klarer wird mir, dass Randy mich am Ende fragen wird: »Und? Hast du Interesse mitzukommen?«

Was für eine unwirkliche Situation: Gestern um diese Zeit fragte ich mich noch, ob mich überhaupt jemand mitnehmen würde. Und jetzt sitze ich mit diesem amerikanischen Abenteurer zusammen auf einer Hochseeyacht und habe die freie Auswahl. Auch bei Randy wäre ich eingeladen, »Hand gegen Kost und Koje, so funktioniert das doch, oder?«, sagt Randy, der mittlerweile zwei kleine Bierdosen aus dem Kühlschrank geholt hat. Ich komme aus dem Staunen nicht mehr heraus, denn ich war bislang immer davon ausgegangen, dass man sich als Mitsegler an den Kosten für die Reise beteiligt. Die sind zwar meist nicht sehr hoch: Diesel verbraucht man in der Regel nur zum Navigieren im Hafen oder bei schlimmer Flaute, Hafengebühren sind eh nicht die Welt und auf hoher See gibt's keine Häfen. Der Proviant kommt aus dem Supermarkt, gekocht wird abwechselnd. Trotzdem spare ich mir das Geld natürlich gerne.

Es fällt mir deutlich schwerer, Maximo am Telefon abzusagen, als die eigentliche Entscheidung für Randy zu treffen. Auf der *Mystique* passt es vom ersten Augenblick, und das Gefühl ist einfach besser als auf der *Emilia 2*.

Randy skizziert unseren Törn jetzt genauer: Das Ziel ist Las Palmas, der größte Yachthafen der Kanaren. Das ist perfekt für mich, denn Randy will seine Reise anschließend als Einhandsegler fortsetzen und ich schätze meine Chancen dort am höchsten ein, ein neues Boot für die nächste Etappe zu finden. Vorher möchte Randy sich vielleicht noch eine andere der Kanarischen Inseln anschauen, Lanzarote läge auf dem Weg oder die Nachbarinsel La Graciosa, wo man toll ankern könne. Je nach Windverhältnissen gibt es auch die Möglichkeit, unterwegs einen marokkanischen Hafen anzulaufen. Randy möchte unseren Alltag an Bord in Zwölf-Stunden-Schichten einteilen: Einer von uns hat immer Wache, während der andere freihat. Ich stelle mir so eine Schicht ganz schön lang vor, aber Randy ist schließlich 24-Stunden-Schichten an sieben Tagen in der Woche gewohnt. Wenn der alte Mann das kann, kann ich das auch.

Mein neuer Captain und ich vereinbaren, dass ich noch ein oder zwei Nächte bei Jules übernachte, und verabreden uns für morgen Nachmittag auf der *Mystique,* um noch ein paar kleinere Arbeiten am Boot zu erledigen. Wir segeln los, sobald sich ein halbwegs konstanter Wind ankündigt.

In den nächsten Tagen laufe ich wie auf Wolken durch Gibraltar. Ich wandere auf die Spitze des Felsens und besuche die Berberaffen, die hier seit Jahrhunderten leben und mit ihrer Anwesenheit dafür sorgen, dass der Felsen britisch bleibt. So besagt es zumindest die Legende. Angeblich ließ Winston Churchill während des Zweiten Weltkriegs frische Affen aus Afrika heranbringen, weil die Population in Gibraltar schrumpfte und schrumpfte.

Mehrmals bin ich in der Marina auf der *Mystique*. Randy und ich lassen die Luft aus dem Dinghy, dem Schlauchboot, das Randy als Beiboot benutzt. Wir falten es zusammen und stopfen es durch die Fensterluke in die vorderste Koje. Auf dem Ozean brauchen wir es nicht und an Deck ist es nur im Weg. Wir studieren Seewetterberichte und suchen mehrere Marinas heraus, die wir auf dem Weg oder am Ziel anlaufen könnten. Und Randy drückt mir ein dickes Buch in die Hand, »World Cruising Routes« von Jimmy Cornell: »Das wirst du auf jedem Boot finden, da steht alles drin, was wir über den Kurs zu den Kanaren wissen müssen.«

Schließlich räume ich mein Lager unter Jules' Hochbett und ziehe auf der *Mystique* ein. Für die nächsten drei Tage ist Nordwind angesagt, um die zehn Knoten, Windstärke drei bis vier. Perfekt. Morgen legen wir ab.

Den letzten Nachmittag auf dem europäischen Festland verbringen wir damit, ein paar frische Sachen für unseren Proviant einzukaufen und sie an Bord in die vielen Stauräume der *Mystique* einzusortieren. Vorher packen wir alles aus der Supermarktverpackung in Frischhaltedosen um: Unterwegs auf See wollen wir so wenig Müll wie möglich produzieren. Die *Mystique* hat einen Kühlschrank, der mit Strom aus zwei Generatoren betrieben werden kann: Einer ist mit dem Schiffsdiesel verbunden, sodass unsere Batterie immer dann lädt, wenn der Motor läuft. Die andere Energiequelle ist hinten am Heck montiert: ein kleines Windrad. Die Batterie ist gerade voll durchgeladen, und der Kühlschrank kann während des Segels weiterlaufen. Auf einem Segelboot ist das Luxus, schließlich verbrauchen auch andere, wichtigere Instrumente jede Menge Strom.

Nachdem ich es am Abend irgendwann geschafft habe, trotz meiner Aufgeregtheit und Vorfreude endlich zur Ruhe zu kommen, verbringe ich eine gute erste Nacht in meiner neuen Koje. Wir schlafen uns noch einmal aus und frühstücken ausführlich, Randy macht Rühreier mit Bacon.

Schließlich machen wir uns klar zum Ablegen: Der Motor springt auf Anhieb an, Randy schaltet ihn in den Leerlauf und bespricht mit mir, in welcher Reihenfolge ich jetzt die Leinen löse, mit denen die *Mystique* am Schwimmponton vertäut ist. Randy steht am Steuerrad hinten im Cockpit des Schiffes und gibt das Kommando, ich öffne jetzt nacheinander die Knoten und ziehe die Leinen so schnell wie möglich an Bord. Auf keinen Fall darf eines der losen Enden in die Schiffsschraube kommen! Randy navigiert langsam zwischen den Schwimmstegen und den anderen Yachten entlang in Richtung Hafenausfahrt. Ich stehe jetzt bei ihm im Cockpit, klar für das nächste Kommando, und beobachte ihn. Wir passieren die Ausfahrt, rechts eine Betonmauer, links eine Mole aus großen Felsblöcken. Die Ausfahrt der Marina ist etwas verwinkelt und wir müssen noch einmal um die Ecke, bis wir schließlich in die Bucht von Gibraltar tuckern. Die erste Schwierigkeit ist gemeistert, Randy entspannt jetzt sichtbar und bittet mich, die

Fender abzuhängen und zu verstauen. Darauf hätte ich auch selber kommen können, ärgere ich mich ein wenig, die dicken Gummibälle hängen zum Schutz an der Bordwand, aber eben nur solange das Schiff im Hafen liegt. Während ich sie einsammle, studiere ich noch mal genau den Knoten, mit dem sie an der Reling festgemacht sind: Der Webeleinstek ist einfach und effektiv, ich habe ihn schon für meinen Sportbootführerschein gelernt. In einer Woche werde ich wahrscheinlich wieder derjenige sein, der die Fender an der Reling anbringen muss, bevor wir in unseren nächsten Hafen einlaufen.

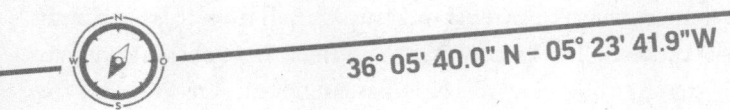

36° 05' 40.0" N – 05° 23' 41.9" W

Tag 10 der Reise

In der Bucht von Gibraltar herrscht unheimlich viel Verkehr. Schiffe in sämtlichen Größen sind in alle Richtungen unterwegs. Mehrere Tanker und Containerschiffe liegen vor Anker und warten darauf, dass ihnen Liegeplätze im Hafen zugewiesen werden. Ich beobachte die Bucht, und als ich gerade ein bisschen Ordnung in das Chaos gebracht habe, fragt Randy: »Willst du mich mal beim Steuern ablösen?« Er scheint meine Unsicherheit zu bemerken, denn er wartet nicht auf eine Antwort, sondern schiebt hinterher: »Das bekommst du hin, außerdem bleibe ich in der

Nähe.« Während ich die *Mystique* durch die Bucht steuere, läuft mir ein wohliger Schauer über den Rücken. Amerika, ich komme!

Nach einer knappen Stunde verlassen wir langsam die Bucht und nähern uns der eigentlichen Meerenge. »Zeit, den Motor auszumachen!«, sagt Randy jetzt plötzlich. »Bleibst du am Steuer?« – »Okay, sag mir aber bitte noch mal ganz genau, was ich tun muss.« Er erklärt mir, dass ich das Boot mit der Spitze in den Wind drehen muss, und zeigt auf die Spitze des Mastes, wo ein beweglicher Pfeil die Windrichtung anzeigt. Ich erinnere mich, das Ding nennt sich Verklickerer, und wenn das Schiff mit der Nase im Wind steht, gibt es keinen Druck auf dem Segel. Nur so kann man es den Mast hochziehen. »Ich gebe dann Bescheid, wenn du wieder auf Kurs gehen musst«, sagt Randy. »Auf circa 250 Grad!« Ich muss mich jetzt absolut konzentrieren, finde aber die Kompasskugel, die im Moment ungefähr 210 Grad anzeigt – wir sind gerade auf Kurs Süd-Südwest. Der Wind kommt aus Norden. »Also drehe ich erst nach rechts, du setzt das Segel und dann drehe ich wieder zurück?«, frage ich. Randy nickt nur und beginnt schon, das Manöver vorzubereiten, indem er einige Seilbremsen löst, bei ein paar Seilen die Verknotung öffnet und die Seilrollen auf das Deck wirft. Das Großsegel ruht jetzt fertig zum Hissen auf dem Baum, dem langen Balken, der waagerecht am Mast hängt. Die Schutzhülle haben wir heute Morgen vor dem Ablegen entfernt. »Jetzt!«, ruft Randy mir zu. Ich drehe das Steuerrad nach rechts. »Weiter, weiter«, ruft Randy und dann »Stopp!«. Ich schaue auf den Kompass und versuche, die Nadel möglichst konstant auf der

Null zu halten – Nord. Randy steht am Mast und beginnt, an der Winsch, einer Art Seilwinde, zu kurbeln. Die dreieckige Spitze des Segels steigt aus der Tasche, das Segel fängt sofort an wie wild im Wind zu flattern und macht dabei einen ganz schönen Krach. Randy kurbelt weiter, bis das Segel fast an der Spitze des Mastes angekommen ist. Schließlich hört er auf, schaut noch einmal nach oben und ruft mir dann etwas zu. Der Wind und das Segelflattern verschlucken seine Worte, aber ich weiß, was er möchte: Ich beginne langsam am Steuerrad zu kurbeln, zurück nach links, bis die Kompassnadel einen Kurs von 250 Grad anzeigt. Das Flattern wird weniger und das Segel spannt sich. Randy kommt ins Cockpit. »Good job!«, ruft er, lacht und übernimmt das Ruder. Vorsichtig kurbelt er noch ein bisschen weiter nach links, bis auf ungefähr 240 Grad. Dann drückt er unter einer Anzeige am Steuerrad auf den roten Knopf mit der Aufschrift »auto«: Der Autopilot übernimmt das Ruder und von jetzt an bewegt sich das Steuerrad wie von Geisterhand gesteuert immer wenige Grad nach links und wieder zurück. Randy schaltet den Motor aus und es wird auf einmal ganz still. Vereinzelt bilden sich weiße Schaumkronen auf den kleinen Wellen in der Straße von Gibraltar, das Wasser spritzt an den Bug und rauscht langsam am Kiel der *Mystique* vorbei. Wir segeln!

Ich bleibe auf der Holzbank im Cockpit sitzen und schaue auf den Bug, während Randy den Niedergang hinuntergeht und einige Minuten später mit einer Tasse Tee wieder hochkommt. »Ich würde vorschlagen, dass jetzt deine Schicht beginnt und ich mich ein bisschen ausruhe«, sagt er. Es ist jetzt drei Uhr am Nachmittag, also will er mich in zwölf Stunden ablösen. Also drei Uhr heute Nacht. Wieder werde ich etwas nervös, frage ihn, was ich genau beachten soll. »Solange du kein anderes Schiff oder die Küste rammst, ist alles okay«, behauptet Randy. »Heute Abend kreuzen wir irgendwann das Fahrwasser der dicken Pötte, da müssen wir aufpassen.« Und während er im Niedergang verschwindet: »Wenn was ist, weck mich einfach. Ich habe eh einen leichten Schlaf!«

Jetzt bin ich allein an Deck. Der Autopilot macht den Großteil der Arbeit. Alle paar Sekunden korrigiert er unseren Kurs leicht und summt dabei jedes Mal leise. Ich habe zum ersten Mal die Gelegenheit, mir die Kontrollpanele am Ruder etwas genauer anzuschauen. Den Kompass in der Mitte habe ich heute schon benutzt. Er befindet sich hinter einer Halbkugel aus Glas und hat selbst die Form einer Kugel, rundum sind in Zehnerschritten die Gradzahlen zwischen null und 350 Grad markiert. Er schwimmt in einer Flüssigkeit, die »Nadel« ist ein roter Strich auf der äußeren Glasscheibe und markiert den aktuellen Kurs. Die Anzeige schwankt zwischen 230 und 250 Grad. Unter dem Kompass ist das Display des Autopilots, das ebenfalls den Kurs anzeigt, nur digital statt analog. Ebenfalls digital ist die Anzeige der Logge: Unsere Geschwindigkeit beträgt zwischen sechs und sieben Knoten. Und das mit nur einem Segel, die *Mystique* ist wirklich ein schnelles Boot. Der Tiefenmesser zeigt gerade »Error« an, was daran liegen müsste, dass er für geringere Tiefen gedacht ist: Ob das Wasser hier gerade 200 oder 300 Meter tief ist, spielt für uns keine Rolle. Wichtiger wäre er näher an Land, wenn der Unterschied zwischen zwei Metern und drei Metern

Tiefe entscheidend sein kann. Außerdem gibt es die Anzeige des Verklickerers, die darstellt, aus welchem Winkel der Wind oben am Mast auf das Boot trifft.

Unten auf dem Bildschirm am Kartentisch leuchtet eine Seekarte mit einem Dreieck in der Mitte – das sind wir. Die meisten anderen Schiffe in der Straße von Gibraltar werden als kleine gelbe Dreiecke angezeigt. Über Funk kommen die jeweiligen Positionen rein. Bei einigen Dreiecken werden zusätzliche Infos angezeigt, wenn man draufklickt: Kurs, Schiffstyp und manchmal der Start- und Zielhafen. Das ist das Automatic Identification System, die Technik, mit der die professionelle Schifffahrt schon seit Langem arbeitet, die aber auch unter Hobbyseglern immer beliebter wird. Ich wüsste gerne, was man an diesem Monitor noch alles herausfinden kann, traue mich aber nicht, weiter in der Karte herumzuklicken. Das muss Randy mir noch mal genauer erklären.

Wenn wir unseren Kurs ab jetzt einfach beibehalten würden, würden wir entweder in ein paar Tagen auf Madeira stoßen oder knapp daran vorbeisegeln und erst in mehreren Wochen auf den Kleinen Antillen wieder auf Land stoßen. Keine schlechte Vorstellung! Jedenfalls ist vor dem Bug eine Menge Ozean und sonst nicht viel. Nach vorne hin ist kein Land zu erkennen. Gut zu sehen ist rechts die spanische Küste mit ihren Hügeln, deren Bewaldung immer weniger wird, desto länger ich unterwegs bin. Dafür sind sie mit Windrädern übersät. Vorne rechts müsste irgendwann Tarifa kommen, einer der bekanntesten Hotspots der europäischen Windsurferszene. Auf der anderen Seite, im Süden, liegt in etwas größerer Entfernung Afrika.

Die marokkanische Küste ist ebenfalls hügelig, hat aber noch weniger Bäume. Ich erkenne eine größere Stadt, das muss Tanger sein.

Immer wenn ich irgendwo ein neues Schiff entdecke, versuche ich, es auch auf dem Monitor unten am Kartentisch zu finden. Wenn dort dann der Kurs des Schiffes angezeigt wird, kann ich einschätzen, ob wir uns zu nahe kommen. Zweimal korrigiere ich den Kurs ganz leicht am Autopiloten, um überhaupt mal was zu machen. Schiffsverkehr ist sehr viel langsamer als der Verkehr auf der Straße und auf dem Meer steht auch einfach viel mehr Platz zur Verfügung. So habe ich die Zeit, vor mich hin zu träumen und mir auszumalen, wie meine Reise wohl weitergehen mag. Auch wenn wir noch dabei sind, uns kennenzulernen: Bislang verstehen Randy und ich uns blendend. Wer weiß, vielleicht bietet er mir ja auf den Kanaren an, noch länger an Bord zu bleiben? Das wäre die einfachste aller Möglichkeiten und ich würde mal in die USA kommen – auch nicht schlecht. Wobei ich auch schon anfange, mich auf meine nächste Bootssuche zu freuen. Das lief echt klasse in Gibraltar und die Tage in den Marinas haben mir Spaß gemacht. Es herrschte eine ganz spezielle Atmosphäre, man konnte förmlich spüren, dass sich an diesem Ort eine Menge Menschen auf große Reisen und Abenteuer vorbereiten.

Als es anfängt zu dämmern, höre ich Geräusche aus dem Schiffsbauch und dann kommt Randy über die Stufen hoch ins Cockpit. »Wie läuft's?«, fragt er und ich bemühe mich, ihm eine möglichst komplette Zusammenfassung der letzten Stunden zu geben. Er nickt und fragt mich dann, welche zwei Dinge wir jetzt auf keinen Fall vergessen dürfen. Ich habe keine Ahnung, was er meint. »Erstens: Licht an!« Ich schaue mich jetzt um und sehe, dass die meisten Schiffe um uns herum schon die Navigationsbeleuchtung eingeschaltet haben. Auch in Tanger und in Tarifa sieht man mehr und mehr kleine leuchtende Punkte. »Zweitens: essen!« Randy zeigt mir den Schalter für das weiße Toplicht, die grüne LED-Lampe steuerbord und die rote backbord. Durch die Farben kann man auch im Dunkeln und von der Seite aus erkennen, in welche Richtung ein Schiff unterwegs ist. Dann schlägt er vor, eine Suppe zu kochen: »So sollten wir das immer handhaben: Wer gerade freihat, kümmert sich um das Essen.« Ich spüre jetzt auch, dass ich seit dem Frühstück kaum gegessen habe.

Noch vor dem Essen setzen Randy und ich ein zweites Segel: Die »Fock« ist das dreieckige Segel ganz vorne am Schiff und lässt sich deutlich leichter handhaben als das Großsegel: Das rote Seil an der Steuerbordseite löst Randy und passt dabei auf, dass es komplett frei liegt. Ich lege das zweite rote Seil von der Backbordseite auf die Winsch, kurble eine Weile und kurz darauf sind wir jetzt auch mit Vorsegel unterwegs. Der Captain drückt noch zweimal auf die Minus-10-Grad-Taste auf dem Autopiloten, der neue Kurs ist 220 Grad und wir halten nun fast direkt auf die Kanarischen Inseln zu. Mit einer sehr guten Geschwindigkeit: Das zweite Segel macht uns fast eineinhalb Knoten schneller, wir liegen jetzt konstant über acht Knoten.

Nachdem wir Randys Kartoffelsuppe mit Wursteinlage gegessen haben, verabschiedet er sich wieder. Auf dem Weg schaltet er noch eine rote LED-Leuchte in der Küche ein. Bei rotem Licht verkleinern sich die Pupillen nicht, sodass man sofort wieder gut sehen kann, wenn man in die Dunkelheit blickt. Das ist wichtig, denn im Dunkeln sind die ganzen Schiffe vor dem Eingang zum Mittelmeer nur noch winzig kleine rote, weiße und grüne Pünktchen. »See you at three o'clock«, sagt Randy, als er in seiner Koje verschwindet.

Im Laufe des Abends wird es frisch im Cockpit, der Wind legt noch ein bisschen zu. Als ich mir meine Stirnlampe aus meiner Koje hole, bringe ich mir auch eine Fleecejacke mit, um nicht zu frieren. Durch die Kursänderung haben wir auch das Fahrwasser der Straße von Gibraltar gekreuzt, stelle ich jetzt fest. Das war mir beim Essen gar nicht aufgefallen. Das ist eine ganze Menge neuer Eindrücke hier und viel Verantwortung trage ich auch: Ich versuche, mich den Abend über so gut wie möglich zu konzentrieren und keine Fehler zu machen. Der Verkehr hat jetzt spürbar abgenommen, ich kann nur eine Handvoll Positionslichter um uns herum erkennen und alle sind weit weg. Im Laufe der Nacht auf See beginne ich irgendwann leicht zu frieren. Als ich um Mitternacht mit einem letzten Pulverkaffee gegen die Kälte und die Müdigkeit an der Reling stehe, beginne ich langsam zu realisieren, was in den letzten Tagen alles passiert ist. Meine fixe Idee von einer Atlantiküberquerung per Anhalter ist tatsächlich dabei, wahr zu werden. Ich habe einen guten Captain gefunden und allen Grund, mich auf die nächsten Tage und Wochen zu freuen.

Tristan

Ich brauche ein paar Sekunden, um zu verstehen, wo ich mich gerade befinde und was hier los ist. Es ist hell, die Sonne scheint durch ein Bullauge über mir in die enge Kabine. Mein Kopfkissen liegt auf dem blaugrauen PVC-Boden. Es muss aus meiner Koje gefallen sein. Kein Wunder, denke ich, die Matratze ist mit vielleicht 60 Zentimetern keinen Millimeter zu breit geraten. Ich spüre einen leichten Schmerz hinter der Schläfe und muss mir den Schlaf aus den Augen reiben. Mein T-Shirt ist nass, ich muss geschwitzt haben heute Nacht. Als ich mich aufrichte und aus dem Bullauge schaue, dämmert mir langsam, was gestern passiert ist.

Was war da denn mit mir los? Eigentlich war der Tag gut losgegangen: Nach meiner ersten Wachschicht hatte ich geschlafen wie ein Baby. Den Vormittag verbrachte ich damit, die Bordbibliothek zu durchstöbern. Captain Randy hat jede Menge Hafen- und Revierführer für ganz Nordamerika und Westeuropa, einige Bücher über das Wetter und wie man es vorhersagt und natürlich Fachliteratur für die Segelausbildung. Ich hatte mir ein Anfängerbuch geschnappt, in dem anhand von Skizzen sämtliche Teile eines Segelboots mit ihren englischen Bezeichnungen vorgestellt werden. Bei nautischen Begriffen bin ich schon im Deutschen nicht immer ganz sicher und im Englischen schon mal gar nicht. Vokabeln lernen auf hoher See, das hatte mir noch gefallen.

Am Nachmittag übernahm ich die Schicht von Randy, der sich in seine Kabine verzog. Irgendwann verschwand dann links von uns die marokkanische Küste vom Horizont und damit nahm das Unheil seinen Lauf. Was war das denn für ein Horrortrip?

Ich krame mir jetzt eine Aspirin-Tablette aus meinem Rucksack, der in einem Loch unter meiner Koje verstaut ist, und spüle sie mit etwas Wasser hinunter. Ich würde die Begegnung mit Randy gerne noch etwas aufschieben, aber es hat keinen Zweck: Ich muss aufstehen und mich der unangenehmen Situation stellen. Er hatte mich bei unserem Kennenlerngespräch in Gibraltar ausdrücklich gefragt, ob ich seekrank werde, und ich hatte das klar verneint. Und dann hänge ich am zweiten Tag auf See kotzend über der Reling und kann meine Schicht nicht zu Ende machen.

Als ich schließlich die Schiebetür zwischen meiner Kabine und dem Salon öffne, steht Randy in der Küche und lacht mich an: »Wieder am Leben?«, fragt er mich. Ich stammle irgendwas wie »Ich glaube, ja« und frage ihn, wie er sich fühlt. Schließlich geht seine Schicht jetzt schon 14 Stunden, so lange dauerte mein komatöser Schlaf. Gestern Nachmittag müsste es gewesen sein, als Randy das letzte Mal geschlafen hat. Es ist jetzt gleich halb zehn am Vormittag.

»Mir geht's super!«, sagt Randy. »Der Wind ist heute Nacht wieder ein bisschen aufgefrischt, wir laufen mit neun Knoten, perfekt!«

»Entschuldigung für gestern Abend«, sage ich und dass

es mir jetzt deutlich besser gehe und ich zuversichtlich sei, dass das nicht wieder passiert. Ich bin so langsam richtig wach und mir geht es tatsächlich schon wieder ziemlich gut. Woher ich die Zuversicht nehme, dass das so bleibt, weiß ich auch nicht genau. Randy teilt sie aber: »Da bin ich mir sicher«, sagt er, »mach dir keinen Kopf, alles okay.« Er nickt mir zu, wohl um zu unterstreichen, dass er das wirklich so meint.

Ich bin erleichtert: Wenn Randy enttäuscht von seinem Mitsegler ist, dann lässt er es sich zumindest nicht anmerken. Wobei er ja auch keine wirkliche Wahl hat: Rauswerfen kann er mich hier ja schlecht. Kielholen oder Den-Haien-zum-Fraß-Vorwerfen sind als Methoden zum Glück in den letzten Jahrhunderten aus der Mode geraten – Randy muss es mindestens bis zum nächsten Hafen mit mir aushalten. Seine Schicht aber könne er jetzt beenden, biete ich ihm an. Er lehnt ab: Sein Schiff segle gerade so schön, das würde er gerne noch ein bisschen genießen. Schlafen könne er jetzt eh nicht und außerdem wolle er kein Chaos in unseren Schichtplan bringen. Schichtwechsel sei immer um drei Uhr. »Aber du könntest eigentlich mal für ein vernünftiges Frühstück sorgen!«, gibt er mir schließlich ein Kommando, das ich dankbar ausführe.

Auf dem Gasherd in der Kombüse der *Mystique* bereite ich Bratkartoffeln mit Spiegelei und ein paar Würstchen vor, die ich gefunden habe. Randy fällt geradezu darüber her und auch mir tut die deftige Mahlzeit nach dem langen Schlaf gut. Ich spüre, wie meine Kräfte zurückkehren, und wenig später geht es mir so gut, dass sich der gestrige Abend schon fast wie eine längst vergangene Episode anfühlt. Auch den Rundumhorizont ohne störendes Land kann ich jetzt genießen. Die *Mystique* stampft so zielstrebig in den Südwesten, als würde sie von einer unsichtbaren Schnur über den Ozean gezogen.

Nach dem Abwaschen ruft Randy mich an den Kartentisch und macht mich auf ein Dreieck auf dem Monitor aufmerksam, das in vielleicht fünf oder sechs Seemeilen Entfernung auf fast parallelem Kurs zu uns fährt. Ein Klick verrät uns: Es handelt sich um die Segelyacht *Tristan*. Sie fährt unter russischer Flagge und scheint ein ganzes Stück langsamer unterwegs zu sein als wir. »Die ist da irgendwann heute Nacht plötzlich aufgetaucht«, erzählt Randy, »wir wollen doch mal sehen, ob wir uns die nicht später mal aus der Nähe anschauen können.« Ich verstehe erst nicht, wie er das meint, bis mein Captain zweimal die +10-Taste auf dem Autopiloten drückt. Wenn jetzt beide Schiffe ihren Kurs halten, werden wir in ungefähr drei Stunden gut zwanzig Seemeilen südwestlich von hier mit der *Tristan* kollidieren.

Es ist fast Mittag und die Sonne steht senkrecht am Himmel, als ich zum ersten Mal die weiße Mastspitze der *Tristan* am Horizont auftauchen sehe. Randy ist aufgefallen, dass das Boot einen erstaunlich direkten Kurs auf die Kanaren zuhält. Während wir immer mal wieder den Kurs um ein paar Grad verändern und an den Wind anpassen, sieht der Weg der *Tristan* wie mit dem Lineal gezogen aus. Das würde eigentlich zu den Containerschiffen passen, denen der Wind relativ egal sein kann, aber für einen Segler ist das absolut untypisch. Dem wollen wir jetzt auf den Grund gehen.

Zu Beginn erahne ich das Masttop eher, als dass ich es wirklich sehe. Immer mal wieder verliere ich die *Tristan* aus den Augen, auch wenn ich dank unseres AIS-Monitors genau weiß, wo ich nach ihr zu suchen habe. Nur ganz langsam wird der Mast deutlicher und als sich endlich auch der Rumpf des Schiffes abzeichnet, sind seit unserer Kursänderung schon mehrere Stunden vergangen. Randy hat recht gehabt: Es handelt sich zwar um ein Segelboot. Aber es segelt nicht. Nur eine kleine Ecke eines Vorsegels spannt sich über den Bug. »Das ist, um das Schiff in den Wellen zu stabilisieren«, erklärt Randy mir. Die *Tristan* läuft unter Motor zu den Kanaren, was eine Unmenge an Diesel und damit an Geld verbrauchen muss. So kämen schnell mehrere Tausend Euro Spritkosten zusammen, rechnet er mir vor.

Captain Randy schnappt sich jetzt das Handfunkgerät und geht auf Kanal 16: »Sailing Vessel Tristan, Sailing Vessel Tristan, Sailing Vessel Tristan«, spricht er in das Gerät. »This is Sailing Vessel Mystique, Sailing Vessel Mystique, Sailing Vessel Mystique. I would like to chat with you, please change to Channel 69. I repeat, please change to channel six-nine.«

Den Kanal 16 haben Seeschiffe in der Regel immer eingeschaltet. Auch bei uns an Bord ist die Funke immer auf Bereitschaft. In der Straße von Gibraltar hörte ich noch häufiger mal ein Rauschen und Krächzen aus dem Funkgerät, wahrscheinlich andere Kapitäne, die miteinander kommunizieren. Auf dem Kanal 16 laufen nicht nur Notrufe und Sicherheitswarnungen ein, es ist auch der Rufkanal, um andere Schiffe anzufunken.

Die *Tristan* antwortet nicht. Randy wartet noch ein oder zwei Minuten, bis er seinen Funkspruch wiederholt:

»Sailing Vessel Tristan! ...«

Schließlich tut sich etwas, es knackt und rauscht im Funkgerät. Eine krächzende Stimme sagt dreimal den Namen unseres Schiffes, gefolgt von »This is Sailing Vessel Tristan«. Die männliche Stimme rollt das R in »Tristan« kräftig, eindeutig ein russischer Akzent.

Wir wechseln auf den anderen Kanal, um den Not-und-Anruf-Kanal nicht unnötig zu belegen, und Randy spricht in das Handgerät: »Ich wollte bloß Bescheid geben, dass wir euch sehen und nicht vorhaben, euch zu rammen!« Gelächter an Bord der *Tristan*: »Das ist gut zu wissen!« Randy erklärt jetzt, wieso wir uns auf Kollisionskurs befinden: Wir wollen einfach mal wieder ein anderes Boot sehen als unser eigenes. Wie erwartet, ist die *Tristan* auf dem Weg zu den Kanaren, Teneriffa ist das Ziel. »Habt ihr ein Problem mit dem Rigg?«, fragt Randy. Er will wirklich herausfinden, wieso um alles in der Welt die *Tristan* keine Segel gesetzt hat. Der Kapitän am anderen Ende unserer Funkverbindung erklärt: »Ich bin nicht der Besitzer des Bootes. Der wartet schon in Teneriffa, ich bringe ihm die *Tristan* dorthin, sodass er sie segeln kann. Ich laufe unter Motor, weil ich ein bisschen Zeitdruck habe.«

Randy schmunzelt jetzt und sagt: »Der kann gar nicht segeln.« Zu mir, nicht in das Funkgerät. »Bei dem Wind wäre er unter Segeln schneller als mit dem Motor«, erklärt er mir und wünscht der *Tristan* eine gute Fahrt und »fair winds«. Den Seglergruß an einen nicht segelnden Kapitän zu richten, scheint ihm Freude zu bereiten, jedenfalls grinst

Randy jetzt diebisch. Wir laufen noch eine Weile direkt auf die *Tristan* zu, bis das weiße Schiff in voller Größe direkt vor uns liegt. Es handelt sich um eine Ketsch, ein Boot mit zwei Masten, von denen der vordere höher ist als der hintere. Der komplette Rumpf und beide Masten sind ebenso wie alles, was wir von den Segeln erkennen können, strahlend weiß. Große, verdunkelte Fenster umschließen das Cockpit dort, wo uns auf der *Mystique* nur ein Spritzschutz aus Stoffplane vor Wind und Wetter schützt. »Ein schickes Boot«, meint Randy, während er am Autopiloten den Kurs wieder um 20 Grad korrigiert, »eine Schande, dass es nicht segelt bei dem Wetter.«

Mittlerweile hat meine Schicht begonnen. Randy war über 20 Stunden am Stück wach, bevor er sich in seine Heckkabine zurückzog. Ich hätte das im Laufe des Tages fast vergessen, denn ihm war keine Müdigkeit anzumerken. Er ist solche Phasen gewöhnt: Einhandsegler schlafen auf ihren langen Törns nur selten länger als 20 Minuten am Stück, es folgt ein Rundumblick für die Sicherheit und erst dann kann weitergeschlafen werden. Kaum vorstellbar, dass ein Mensch das über einen Zeitraum von mehreren Wochen aushalten kann. Aber Randy ist topfit. Wenn er nicht gerade völlig allein Ozeane überquert, fährt er zu Hause in Colorado viel mit seinem Rennrad oder wandert in den Bergen. Vorne auf dem Bug der *Mystique* hat er ein kleines rotes Kajak festgezurrt, mit dem er sich gerne an Stränden in der Brandung auspowert. Ich bin mir ziemlich sicher, dass mein Captain mich in vielen Sportarten in die Tasche stecken würde – obwohl er fast doppelt so alt ist wie ich.

Tag 13 der Reise

Während der Abenddämmerung denke ich an gestern Abend und sorge mich ein bisschen, dass es mir heute wieder ähnlich gehen könnte. Nicht zu viel nachdenken – das nehme ich als Erfahrung von meinem kleinen Zusammenbruch mit: Ich glaube, dass es nicht hilfreich war, mir irgendwelche Szenarien vorzustellen, die höchstwahrscheinlich gar nicht eintreten werden. Also beschließe ich, mich durch Beschäftigung abzulenken, und suche nach Arbeit an Bord. Schnell habe ich das Cockpit aufgeräumt und jedes Tau an Deck gründlich neu aufgerollt und ordentlich verstaut – »Leinen aufschießen« heißt das in Seglersprache und es erleichtert später die Segelmanöver. Ansonsten gibt es nicht viel zu tun. Ich spüle noch ein paar Tassen, trockne sie ab und sortiere sie in die Schränke, deren Türen mit kleinen Hebeln gesichert sind, damit sie auch bei stärkerem Wellengang nicht aufspringen. Anschließend zoome ich etwas aus unserer elektronischen Seekarte heraus, um zu sehen, wo das nächste Schiff sich gerade befindet. Ein Arbeitsschiff liegt über 50 Seemeilen östlich von uns vor Anker, vielleicht ein Fischtrawler. Seine Navigationslichter liegen jedoch weit hinter dem Horizont. Die *Mystique* ist das einzige Schiff weit und breit. Es ist eine klare Nacht auf dem Atlantik, die Wolken am Himmel haben sich verzogen. Der Mond ist fast voll und taucht die See in ein fahles Licht, sodass ich meine Stirnlampe nur brauche, wenn ich den Niedergang hinuntersteige. Als Randy mich irgendwann ablöst, hat der Wind stark nachgelassen. Ein Segelmanöver um drei Uhr nachts mitten auf dem Ozean: Bevor ich in meiner Koje verschwinde, ziehen wir noch das Großsegel ein Stückchen weiter hoch, um seine komplette Fläche zu nutzen. Randy macht einen besorgten Eindruck.

Am nächsten Morgen hat der Wind noch weiter nachgelassen. Die Oberfläche des Atlantiks ist spiegelglatt und hat über Nacht den Blauton geändert: War sie gestern noch dunkel stahlblau, so strahlt sie heute deutlich heller und hat fast die Farbe des Himmels. Ab und an flattert das Großsegel – ein Zeichen dafür, dass der Wind nicht mehr schafft, es bauchig aufzublasen. So schwacher Wind ist kaum spürbar und ich frage mich, ob wir überhaupt noch Fahrt machen. Die Logge behauptet, dass wir immerhin noch mit vier Knoten unterwegs sind. Ist doch okay, denke ich, aber Randy sieht das anders: »Die ganze Nacht ging das so«, schimpft er. Ihm schlägt die Windstille spürbar auf die Laune, was ich vor allem daran merke, dass er den Vormittag über kaum spricht und nur einsilbig antwortet. Ich verstehe sein Problem nicht ganz, schließlich haben wir mehr als ausreichend Proviant an Bord und sind außerdem bisher viel schneller unterwegs als geplant. Wir haben in dreieinhalb Tagen über 400 Seemeilen zurückgelegt. Eigentlich sollte so ein bisschen Verzögerung doch kein großes Problem sein. Ich will ihn fragen, verschiebe das angesichts seiner Laune aber auf später.

Randy verzichtet jetzt darauf, selber Ausguck zu halten, und geht hinunter in die Kombüse. Ich frage mich, ob er einfach darauf vertraut, dass ich alles im Blick habe, oder ob er es bei der langsamen Geschwindigkeit nicht für nötig hält, den Schiffsverkehr im Auge zu behalten. Wobei hier streng genommen auch gar kein Verkehr herrscht: Die nächsten Dreiecke auf unserem Monitor finden sich im Süden rund um Lanzarote und im Osten an der afrikanischen Küste. Die See haben wir bis zum Horizont für uns allein. Ich schaue mich trotzdem alle paar Minuten einmal um, während ich mithilfe des Segelbüchleins für Anfänger englische Nautikvokabeln pauke.

Schließlich kommt Randy mit zwei Schalen Spaghetti aglio e olio zu mir ins Cockpit. Vielleicht das einfachste und schnellste Gericht der Welt. Er drückt mir eine in die Hand und eröffnet mir dann von selbst, was ihn so ärgert: »Es lief so gut, dass ich ein bisschen gehofft hatte, zum Start der ARC in Las Palmas zu sein.« Die große Amateurrallye über den Atlantik – das hätte ich mir auch gerne angeschaut. Über hundert Segelyachten starten übermorgen gemeinsam zu ihren Atlantiküberquerungen. Profis gibt es unter den Crews nicht, im Gegenteil: Viele Skipper bezahlen vor allem deshalb die Teilnehmergebühr, weil sie hier jederzeit und überall auf dem Ozean eine Menge anderer Schiffe um sich wissen. Diese Sicherheit hätte vielleicht auch meinen Zusammenbruch vorgestern verhindert ... ich kann diese Segler also schon verstehen. Auf jeden Fall muss es ein imposanter Anblick sein, mehrere Hundert Schiffe unter vollen Segeln auf den Ozean auslaufen zu sehen – nun werden wir den Start der Regatta verpassen.

Nach dem Essen ist es gerade mal halb zwölf am Vormittag und eigentlich müsste Randy noch dreieinhalb Stunden bis zu seinem Schichtende überstehen. Er aber schnappt sich unser Geschirr und fragt mich: »Wie schaut es aus, willst du mich vielleicht jetzt schon ablösen?« Klar, kein Problem. Randy verschwindet und während die *Mystique* sich kaum merklich weiter gen Süden bewegt, frage ich mich, was sonst noch hinter Randys Laune stecken könnte. Irgendwann komme ich zu dem Ergebnis, dass mein Captain einfach ein echter Abenteurer ist und ein Adrenalinjunkie dazu – wahrscheinlich ist diese Dümpelei einfach nichts für ihn.

Während ich im Cockpit die Instrumente und den Horizont im Auge behalte, beginne ich langsam, ihn besser zu verstehen: Hier passiert heute wirklich rein gar nichts. Die Szenerie verändert sich nicht einmal das kleinste bisschen. Der kreisrunde hellblaue Himmel spannt sich über das kreisrunde hellblaue Meer und exakt in der Mitte befinde ich mich auf der *Mystique*. Ich döse in der Nachmittagssonne und schrecke ab und an auf, weil mir der Kopf auf die Brust gefallen ist und ich fast eingeschlafen wäre: Jetzt beneide ich meinen Captain fast darum, dass er gerade gemütlich in seiner Koje schlummert.

Die Stunden ziehen sich, bis am späten Nachmittag langsam wieder ein Lüftchen aufkommt. Dass unsere Geschwindigkeit steigt, merke ich erst gar nicht. Die Abstände zwischen dem regelmäßigen Flattern und Schütteln des Großsegels werden immer größer, bis sich wieder ein richtiger Bauch über dem Deck der *Mystique* spannt. Fünf Knoten, jetzt leuchtet wieder eine schwarze Sechs auf dem grünlichen Display auf. Das wird Randy freuen, wenn er mich heute Nacht ablöst, denke ich, als ich plötzlich aufschrecke. Was war das für ein Platschen? Da war was, vorne am Bug. Was war das für ein Geräusch?

Ich springe auf und stehe für Sekunden wie angewurzelt zwischen den beiden Sitzbänken auf den Backskisten. Dann springe ich aus dem Cockpit und mache mich auf dem Weg zum Bug. Mir gehen die wildesten Segelgeschichten durch den Kopf über Dinge, die einen auf See versenken können: Eine der tückischsten Gefahren auf See sind Schiffsladungen, die irgendwann irgendwo auf der Welt bei irgendeinem Schiff von Bord gegangen sind. Über tausend Schiffscontainer gehen jedes Jahr verloren und werden dann von Meeresströmungen von Ozean zu Ozean um die Welt getrieben. Dabei befinden sich Container wegen ihrer Ladung wie Eisberge zum größten Teil unter der Wasseroberfläche und sind oft erst zu sehen, wenn es schon zu spät ist. »Baumstämme sieht man sowieso erst dann, wenn sie schon in deiner Koje stecken«, lachte Randy noch in Gibraltar auf die Frage, wieso er gerne allein segelt. An der Bugspitze der *Mystique* kann ich beim ersten Blick weder einen Container noch einen Baumstamm erkennen. Das Boot scheint auch nichts abbekommen zu haben, denke ich erleichtert, als ich neben mir ein Prusten höre und endlich verstehe: Delfine!

Erst schwimmen nur drei Tiere ganz dicht unter der Wasseroberfläche direkt in unserer Bugwelle. Sie scheinen sich einen Spaß daraus zu machen, möglichst dicht am Schiff vorbeizuschießen. Immer wieder kreuzen sie unser Fahrwasser wenige Zentimeter vor der Spitze der *Mystique*. Immer mehr Delfine kommen jetzt dazu, bis sich vielleicht fünfzehn von ihnen um mich tummeln. Aufgeregt laufe ich zurück in Richtung Cockpit, will Randy Bescheid sagen, beschließe dann aber, ihn nicht zu wecken, und laufe wieder zum Bug. Dort lege ich mich auf das Deck und strecke den Kopf unter der Reling über Bord. Wenige Zentimeter unter mir jagen an beiden Seiten Delfine durch das Wasser. Immer wieder tauchen sie auf, um Luft durch ihr Blasloch zu atmen. Ab und an zeigt ein Angeber einen Trick und springt in die Luft, sodass sich sein glatter und pfeilförmiger Körper komplett über der Wasseroberfläche befindet, um dann wieder in seine eigene Welt abzutauchen. Wenn ich auf den paar Segeltörns, die in meinem Meilenbuch vermerkt sind, nur eine Sache gelernt habe, dann diese: Beim Segeln kommen irgendwann die Delfine. Immer. Auf den Mittelmeertörns damals mit Phil haben sie uns zwei- oder dreimal besucht. Sogar auf meinem Ostseetörn schwamm eine Schule Großer Tümmler mit – die gleiche Art, der wir gerade auf dem Weg in die Tropen auf dem Atlantik begegnen. Sie ist nur dank der Klimaerwärmung so weit im Norden zu finden.

Wenn ich noch eine zweite Sache gelernt habe: Der Besuch einer Delfinschule lässt niemanden kalt. Und so geht es auch mir jetzt wieder: Ich strecke meine Arme über die Bordwand nach unten, obwohl ich weiß, dass das ein vollkommen unnötiges Risiko ist. Bei jedem Sprung hoffe ich, dass ich einen von ihnen berühren kann. Aber auch dafür sind die Tümmler zu geschickt, sie kommen sehr nah, berühren mich aber gerade so eben nicht. Ab und an schießt ein Tier weit nach vorne, um zehn oder zwanzig Meter vor der *Mystique* in die Luft zu springen. Ich werde wieder den

Eindruck nicht los, dass sie nur gekommen sind, um uns Menschen diese Show zu präsentieren. Was für Poser, hier nur aufzutauchen, um uns zu zeigen, wie mühelos sie so viel eleganter durch das Wasser gleiten, als wir es selbst auf der edelsten Yacht jemals könnten.

»Na das wurde auch Zeit!«, höre ich jetzt Randys Stimme hinter mir. Kurz frage ich mich, was für ein lächerliches Bild ich hier gerade abgeben mag, aber Randy ist so begeistert wie ich. »Ich habe dich an Deck herumspringen gehört, da war mir klar, was hier los ist«, sagt er. Er hat seine Kamera mitgebracht, eine kleine, billige Digicam, mit der er jetzt versucht, ein cooles Delfinbild zu machen. Das Problem dabei ist immer das Gleiche: Die Tümmler sind viel zu schnell. Auch auf Randys Fotos werden wir später vor allem Schwanzflossen sehen, die gerade wieder ins Wasser eintauchen.

Die Sprungshow unseres Besuches dauert 20 Minuten, vielleicht eine halbe Stunde. Dann verschwindet die Delfinschule so plötzlich, wie sie aufgetaucht ist, in Richtung Westen. Die Laune meines Captains ist jetzt spürbar besser und ich frage mich, ob das an unserem Besuch liegt oder am Wind. Denn der hat zwischenzeitlich weiter zugelegt, kommt jetzt etwas östlicher und wird weiter kräftiger. Als wir die zehn Knoten überschreiten, reffen wir beide Segel. Trotzdem erreichen wir immer schnellere Geschwindigkeiten. Bis zum Abend liegen wir konstant über zwölf Knoten, in der Spitze leuchtet ab und zu für einige Sekunden die 15 im Display auf. »Das geht bis morgen Nachmittag so weiter«, berichtet Randy und erzählt, dass er uns einen neuen Wetterbericht über die Satellitenverbindung heruntergeladen hat. »Morgen werden wir Lanzarote erreichen.«

Randy braucht so gut wie keinen Schlaf. Jedenfalls kann er heute Nachmittag in seiner Koje nicht viel geschlafen haben, denn er hat die Zeit auch dazu genutzt, den Rest unseres Törns zu planen. Er hat beschlossen, morgen in Lanzarote einen Hafen anzulaufen. Eine Entscheidung, mit der ich mich erst langsam anfreunden kann. Seit meiner großen Möwenfütterung vom zweiten Seetag geht es mir gut an Bord und ich habe keine Probleme mehr. Im Gegenteil: Das einfache und ereignisarme Leben auf dem Wasser gefällt mir und mittlerweile kann ich sogar die kaum fassbare Weite und Einsamkeit genießen. Meinetwegen könnten wir auch einfach das Ruder nach rechts herumreißen und ganz gemütlich bis in die Karibik durchschippern! Oder zumindest noch bis nach Gran Canaria. Wir sind schließlich erst seit vier Tagen unterwegs und ich hatte mich auf eine Woche eingestellt. Und ich hätte durchaus Lust auf einen Extratag im Rhythmus der Wachschichten und des Windes auf See.

Aber mein Captain hat ein paar nachvollziehbare Gründe: Seit es wieder so pustet, ist gewiss, was Randy schon während der Windflaute geahnt hatte: Irgendetwas stimmt mit der Windfahne an der Mastspitze nicht. Von Deck aus können wir natürlich nicht erkennen, was in 20 Meter Höhe das Problem ist, weswegen Randy gerne nach oben klettern möchte. Und das würde ich auch lieber machen, wenn das Boot ruhig im Hafen liegt. Mir versucht Randy den Hafen außerdem mit der Vorstellung einer heißen Dusche schmackhaft zu machen: Um unseren

Süßwasservorrat zu schonen, haben wir beide zuletzt in Gibraltar geduscht.

Meine zweite Wahl nach Gran Canaria wäre La Graciosa gewesen und auch Randy hatte vor ein paar Tagen noch von der kleinsten Kanareninsel geräumt: Seine Revierführer versprechen hier Buchten mit Ankerplätzen, die zu den schönsten der Kanaren gehören sollen. Ich bin ziemlich heiß darauf, auf diesem Trip anstelle von befestigten Häfen auch mal natürliche Buchten anzulaufen und dort den Anker zu werfen. Vielleicht in Schwimmweite zu einem schönen Strand. Jeden Morgen mit einem Sprung über die Reling und einem Bad im Meer zu beginnen, das hätte doch was. Doch leider bringt der zunehmende Wind auch höhere Wellen rund um Lanzarote mit sich. La Graciosa liegt in nur einem Kilometer Entfernung nördlich vor der Insel. Die Wellen treffen also fast ungebremst auf die Ankerplätze von La Graciosa, erklärt mir Randy, sodass wir dort ziemlich durchgeschüttelt würden. Kein Platz zum Relaxen und erst recht nicht der richtige Platz, um die Windfahne im Mast der *Mystique* zu reparieren.

Also muss ich mich mit der dritten Wahl anfreunden: Wir werden den Yachthafen Puerto Calero an der Südostküste Lanzarotes anlaufen. Gute 200 Seemeilen sind es bis dorthin und wenn der Wind wie vorhergesagt weiter kräftig bläst, sollten wir morgen im Laufe des Nachmittags dort ankommen. Ein letztes Wendemanöver steht bis dahin noch an, Randy und ich haben darin mittlerweile Übung: Ich übernehme das Ruder, während der Captain die eigentliche Arbeit an den Schoten und Leinen erledigt. Bevor er mich um drei Uhr am nächsten Morgen ablöst, macht er noch ein Nickerchen unter Deck. Wir nähern uns wieder der Zivilisation, was ich auch daran merke, dass nach und nach Navigationslichter von anderen Schiffen am Horizont auftauchen: Wir sind nicht mehr allein.

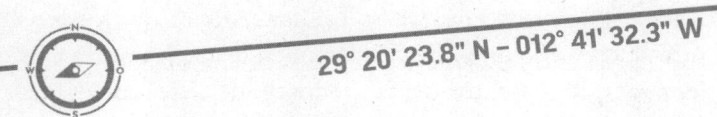

29° 20' 23.8" N – 012° 41' 32.3" W

Tag 15 der Reise

Nach knapp sechs Stunden Schlaf weckt Randy mich mit einem Klopfen an meiner Kabinentür: Bei der Schicht-übergabe in der Nacht hatte er mir versprechen müssen, mich zu holen, sobald am Horizont das Land auch nur zu erahnen ist. Nach den Tagen in der Einsamkeit des Ozeans will ich den Moment genießen, in dem ich wieder auf die Zivilisation stoße. Randy hat Wort gehalten: Als ich mit einer dampfenden Kaffeetasse im Morgenlicht im Cock-pit stehe, brauche ich das Fernglas, um zu erkennen: Win-zige Zacken brechen die sonst schnurgerade Linie am Ho-rizont, vorne rechts im Südwesten. Irgendwann können wir die höchsten Erhebungen Lanzarotes mit bloßen Augen erkennen. Ich versuche, mir meine Euphorie vor Randy nicht anmerken zu lassen. Aber es fällt mir schwer, cool zu bleiben. Immer wieder schnappe ich mir das Fernglas und schaue über die rotbraune Kette an Bergkegeln, die sich hier aus dem Meer erheben. Die gesamte Inselgruppe liegt auf dem Kanaren-Hotspot, einer Art undichten Stelle im Mantel der afrikanischen Erdplatte. Alles Land hier mitten im 2000 Meter tiefen Atlantik ist vulkanischen Ursprungs. Aus der Entfernung von See aus sehen die Berge Lanzarotes so aus, als sei die Lava vom letzten Ausbruch gerade erst erloschen. Ganz unten, dort, wo irgendwann vor Millionen von Jahren die Lava ins Wasser geflossen sein muss, zeichnet sich bald eine weiße Linie ab, die ersten Küstenorte sind zu erkennen. 30 Meilen noch bis zum Puerto Calero, sagt der Monitor am Kartentisch, der jetzt auch eine realistische Ankunftszeit für uns anzeigt: Um drei oder vier Uhr ist es so weit!

Ich laufe aufgeregt zwischen Bugspitze und Navigationstisch der *Mystique* hin und her und kann es plötzlich gar nicht mehr erwarten, meinen ersten Fuß auf Land zu setzen. Vielleicht habe ich Randy mit meiner Begeisterung angesteckt, aber es könnte ja sein, dass auch für ihn der erste Landgang seit Tagen etwas Besonderes ist. Jedenfalls greift er jedes Mal nach dem Fernglas, wenn ich es gerade aus der Hand lege. Schließlich verkündet er in feierlichem Tonfall: »Falls mich jemand sucht, der Captain befindet sich in der Dusche und macht sich klar für den Landgang!«

Es freut mich, dass die Ereignisse des Tages auch so einen alten Seebären zumindest nicht völlig kaltlassen. Für mich wird dieser Landfall ein denkwürdiges Ereignis bleiben: Mit ihm geht heute die erste Etappe auf meinem Weg über den Atlantik zu Ende. Ich habe die ersten 600 Seemeilen hinter mich gebracht und habe zumindest geologisch gesehen den Kontinent gewechselt: Ich befinde mich nicht mehr in Europa, sondern auf der afrikanischen Erd-platte. Ich bin einen Schritt weiter. Aber vor allen Dingen weiß ich nach dieser Etappe: Es ist möglich, per Segelboot über Ozeane zu trampen – so viel ist jetzt sicher.

Ganz praktisch gesehen werde ich mich in den nächsten Tagen wieder auf die Suche nach der nächsten Mitfahrge-legenheit machen müssen. Randy hat ein paarmal durch-blicken lassen, dass er sich wieder auf das Einhandsegeln freut – meine Hoffnung kann ich wohl aufgeben. Wenn ich ehrlich bin, dann muss ich mir ohnehin eingestehen: Den Weg von Gibraltar hierher hätte Randy sehr wahrschein-lich auch ohne meine Hilfe gut überstanden.

Zum Glück sind die Kanaren nicht nur ein vulkani-scher Hotspot, sondern auch der Treffpunkt schlechthin für Atlantiküberquerer. Hier macht jedes Segelschiff auf dem Weg über den Ozean einmal fest, versorgt sich ein letztes Mal mit Proviant und geht dann von hier aus die nächste Etappe auf dem Weg nach Amerika an. Und ich liege perfekt in der Zeit: Es ist noch nicht einmal Dezem-ber, die Saison für den großen Schlag ist auf den Kanaren gerade erst losgegangen. Wenn ich nicht irgendetwas ver-gesse oder komplett falsch einschätze, dann müssten meine Chancen bei der Bootssuche hier sogar deutlich höher sein als noch in Gibraltar. Und da habe ich ja nur ein paar Tage gebraucht – ich freue mich schon darauf, Kapitänen in den Yachthäfen der Kanarischen Inseln Komplimente zu ma-chen.

Randy hat sich fein herausgeputzt. Bisher lief er seit Gi-braltar in einer durchlöcherten Baggyjeans auf der *Mystique* herum, die ganze Zeit in derselben dünnen grauen Outdoorjacke. Jetzt trägt er dunkelblauen Kragen: »Center for Achievers« steht auf Randys Poloshirt. Zwar ist das Logo über dem Slogan so verwaschen, dass es kaum zu erkennen ist, aber das Shirt ist blitzsauber und passend zum Anlass ausgewählt. Dazu grüne Shorts aus Stoff und eine sportliche dunkle Sonnenbrille. »Endlich zurück im Sommer!«, sagt er, als er bemerkt, dass ich ihn vom Cockpit aus mustere, wie er da unten am Kartentisch steht. »Ein Mann mit Stil«, merke ich grinsend an und Randy beginnt, sich an einem Instrument zu schaffen zu machen, das ich bislang noch nicht beachtet habe. Es rauscht, summt und pfeift kurz, bis mir eine grelle Frauenstimme aus den Bordlautsprechern zuruft, für welchen Radiosender sie arbeitet: »Rrrrrrrrrrrradio ssssssiete-punto-siete!« Anschließend läuft »I Follow Rivers« von Lykke Li und selbst der nervigste Song des Sommers hat keine Chance, uns die Laune zu verderben. Wir empfangen kanarisches Lokalradio – wir sind wirklich so gut wie da. Wir bergen das Vorsegel und Randy kündigt per Funk dem Hafenmeister vom Puerto Calero an, dass wir gleich einlaufen werden. Erst direkt vor der Hafeneinfahrt schaltet Randy den Motor ein und wir lassen das Großsegel herunter.

Im Transatlantikhafen

Am Abend gibt es Steak auf der Terrasse der Taberna del Puerto am Yachthafen von Puerto Calero und dazu frisch gezapftes Bier. Wir lassen es uns gut gehen: In weißen Korbmöbeln sitzen wir bei Kerzenschein und schauen auf das Hafenbecken, das zur Landseite hin von einer schnurgeraden Linie Palmen umrandet ist. Die Brücken zu den Schwimmstegen, die Blumenkästen, die Markisen über uns und auch die Yachten im Hafenbecken: Weiß ist die dominierende Farbe hier. In Königsblau davon abgesetzt sind die Speisekarte und die stylishen Straßenlaternen an der Promenade. Randy ist in Bierlaune und lädt mich auf die zweite Runde ein. So entspannt wie jetzt habe ich ihn noch nicht erlebt. Plötzlich rückt er raus mit den verrückten Geschichten, die man als Einhandsegler auf den Weltmeeren eben so erlebt: wie er mal im Pazifik auf einen Wal aufgefahren ist und dabei seinen Kiel beschädigt hat! Der Kiel sei überhaupt das wichtigste Teil an einem Segelboot, denn selbst wenn das Boot kentere, sorge der dafür, dass es sich zumindest immer wieder aufrichtet. »Stell dir ein Stehaufmännchen vor – genau so ist ein Segelboot konstruiert«, erklärt er mir und bestellt jetzt Whisky für uns beide. Auf dem Hinweg nach Europa sei ihm kurz vor den Azoren das Ruder ausgefallen! Mein sonst so überlegt sprechender Captain gefällt sich plötzlich in seiner Rolle als Erzählonkel. Ich frage mich, welche seiner Geschichten sich wirklich so zugetragen haben und welche eher Seemannsgarn sind. Komplett unrealistisch sind sie ja nicht …

Nebenbei besprechen wir, wie es in den nächsten Tagen weitergeht. Randy möchte auf jeden Fall die Windfahne reparieren und braucht dafür meine Hilfe. Anschließend könne ich noch bis Las Palmas auf Gran Canaria mitsegeln, bietet er mir an. Der Plan steht.

Beim Anlegen im Puerto Calero hatte uns Wilfried vom Nachbarboot geholfen, indem er die Achterleine gefangen und an der Klampe am Steg vertaut hat. Er ist gesprächig und erzählt uns, dass sein Boot hier das ganze Jahr über liegt und er es so oft wie möglich besuchen komme. Wilfried kommt aus Koblenz, ist Rentner und gerade seit Ende Oktober auf der Insel. »Ich glaube, ich bleibe mindestens bis Weihnachten und dann kann ich auch Silvester hier feiern«, sagt er. In den nächsten Tagen werden wir erfahren, dass er als Unternehmensberater gutes Geld verdient hat, sich mit seiner Exfrau zofft und traurig ist, dass sein Sohn am Segeln keinen Spaß hat. Viel Hoffnung, hier in der Marina mein nächstes Boot zu finden, macht Wilfried mir nicht. Die meisten Yachten lägen wie er dauerhaft hier und segelten vielleicht mal nach Fuerteventura, aber nicht nach Amerika. Als ich dem Hafenmeister von meinem Kojengesuch erzähle, sagt er nur: »Hier nicht, aber in Las Palmas wird das schon klappen.« Ich drücke ihm einen Zettel für seine Pinnwand in die Hand und er verspricht mir, die Ohren offen zu halten. »Aber wie gesagt, geh nach Las Palmas!«

Randy und ich verbringen drei Tage in Puerto Calero.

Ich kurble den Captain mit der Winsch am Großfall, der Leine, an der eigentlich das Großsegel nach oben gezogen wird, in die Mastspitze. Die Reparatur dauert länger als gedacht, aber Randy bekommt es schließlich hin. Wir unternehmen einen Ausflug in das Surferdorf Caleta de Famara, wo ich mir ein Surfbrett leihe und Randy sich mit seinem Kajak in die Brandung stürzt. An den Abenden braten wir uns unsere Steaks auf dem Gasherd der *Mystique* und gehen nur noch zum Whiskytrinken in die schicken Bars an der Hafenpromenade.

Bei meinem letzten Schlag mit Randy und seiner Mac-Gregor 65 zeigt die Regattayacht noch einmal, was sie kann: Gerade einmal zwölf Stunden brauchen wir für die 120 Seemeilen zwischen Puerto Calero und der Muelle Deportivo de Las Palmas. Es herrscht bestes Segelwetter: Graue Wolken bedecken den Himmel über den Kanarischen Inseln und ein kräftiger Wind fegt von Nordosten über den Archipel. Wir sind erst am späten Nachmittag abgelegt, um nicht über Nacht in den Hafen von Las Palmas einlaufen zu müssen. Die Sonne lässt sich an diesem Abend nicht mehr blicken und die brechenden Wellen sprenkeln die schwarzblaue See mit weißen schäumenden Gischtflecken.

Die *Mystique* stampft unaufhaltsam um Fuerteventura herum in Richtung der Hauptstadt der Kanaren. Der Wind frischt weiter auf und wir müssen mehrmals die Segel reffen. Auf dem ganzen Boot gilt jetzt die Regel: eine Hand für dich, eine Hand für das Boot. Die *Mystique* liegt schräg im Wind und schlägt zwischen den Wellen hin und her – jeder Schritt auf Deck ist ein Balanceakt und selbst im Stehen halte ich mich durchgehend mit einer Hand fest, um nicht hinzufallen. Zeitweise erreichen wir wieder unglaubliche 15 Knoten. Ich hatte bislang nicht gewusst, dass eine solche Geschwindigkeit mit einer Fahrtenyacht überhaupt denkbar ist. Mit einem Katamaran vielleicht, ja, aber mit nur einem Rumpf? Ich ahne, dass mich viele erfahrene Segler um einen Törn auf einem solchen Schiff beneiden werden. Wir haben für diese kurze Strecke keine Wachschichten festgelegt, sondern bleiben einfach beide die Nacht über wach. So einen spektakulären Ritt über den Ozean will ich mir nicht entgehen lassen und Randy erst recht nicht. Der Captain grinst einfach durchgehend und ist stolz auf seine *Mystique* – auch wenn mitten in der Nacht eine Schule Delfine vorbeikommt, nur um uns noch einmal vorzuführen, wie viel schneller und geschickter sie durch die See pflügen als seine mit Technik vollgestopfte Yacht. Als wir uns in den frühen Morgenstunden Las Palmas nähern, rollen wir das Vorsegel ein und verkleinern das Großsegel: Wir müssen bremsen, um nicht doch noch vor den ersten Sonnenstrahlen auf die Muelle Deportivo zu stoßen. Die Marina leuchtet uns schließlich in warmen Rottönen entgegen, als wir bei Tagesanbruch einlaufen.

Nach der durchgemachten Nacht legt sich Randy im Hafen erst mal schlafen. Ich bin noch ein bisschen aufgedreht, also koche ich mir einen Kaffee und räume das Schiff auf: abwaschen, Leinen aufschießen, ein paar Bücher sind während der Nacht vom Kartentisch gefallen. Anschließend klettere ich über die Reling und springe auf unseren Schwimmsteg. Noch ist es ruhig in Las Palmas, leise pfeift der Wind zwischen den Masten und Stagen durch den größten Yachthafen in dieser Ecke des Atlantiks. Langsam erwacht die Muelle Deportivo. Mir begegnen verschlafene Segler in Badelatschen auf dem Weg ins Sanitärgebäude, nach und nach öffnen sich die Luken der Yachten. Es müssen Hunderte sein und bei allen ausländischen kann ich mir sicher sein, dass sie eine anständige Seereise hinter sich gebracht haben, um hier anzukommen. Die Kaimauer hinter der *Mystique* hat sich über die letzten Jahrzehnte zu einem mehrere Hundert Meter langen Kunstwerk entwickelt: Mit Pinsel und Farbe haben sich hier die Crews von unzähligen Schiffen auf großer Fahrt verewigt. Ein »Captain Jackson« hat seinen Bordhund auf die gelbe Wand gemalt und ihm eine Sonnenbrille auf die Schnauze gesetzt. »Denni & Charlene« haben ihre Namen in Blau-Weiß-Rot auf die Kaimauer gepinselt und in Groß die drei Buchstaben: U.S.A. Einige Segler haben Abbildungen ihrer Segelboote hinterlassen und es gibt eine Skizze des Atlantischen Ozeans, auf der Las Palmas mit einem dicken roten Punkt markiert ist. Wer hier mit dem Segelboot ankommt, befindet sich sehr wahrscheinlich auf einem der größten Abenteuer seines Lebens.

Vor dem terrakottafarbenen Gebäude der Autoridad Portuaria, dem Hafenbüro, sprechen mich drei mittelalte Briten an. Sie haben uns beim Einlaufen beobachtet und wir kommen ins Quatschen. Wir berichten von unseren Überfahrten, die drei sind alte Schulfreunde und haben ihre Reise im Frühjahr in Großbritannien gestartet. Das Ziel ist Barbados, aber es gibt noch einiges an ihrem Boot zu reparieren und der Passatwind ist auch noch nicht voll da. Deshalb wollen sie noch ein paar Wochen auf Gran

Canaria bleiben und erst um den Jahreswechsel zum großen Schlag über den Ozean ausholen. Als ich ihnen meinen Plan vorstelle, erzählen sie mir, dass es im Hafen vor Trampern wie mir nur so wimmelt. Die drei hatten von so etwas noch nie gehört, aber hier in Las Palmas scheine das echt zu klappen. Das höre ich gerne, aber bald darauf wird mir vor Augen geführt, dass ein Kojenplatz erst die halbe Miete ist: Vor unseren Augen läuft eine Yacht mit völlig zerrupftem Rigg in die Muelle Deportivo ein. Einen Mast kann man an Bord nicht mehr ausmachen, die Backbordreling hängt nur notdürftig gesichert über die Bordwand. Dem Paar im Cockpit steht die Enttäuschung ins Gesicht geschrieben. »Umkehrer von der ARC«, kommentiert einer der Engländer die Szene, »arme Schweine.« Vor drei Tagen sind hier 186 Segelboote zu ihrer Atlantiküberquerung aufgebrochen. Eine Handvoll Yachten ist schon in den letzten Tagen wieder in Las Palmas eingelaufen. Geplatzte Träume und »ein teures Vergnügen«, wie die Engländer beim Blick auf den Schaden feststellen.

Wie die drei wird auch Randy noch eine Weile in Las Palmas bleiben und auf den Passatwind warten. Das Windsystem ist der Grund dafür, dass fast alle Segler auf dem Weg nach Nord- oder Südamerika die Route über die Kanaren nehmen. Der Passat ist Teil eines Windgürtels, der entlang des Äquators einmal um den Erdball reicht und konstant Luftmassen aus nordöstlicher Richtung auf den Äquator bläst. Kräftiger, gleichmäßiger Wind: Das ist genau das, was sich hier alle für ihre Überfahrt wünschen. Im Moment ist Nordost zwar eindeutig schon die vorherrschende Windrichtung, aber Randy und die meisten anderen Segler in Las Palmas sind sich sicher, dass der Passat sich in den nächsten Wochen weiter aufbauen wird und erst ab Weihnachten so richtig schön stabil ist. So lässt mich Randy vorläufig auf unbestimmte Zeit bei sich an Bord wohnen. Im Gegenzug werde ich ihm weiterhin zur Hand gehen und bei den Wartungsarbeiten mitanpacken. Meine Hauptaufgabe wird in den nächsten Tagen darin bestehen, sämtliche Chromteile an Deck zu polieren. Die Reling, die Streben am Ruder und einige andere Teile sind in den letzten Wochen vom Meerwasser und von der salzigen Luft stark angegriffen worden, eine leichte Rostschicht ist dabei, sich über den Stahl zu ziehen. Während ich mich mit einem Lappen und einer Plastiktube Politur über die *Mystique* hermache, wird mir bewusst, was für ein riesiger Vorteil meine Unterkunft im Hafen ist: Immer wieder bekomme ich von Land aus Komplimente für Randys Boot herübergerufen. Die Bootstramper aus aller Herren Länder haben allerdings ein Problem: Sie stehen einige Meter über mir auf der Kaimauer. Die Zugänge zu den Schwimmstegen mit den Yachten sind durch Metalltüren gesichert, die nur mit so einer weißen Plastikkarte zu öffnen sind, wie ich sie in der Tasche habe. Während meine Mitstreiter von Land aus um die Aufmerksamkeit der Segler kämpfen müssen, lebe ich mitten unter den Kapitänen und komme fast automatisch mit ihnen ins Gespräch.

Einige der Tramper legen sich mächtig ins Zeug: Eine Ungarin wuselt mehrere Tage lang durch den Hafen und spricht ununterbrochen auf jeden ein, den sie zu packen bekommt. Mich versucht sie dazu zu überreden, dass ich Randy davon überzeuge, uns beide mit nach Amerika zu nehmen. Eine Französin läuft Querflöte spielend über die Kaimauer und Daniel, mit dem ich ins Gespräch komme, hat sich ein Schild um den Hals gehängt: »ITALIAN COOK looking for a boat«. Schon am nächsten Tag werde ich beobachten, wie Daniel an Bord einer schicken Yacht aus der Hallberg-Rassy-Werft aus dem Hafen ausläuft.

Mein Zettel hängt schon am metergroßen Schwarzen Brett der Marina inmitten eines Zettelwaldes aus Crewgesuchen. Kurz hatte ich überlegt, einen neuen zu entwerfen, mich dann aber entschieden, einfach das »Gibraltar« durchzustreichen und »Canaries – Transantlatic« stehen zu lassen. Die Kapitäne dürfen ruhig wissen, dass ich in dieser Saison schon einen Hochseetörn hinter mir habe. Bei meinem nächsten Ziel bleibe ich flexibel: Ein Teil der Fahrtensegler im Hafen wird von hier aus direkt in die Karibik starten, andere werden auf den Kapverden 900 Seemeilen südlich von hier einen Zwischenstopp einlegen. Mir ist es egal, solange ich meinen nächsten Schritt über den Atlantik machen kann. Davon abgesehen ist meine Taktik bei der Suche nach einem neuen Boot, in Randys Fahrwasser durch die Welt der Langfahrtsegler zu navigieren. So sollte es doch möglich sein, einen Kapitän mit einer freien Koje zu finden!

Tagsüber basteln Randy und ich an der *Mystique* herum, ich ziehe den Captain ein weiteres Mal in die Mastspitze, weil dort plötzlich das weiße Rundumlicht schlappgemacht hat. Nebenbei poliere ich weiter, wir kochen viel und gut und die Abende verbringen wir auf der gegenüberliegenden Hafenseite in der Sailors Bay Bar. In ihr sieht es aus wie in einer Bilderbuch-Hafenkneipe: Eine lange Reihe Barhocker steht an dem langen Tresen, der sich über die gesamte Rückwand erstreckt. Sowohl Tresen als auch Wand sind mit dunklem Holz vertäfelt, an der Wand hängen auf den Kopf gestellte Schnapsflaschen, vor allem in Sachen Whisky und Rum ist die Auswahl groß. Um die Flaschen herum hängen Zeichnungen von Dreimastern oder Schwarz-Weiß-Bilder von Segelschiffen auf großer Fahrt an kleinen Nägeln und überall dazwischen von Sonne und Salzwasser verblichene Schirmmützen, signiert von ihren früheren Besitzern. Auch auf dem kleinen Bauch einer Ukulele hat irgendwann ein Kapitän unterschrieben.

Die meisten Gäste in der Sailors Bay Bar ähneln Randy: kräftige, braun gebrannte Männer, denen man ansieht, dass sie sich um andere Dinge Gedanken machen als um ihre Garderobe. Wir haben uns zwei Bier bestellt und sitzen jetzt mit Mike an einem Tisch. Vor dem vielleicht 60-Jährigen steht noch ein Fingerbreit Whisky auf dem Tisch. Er hat seine grauen Haare zu einem kleinen Zopf zusammengebunden, trägt einen langen Bart und hat die Ärmel seines dunkelblauen Wollpullis hochgekrempelt, sodass man sein Unterarmtattoo sehen kann. Das Motiv ist kaum noch erkennbar, es muss viele Jahre her sein, dass er es sich hat stechen lassen. Randy und Mike fachsimpeln über verschiedene Atlantikrouten und die innertropische Konvergenzzone. Ich weiß, dass so das Flautengebiet zwischen den Passatwinden heißt, kann dem Gespräch aber irgendwann nicht mehr folgen: Hier unterhalten sich zwei echte Salzbuckel, so ein Leichtmatrose wie ich kann da nicht mitreden. Mike erzählt uns, dass er auf dem Holzsegelboot lebt, das direkt vor dem Sailors Bay liegt. Seit

14 Jahren überquert er jährlich zweimal den Atlantik, im Frühling von Westen nach Osten und im Spätherbst zurück. Auf seinen Fahrten hat er Hobbysegler dabei, die sich den Platz an Bord ordentlich was kosten lassen. In ein paar Wochen steht die 29. Atlantiküberquerung auf dem Programm, anscheinend spielt sich sein Leben ausschließlich auf dem Atlantischen Ozean ab. Randy und Mike sitzen bis weit nach Mitternacht in der Sailors Bay Bar. Mikes Geschichten scheinen selbst Randy zu imponieren. Fast ebenso beeindruckend ist allerdings die Frequenz, mit der der Segler neue Drinks bestellt: Seine Geschichten vom Ozean werden immer abenteuerlicher und als er irgendwann von Monsterwellen im Bermudadreieck spricht, bin ich mir sicher, dass wir mittlerweile im Bereich des Seemannsgarns angekommen sind. Ich würde darauf wetten, dass auch Mike irgendwann den bleichblauen Schirm seines Käppis unterschreiben und ihn der Sailors Bay Bar vermachen wird. Allerdings wird er mir bei meinem Projekt nicht weiterhelfen können. Ich beschließe, dass ich langsam anfangen muss, mich intensiver um die nächste Mitsegelgelegenheit zu kümmern.

Am folgenden Vormittag sitzen Randy und ich bei einem Katerfrühstück im Cockpit der *Mystique*. Ich habe meinen Laptop aufgeklappt und bin wieder dabei, Foren zu durchsuchen und meine eigenen Einträge upzudaten: »Suche Boot von den Kanaren nach Kap Verde oder in die Karibik!« Als ich mich gerade dazu aufraffen möchte, mich zu den anderen Ozeantrampern zu gesellen und von Boot zu Boot zu laufen, klingelt mein Handy. »Phil Libertalia« steht auf dem Display. Stimmt, den wollte ich ja auch besuchen gehen auf Fuerteventura. Ich habe zwar schon die Fährverbindungen recherchiert, aber gemeldet habe ich mich noch nicht. Der weiß ja noch nicht einmal, dass ich nicht mehr in Gibraltar bin, denke ich beim Abheben.

»Timo, alte Socke! Hast es geschafft oder was? Gran Canaria?!«, begrüßt er mich.

»Woher weißt du das? Stehst du hier irgendwo?« Ich schaue mich um.

»Ach Quatsch!«, antwortet Phil und lacht. »Ich sehe gerade deinen ganzen Spam in den Crewbörsen – Glückwunsch! Ging ja ganz schön schnell!«

»Ach so, ja. Danke schön, du hast es ja gewusst«, sage ich. »Ich wollte dich jetzt die Tage eh mal besuchen kommen.«

»Das wäre schön«, sagt Phil und dann »Du, Timo …«, Phil holt am anderen Ende der Leitung tief Luft, »mir ist eine der Norwegerinnen abgesprungen …« Er macht eine Pause. Ich ahne, was jetzt gleich kommt, sage aber nichts.

»Ja und nun dachte ich an dich«, sagt Phil schließlich.

Adventsbasteln

Das Ablegen ist ein komisches Gefühl. Ich stehe oben auf dem grün lackierten Stahldeck, zwei Stockwerke unter mir stehen über hundert Autos mit angezogener Handbremse. Hinter mir werden die Segelmasten in der Muelle Deportive von Las Palmas stetig kleiner. Einer davon gehört zur *Mystique*. Im Hintergrund dröhnen zwei Schiffsdiesel mit über 20.000 Pferdestärken. Wir sind so schnell unterwegs, dass mir der Fahrtwind Tränen in die Augen treibt, wenn ich mich zum Bug drehe. Bald gehe ich rein und bestelle mir erst einen Cappuccino, später ein Softeis. Zwei Stunden und 55 Minuten wird die *Volcán de Tamasite* benötigen, um mich und einige Hundert weitere Passagiere ins 60 Seemeilen entfernte Morro Jable brauchen. Ich habe meinen Rucksack offen und befinde mich auf der Linienfähre von Gran Canaria nach Fuerteventura. Dort erwartet mich Käpt'n Phil auf seiner *Libertalia*.

Ich hatte ihm schon nicht mehr richtig zugehört, als er mir am Telefon erzählte, wieso genau eine der beiden Norwegerinnen nun doch nicht mit über den Ozean segeln kann oder möchte. Entscheidend für mich ist: Auf der *Libertalia* gibt es eine freie Koje und ab heute ist sie meine! Neben meinem Umzug von der *Mystique* auf die *Libertalia* bedeutet das auch, dass das Ziel meiner Reise langsam konkret wird: Phil möchte es unbedingt rechtzeitig zur »época de carnaval«, zur Karnevalszeit, nach Brasilien schaffen.

Brasilien! Das hatte ich bislang noch gar nicht auf dem Zettel. Die meisten Fahrtensegler auf den Kanaren halten Kurs auf die Karibik, weshalb ich mir bislang immer erträumt hatte, am Ende meiner Reise auf den Bahamas an Land zu gehen, auf Grenada, Martinique oder Curaçao. Ich muss mich also an den Gedanken gewöhnen, ein bisschen weiter südlich zu landen – die Aussicht auf den brasilianischen Karneval zum Abschluss meines Trips macht das aber nicht sehr schwer.

Und für Phil würde sich in Brasilien ein Kreis schließen: Schon auf dem Mittelmeer hatte er mir von der Brasilienreise vorgeschwärmt, die er nach dem Studium unternommen hatte. Immer wieder hat er damals den Rückflug verschoben, bis er schließlich fast drei Jahre in Brasilien verbracht hatte. In diese Zeit fiel auch seine Entscheidung, die von seinen Eltern vorgesehene Karriere in der Wirtschaft sausen zu lassen und stattdessen auf ein anderes Lebensmodell zu setzen: Phil begann als Freelancer, Verträge und Werbetexte für große Unternehmen zu übersetzen. Das geht per E-Mail und von fast jedem Ort auf der Welt. In Belgien kaufte Phil sich die *Libertalia* und segelte sie in den letzten drei Jahren über Frankreich, Portugal und Spanien zu den Kanaren. Bei meinen ersten Törns mit Phil hatte er sich zwischendurch in den Häfen immer mal wieder Auszeiten genommen, um zu arbeiten. Mit dem Laptop auf dem Schoß und nur mit der Badehose bekleidet auf dem Deck eines Segelschiffes sitzen und dabei auch noch Geld verdienen – Phils Lebensentwurf hatte mich ganz schön begeistert damals. Ich freue mich sehr darauf, ihn wiederzutreffen und dann auch noch bei dem bislang größten Segelabenteuer seiner Reise dabei zu sein.

Auch Captain Randy hatte sehr interessiert zugehört, als ich ihm von Phil erzählte. Fast hätte er mich noch mit der *Mystique* nach Fuerteventura gesegelt, nur um meinen neuen Käpt'n kennenzulernen. Nur der Wind stand dem entgegen. So hatten Randy und ich zum Abschluss unserer gemeinsamen Reise noch ein paar Tage auf Gran Canaria. Meine Koje auf der *Libertalia* war noch bis gestern von einem alten Kommilitonen Phils belegt gewesen, der aus England zu Besuch war. Da konnte ich auch noch mein Politurprojekt auf der *Mystique* fertigstellen und ein paar Tage in den Seglerkosmos von Las Palmas eintauchen. Neben den Dauerseglern wie Mike und den Auszeit-Kapitänen wie Randy scheint es auf den Kanaren noch einen dritten Typus zu geben: die Gestrandeten. Das sind Leute, die ursprünglich auch mal mit großen Plänen und eigenen Schiffen auf Gran Canaria gelandet waren, ihre Vorhaben aber »erst einmal« auf Eis gelegt haben. Einer davon ist René, den ich am Steg kennenlerne. René kommt aus der Nähe von Stuttgart, ist Frührentner und liegt seit mittlerweile sechs Jahren fest in der Muelle Deportivo. »Eigentlich wollte ich einmal rum um die Welt«, erzählte er mir, von der Karibik und den Südseeatollen hatte er geträumt. »Aber entweder ist es zu schön hier oder ich habe nicht den Mumm.« Außerdem hat René sich verliebt: in Rosa, die fast 20 Jahre jünger ist als er und ursprünglich aus Kuba kommt. Die beiden haben es sich eingerichtet am Steg N in der Muelle Deportivo, am Heck der *End-*

less summer hat René eine Satellitenschüssel montiert, an Bord laufen jetzt auch RTL und Sat1. Seine Rente bessert er mit kleineren Geschäften und Vermittlungen aller Art auf: »Ich kann dir hier fast alles besorgen, sag einfach, was du brauchst!«

Für den roten Seat Ibiza, Baujahr 1994, den René für mich und Randy besorgt, bekam er einen Zwanni bar auf die Kralle. Mit der Klapperkiste erkunden Randy und ich die schmalen Bergstraßen Gran Canarias und gelangen schließlich im Nordwesten der Insel in den Naturpark Tamabada. Dort unternehmen wir eine lange Wanderung durch eine Landschaft, die wir beide auf dieser ansonsten kargen Insel nicht erwartet hätten: Weitläufige grüne Kiefernwälder werden hier durchzogen von Wasserläufen und felsigen Schluchten und nichts erinnert daran, dass sich die Kanaren auf dem Breitengrad der Sahara befinden. Statt eines weiteren Segeltörns erleben Randy und ich unser letztes gemeinsames Abenteuer an Land – Wasser werden wir beide in den nächsten Wochen noch genug zu sehen bekommen.

Rund 2500 Seemeilen werden es auf meiner Route nach Brasilien sein. Auf der Strecke liegt mit den Kapverdischen Inseln unser nächster und einziger Zwischenstopp auf dem Weg nach Südamerika. Zunächst muss ich zur *Libertalia* nach Gran Tarajal, und das geht erstaunlich einfach: Als die *Volcán de Tamasite* in Morra Jable anlegt, wartet ein Bus direkt am Kai auf mich und die anderen Passagiere. Ich beschließe, in ein Ticket zu investieren, statt mein Glück als Anhalter zu versuchen – schließlich war streng genommen schon die Fährfahrt ein kleiner Verrat an meinem

Grundsatz, nur trampen zu wollen. Jetzt kommt es auch nicht mehr darauf an.

Ich bin der Einzige, der am kleinen Busbahnhof von Gran Tarajal aussteigt. Obwohl morgen schon der zweite Advent ist, ist von Weihnachtstrubel in der Stadt nichts zu spüren: Vor einem Kiosk sitzt eine Gruppe alter Spanier und raucht, die meisten Geschäfte haben am Samstagmittag schon geschlossen. Ein paar Jugendliche hängen auf einem kleinen Platz herum und beobachten mich, ein Straßenhund schenkt mir keine Beachtung. Es ist Siesta in Gran Tarajal. Der ockergelbe Sandstrand liegt in einer Bucht, die im Osten von einem Bergkamm begrenzt wird. Rechts erkenne ich schon eine Mole und Hafenanlagen. Dort hinten müsste auch der Yachthafen mit der *Libertalia* liegen, vielleicht noch ein paar Hundert Meter. Als ich entlang schlecht gefüllter Cafés und Restaurants über die Strandpromenade gehe, kommt ein Typ in Flipflops und rot-weiß geringelten Badeshorts auf mich zu und sagt auf Englisch zu mir: »Hier findest du nie ein Boot!« Ich stutze und weiß erst einmal nicht, wie ich darauf reagieren soll. Er wartet noch eine Sekunde, fängt dann an, laut zu lachen, und sagt: »Du bist Timo, oder? Ich bin Kyle – von der *Libertalia!*«

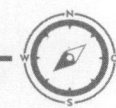

Tag 31 der Reise

Phil erwartet uns mit Dosenbier an Deck der *Libertalia*. Grungemusik von Courtney Love scheppert über die Bordlautsprecher und als Phil mich mit einer kräftigen Umarmung begrüßt, wird mir wieder bewusst, was für ein Riese er ist: Mein neuer Käpt'n ist mindestens einen Kopf größer und hat locker 30 Kilo mehr Muskelmasse als ich. Auf unserem Mittelmeertörn im letzten Jahr hatte Phil sich in neuen Häfen immer als Erstes nach einem Fitnessstudio umgeschaut und es sogar einige Male geschafft, mich zum Training zu motivieren. Im Gegensatz zu mir scheint er das Programm bis heute durchzuziehen. An seinem Boot hat sich nicht sehr viel geändert, wie ich bei meinem ersten Rundgang über das 46 Fuß lange Schiff feststelle. Die *Libertalia* ist das Gegenteil der *Mystique*: Der Rumpf ist aus Stahl und damit dreimal so schwer wie Randys Regattaboot. Damit ist sie deutlich langsamer, aber auch besser gewappnet für Zusammenstöße mit Baumstämmen oder Seecontainern – ein ziemlich beruhigender Gedanke. Außerdem hat sie zwei Masten, einen größeren vorne und einen kleineren hinten, es handelt sich um eine holländische Ketch. Neu ist der Schriftzug »Liberty or Death«, den Phil und Kyle vor ein paar Tagen in riesigen Lettern an die Bordwand im Salon gepinselt haben. Ebenfalls neu und deutlich schicker: rote Schutzaufsätze für die Segel, die hauptsächlich den Segelstoff vor zu viel UV-Strahlung schützen sollen, sich aber neben dem schwarzen Rumpf und den weißen Segeln optisch ganz hervorragend machen. Ganz oben weht noch immer der mittlerweile etwas zerzauste Jolly Roger: die Piratenflagge an der Stelle, an der auf Segelyachten eigentlich der Klubwimpel hängt. Auf dem Deck hat Phil zwei Solarpanels montiert, aus denen allerdings noch diverse Kabel lose heraushängen. »Was gibt's denn noch zu tun, um die Libertalia klarzumachen?«, frage ich. Phil antwortet erst »Nicht viel«, hat aber eine bemerkenswert lange Liste mit Dingen parat, die wir noch abzuarbeiten haben: Die beiden Solarzellen müssen verlötet werden, zwei weitere kommen ans Heck. Dafür müssen noch Halterungen geschweißt werden, außerdem läuft der Außenborder des Dinghys gerade nicht. Das Vorsegel muss geflickt werden und an der Bordwand müssen ein paar Stellen mit der Flex vom Rost befreit und dann mit Schutzfarbe eingepinselt werden. Und: Ohne den Anlassermotor, der schon seit Wochen beim spanischen Zoll auf Abfertigung wartet, können wir auf keinen Fall starten. »Kein Problem, wir sind ja jetzt zu dritt und in einer guten Woche sogar zu viert«, meint Phil dazu, schließlich käme ja auch noch die Norwegerin. Als ich ihm mit dem Argument beipflichten möchte, dass wir ja auch keinen Zeitdruck hätten, widerspricht er mir aber: »Der Karnevalsbeginn in Brasilien ist unsere absolute Deadline!« Ach ja, davon sprach er schon. Mir war nur nicht ganz bewusst gewesen, wie ernst Phil das meinte. Mir soll es recht sein: Der brasilianische Karneval ist sicher nicht der schlechteste Abschluss für meinen Trip. Bis zum 7. Februar wollen wir den Ozean also spätestens überquert haben. Ziemlich genau neun Wochen sind es bis dahin, für die reine Seereise auf dem Ozean werden wir drei oder vier Wochen benötigen. In Kap Verde wollen wir uns nur noch mal mit Proviant versorgen – wir haben also tatsächlich noch ein bisschen Zeit vor dem Ablegen.

Heute werden wir die nicht zum Basteln an der *Libertalia* nutzen, sondern uns erst einmal kennenlernen und einen Plan für die nächsten Wochen schmieden. Phil und Kyle, der schon seit Oktober auf der *Libertalia* wohnt, führen mich zunächst ein bisschen durch die Stadt, wobei mir klar wird, dass ich das meiste schon auf meinem Weg hierher gesehen habe. Gran Tarajal ist echt ein kleines Nest. An der Strandpromenade besuchen wir die Pizzeria Oasis, ein Restaurant mit in die Jahre gekommenen Möbeln und einer Speisekarte, auf der vom Wiener Schnitzel über Burgermenüs mit Pommes und eben diversen Pizzen sämtliche Klassiker des internationalen Fast Foods zu finden sind. Die Tische sind mit Seekarten aus der Frühen Neuzeit bedruckt, es gibt eine Bar mit Cocktails, drei Biersorten vom Fass und die Preise sind fair – passt für uns. Kyle und Phil sind offensichtlich schon öfter hier gewesen, sie bestellen, ohne in die Karte zu schauen. Kyle ist 25 und kommt aus Jacksonville in Florida. Nach seinem Businessstudium begann er seine Karriere und verdiente eine Zeit lang sehr gutes Geld. »Irgendwann habe ich mir ein Sofa für 3000 Dollar gekauft und daraufhin Angst bekommen, dass solche Anschaffungen von jetzt an die Highlights in meinem Leben sein werden«, erklärt Kyle. Vor einem guten Jahr kündigte er seinen Job und reiste die letzten Monate kreuz und quer durch Europa. In Hamburg, erzählt er, habe er eine Freundin gehabt, sodass er länger dort gewesen sei. Wir stellen fest, dass wir zu ähnlichen Zeiten in denselben Bars unterwegs gewesen sein müssen – vielleicht sind wir uns schon mal in der Astrastube oder irgendwo an der Sternschanze über den Weg gelaufen. Ich habe von Anfang an das Gefühl, dass das passen könnte zwischen uns dreien. Über den Abend bestellen wir fleißig neue Runden frisch gezapftes Dorada, was dieses Gefühl nur noch weiter verstärkt.

Als wir spät in der Nacht zurück zur *Libertalia* kommen, muss ich noch eine strategische Entscheidung treffen, die den gesamten Rest meiner Reise betreffen wird: In welcher Koje werde ich schlafen? Nicht infrage kommt die riesige Doppelkoje im Heck des Schiffes – sie gehört zum Reich des Kapitäns. Eine weitere, deutlich kleinere Doppelkoje befindet sich vorne im Bug. Die müsste ich mir allerdings mit Kyle teilen. Zwei weitere Schlafplätze lassen sich auf den Sitzbänken im Salon einrichten – die haben aber den Nachteil, dass sie sich sozusagen in unserem Wohnzimmer befinden und jeden Tag wieder auf- und abgebaut werden müssen. Das kenne ich ja noch aus Malaga. Stattdessen entscheide ich mich für die »Hundekoje«. Die gibt es auf fast jedem Segelboot und sie hat ihren Namen daher, dass sie ein guter Platz für den Schiffshund wäre, und zeichnet sich also oft dadurch aus, dass sie nicht sehr geräumig ist. Auf der *Libertalia* liegt diese Minikabine von einer kleinen Stahltür versteckt hinter der Kombüse, neben dem Motorraum. Außer als Kabine für alle Fälle nutzt Phil sie vor allem, um alles Mögliche an Werkzeug und Maschinen zu lagern. Bei meinem letzten Mal auf der *Libertalia* hatte ich hier übernachtet, weil die anderen Kojen bereits belegt waren. Damals hatte ich festgestellt, dass ich hier besser schlafe als vermutet: In der Mitte des Schiffes spürt man die Wellenbewegungen auf See am wenigsten, dank der Stahltür habe ich nachts meine Ruhe und meine Matratze ist mit 60 Zentimetern Breite und zwei Metern Länge auch nicht kleiner als die anderen Kojen an Bord. Ich stopfe meinen Rucksack also in die Werkzeugregale über der Matratze – in der Hundekoje zum Karneval!

In den nächsten Tagen widmen wir uns den Problemchen, die unsere *Libertalia* so mit sich herumschleppt. Zu den entspannteren Jobs gehört das Flicken der Segel, an denen sich über die letzten Jahre einige Nähte gelöst haben. Ich benutze dafür eine Nähahle, eine dicke Nadel, die einen Holzgriff hat, um den Faden durch den stabilen Segelstoff stecken zu können. Es läuft Musik, wir albern herum und quatschen über den nächsten Schlag nach São Vicente, der kapverdischen Insel mit dem größten Yachthafen, die wir sehr wahrscheinlich anlaufen werden. Anfangs tue ich mich mit dem Flicken noch schwer, aber irgendwann habe ich den Bogen raus. Neben mir auf dem Deck experimentiert Phil mit dem Lötkolben und versucht, unsere beiden Solarpanels korrekt zu verkabeln. Strom gehört zu den Schwachstellen der *Libertalia*: Einen Windgenerator gibt es nicht an Bord, bislang hat Phil nur mit dem Motor selbst Elektrizität produziert. Das heißt: Ohne die Solarzellen hätten wir bei einem Motorausfall keinen Strom mehr an Bord. In so einem Fall würde bald unser Funkgerät nicht mehr funktionieren, wir hätten keine GPS-Positionen mehr und kein Satellitentelefon – die Solarzellen sind ein wichtiges Sicherheitsupgrade für unser Boot. Kyle hat sich den Außenborder unseres Schlauchbootes geholt und im Cockpit aufgebockt. Das alte rote Schlauchboot hat Phil letztes Jahr von einem Stegnachbarn »geerbt«, den Motor irgendwo günstig geschossen. Während es auf Phils Reise entlang der Küste Europas überall genügend Häfen gab, in denen er geschützt und komfortabel liegen konnte, wird sich das in Südamerika ändern: Die Yachthafendichte ist am Amazonasdelta sehr viel kleiner als an der Straße von Gibraltar. In Brasilien werden wir deshalb regelmäßig in Buchten vor Anker liegen und von einem solchen Ankerplatz aus hätten wir ohne unser Beiboot keine Chance, an Land zu kommen. Ohne den Außenborder müssten wir das kleine Boot paddeln – das geht theoretisch, kostet aber sehr viel Zeit. Der Außenborder ist also zwar kein echtes Sicherheitsproblem für unsere Atlantiküberquerung, aber wir würden den Motor schon sehr gerne fit bekommen. Ich habe sehr gute Laune an diesen Tagen in der Adventssonne Fuerteventuras: Von morgens bis abends wird in jedem Winkel des Bootes vor sich hin gewerkelt, zwischendurch kochen wir gemeinsam auf dem Spirituskocher in der Bordküche. Zum Sonnenuntergang genehmigen wir uns meist das erste Feierabendbier, schauen später entweder Segelfilme auf Phils Bordcomputer oder recherchieren die verschiedenen Routen nach Brasilien. Wenn wir abends noch fit sind, geht's zum Billardspielen in Phils Stammkneipe in Gran Tarajal, die passenderweise »Bar Brasil« heißt. Nebenbei lernen wir in diesen Tagen auch die anderen Segler in der Muelle de Gran Tarajal kennen. Da ist Chris mit seinem kleinen weißen Holzboot, das er besuchen kommt, »wenn meine Enkel es mir erlauben«. Weihnachten und Silvester wird er zu Hause in England mit ihnen feiern, im Januar geht's wieder nach Gran Tarajal. Werner aus dem Ruhrpott, der mit seinem Katamaran eigentlich lieber in einer der schickeren Marinas der Kanaren liegen würde, der aber leider sparen muss, wenn das hinhauen soll mit dem Lebensabend auf dem Boot. Noch eine ganze Ecke sparsamer lebt Crazy-Peter: Ursprünglich kommt er auch aus England, lebt aber seit mittlerweile neun Jahren auf seiner 30-Fuß-Yacht, die er auf den Namen Scandalizer getauft hat. Im Frühling kamen die beiden nach Gran Tarajal und haben trotzdem seitdem erst eine Handvoll Nächte im Hafen verbracht. Crazy-Peter und die *Scandalizer* liegen die meiste Zeit in der Bucht vor Gran Tarajal vor Anker, was auch der Grund für den Zusatz »Crazy« in seinem Spitznamen ist: Die Bucht ist bekannt für ihre Wellen und unruhige See. Phil, Chris und Werner sind sich einig, dass es extrem ungemütlich sein muss, an dem Platz zu ankern, allein das Kochen bei dem Seegang müsse ein Kampf sein. Strom gibt's an Bord nur wenig, Einkäufe fährt er mit dem Schlauchboot in sein Zuhause und alle paar Wochen muss er den Trinkwassertank seiner *Scandalizer* auffüllen – zu der Gelegenheit gönnt Peter sich ab und an eine Nacht am Steg in der Marina, lädt seinen Laptop und sein Handy auf und gönnt sich eine Dusche mit heißem Wasser. Der 52-Jährige sieht abgekämpft und deutlich älter aus, als er ist – behauptet aber, dass er sich an das Leben vor Anker gewöhnt habe: »Ihr könnt euch ja ausrechnen, wie viel Kohle ich dadurch jeden Tag spare!« Peter ist nicht nur crazy, sondern im Moment vor allem ganz schön pleite. »Ich hätte nie gedacht, dass das möglich wäre«, sagt er, als er mir von seinem Ausstieg als Banker und Einstieg in die Welt der Segler erzählt. »Ich war mir sicher, dass ich ausgesorgt hätte.« Ich bin gerade mit Phil dabei, einen Wasserhahn für unsere Seewasserpumpe zu montieren. Um Trinkwasser zu sparen, wollen wir auf dem Ozean Seewasser für Dinge wie den Abwasch oder das Duschen verwenden. Crazy-Peter steht im Salon und kommentiert jeden unserer Arbeitsschritte, interessiert sich aber noch mehr für den Außenborder, an dem in den letzten Tagen jeder von uns mal erfolglos sein Glück versucht hat.

»Was ist mit dem?«, fragt er Phil.

»Ja, wenn wir das wüssten!«, antwortet der, »er springt nicht mehr an.« Peter lacht, das hätte er schon beobachtet.

»Ich habe noch einen 6-PS-Mercury und einen 3,5-PS von Suzuki. Willst du einen von denen?« Käpt'n Phil antwortet, dass er auch kein Geld für einen neuen Motor habe und dass wir den alten irgendwie wieder fit bekommen müssten. »Ich würde deinen alten Yamaha auch in Zahlung nehmen«, verhandelt Crazy-Peter weiter. Ich halte das eigentlich für ein gutes Angebot, schließlich sind wir mit Phils Motor seit Tagen kein Stück weitergekommen.

Aber Phil lenkt ab: »Wo hast du eigentlich die ganzen Motoren auf deinem winzigen Boot?« Peter lacht wieder, auf der *Scandalizer* wäre mehr Platz, als man vermuten würde. »Ich hätte zum Motor auch noch ein passendes Dinghy, wenn du willst. Ein Schweißgerät hast du ja sicher schon, oder?« Phil winkt ab, aber Crazy-Peter wird die nächsten Tage über nicht lockerlassen, was den Außenborder angeht. Immer wieder macht er unserem Käpt'n neue Angebote, die der immer wieder ablehnt. Bis Peter schließlich eines Morgens selber Hand anlegt: »Das ist ein Yamaha, noch aus den 80ern! Die Dinger sind unzerstörbar, kugelsicher!«, sagt er. »Das kann nicht sein, dass ihr den nicht zum Laufen bekommt!« Ausgezeichnete Handelsware für Crazy-Peter also, denke ich und muss ein wenig über ihn schmunzeln, als der Mann mit dem weißen Vollbart schließlich zweimal an der Anlasserleine zieht, unser Motor kurz stark raucht, dann aber anfängt, ziemlich munter und lebendig vor sich hin zu knattern. Das wäre ein guter Deal gewesen für Peter: einen Motor für Geld verkaufen und dabei gleich einen neuen Motor für den nächsten Deal im Hafenbecken von Gran Tarajal bekommen. So aber hat Crazy-Peter uns einfach einen riesigen Gefallen getan und sich einen 24er-Pack Tropical aus unserem Bordvorrat verdient, den er den Abend über mit uns und Werner vom Nachbarboot teilt.

Wir befinden uns hier zwar weit entfernt von den Touristenhochburgen in einem beschaulichen Fischerort am Rande der Sandwüste Fuerteventuras und Weihnachten rückt näher. Aber wirklich besinnliche Adventsstimmung kommt bei uns nicht auf: Das verschlafene Gran Tarajal fühlt sich für uns nach Aufbruch und Abenteuer an.

So haken wir auf Käpt'n Phils Liste einen Punkt nach dem anderen ab und wären eigentlich guter Dinge, ablegen zu können, sobald Cecilie, unser noch fehlendes Crewmitglied, da ist. Wenn da nicht die Sache mit dem Anlasser wäre. Ohne Anlasser startet der Dieselmotor der *Libertalia* nicht. Zwar ist die *Libertalia* ein Segelboot, aber es gibt mehr als genug Gründe, ohne Motor keine Atlantiküberquerung zu starten: Spätestens in der Flautenzone am Äquator würden wir ohne ihn wahrscheinlich wochenlang herumdümpeln. Wir werden ihn brauchen, um im Hafen auf den Kapverden an unseren Liegeplatz zu gelangen, und nicht zuletzt ist der Diesel der *Libertalia* auch unser Notnagel für den Fall, der hoffentlich nie eintritt: Mastbruch auf dem Atlantik. Kurz gesagt: Wir werden nicht ablegen, bevor dieses Ersatzteil nicht geliefert ist. Das liegt aber seit über vier Wochen in Las Palmas auf Gran Canaria beim spanischen Zoll und bewegt sich nicht – so sagt es zumindest die Trackingabfrage. »Ich kriege langsam echt Panik«, sagt Käpt'n Phil jetzt immer öfter, nachdem er wieder mal mit den spanischen Zöllnern telefoniert hat. Auf Spanisch spricht er auf den Zollbeamten ein, doch der lässt sich nicht stressen und auch der Karnevalsbeginn in Brasilien ist ihm egal. Alles ginge seinen bürokratischen Gang und unser Paket komme dann dran, wenn es eben dran sei. Das könne allerdings jeden Tag so weit sein. Das wäre gut, denn mittlerweile ist der dritte Advent vorbei und wir müssen auf jeden Fall deutlich vor Weihnachten los, wenn wir den Karneval sicher erreichen wollen.

Dafür ist Cecilie pünktlich. Die 23-jährige Norwegerin soll unsere Crew komplettieren und bevor sie an einem Nachmittag am Anlegesteg der *Libertalia* auftaucht, haben wir es sogar noch geschafft aufzuräumen – oder zumindest das größte Chaos in unserer Männer-WG zu beseitigen. Cecilie hat etwa die Hälfte ihres Geologiestudiums in Bergen hinter sich gebracht und die letzten Monate ein erstaunlich gut bezahltes Praktikum auf einem Forschungsschiff in der nördlichen Nordsee gemacht. Jetzt hat sie ein bisschen Geld über und noch ein gutes halbes Jahr Zeit, bevor sie ihr Studium wiederaufnimmt. Segelerfahrung hat sie leider gar keine, aber sie hat schließlich gerade erst auf einem Schiff gewohnt und gearbeitet und Käpt'n Phil ist sich sicher, dass er ihr schnell die wichtigsten Segelskills vermitteln kann.

»Das hat sogar bei Timo geklappt, dann kriegen wir das bei dir auch hin!«, versichert er ihr bei ihrem ersten Rundgang über die *Libertalia*. Cecilie ist auch zuversichtlich. Sie ist wie ich damals über Couchsurfing auf Phil gestoßen und wollte dann eigentlich gemeinsam mit ihrer Freundin Marte bei ihm anheuern. Marte hat jetzt doch noch was für die Uni zu tun und damit keine Zeit. Jetzt für mehrere Wochen völlig allein mit drei fremden Typen auf einem Boot zu wohnen – das kann man schon mutig finden. Auf dem Atlantik ist es schließlich auch nicht so, dass sie mal eben aussteigen könnte, falls es ihr mit uns nicht gefällt. Man merkt, dass wir davon alle ein bisschen beeindruckt sind. Phil genießt es sichtlich, ihr einen Crashkurs im Hochseesegeln zu geben. Ausführlich erklärt er ihr sämtliche Segel, Leinen und Geräte an Bord. Es kommt zu einem kleinen Disput zwischen Kyle und mir, als es darum geht, wer Cecilie mit dem Schlauchboot und repariertem Motor durch den Hafen von Gran Tarajal fahren darf. Schließlich sind wir alle drei Single und unser neues Crewmitglied ist nicht nur abenteuerlustig, sondern auch sehr hübsch: lange blonde Haare, blaue Augen, schlank und braun gebrannt. Von Phil weiß ich, dass er nicht nur insgeheim davon träumt, auf seiner Weltumsegelung eine Frau fürs

Leben kennenzulernen. Ich bin mir sicher, dass auch Kyle und ich nichts gegen verschiedene Arten von Abenteuern einzuwenden hätten. Cecilie allerdings erstickt unsere Ambitionen sofort: Innerhalb kürzester Zeit erfahren wir alles über ihren Freund Eirik, mit dem sie seit über zwei Jahren zusammen ist und mit dem sie in Bergen auch zusammenwohnt. Vielleicht ist das ganz gut für die Gruppendynamik an Bord, denke ich.

Nun ist die Crew für unseren großen Schlag über den Ozean komplett und abgesehen vom Anlasser gibt es nur noch eine wichtige Aufgabe zu erledigen: Es gilt, Proviant für die Überfahrt zu besorgen. Nach Kap Verde sind es ungefähr 900 Seemeilen, bei einem Schnitt von fünf Knoten sind wir in acht Tagen dort. Zwischen den Kapverden und Brasilien liegt fast die doppelte Distanz. Wir möchten so viel wie möglich hier in Gran Tarajal einkaufen – Kap Verde liegt so weit ab vom Schuss, dass das Warenangebot begrenzt und teuer ist. Die Frage ist nur: Wie viel Nahrung brauchen wir vier in diesen Wochen auf See? Als Student in Hamburg habe ich mir eigentlich immer abends auf dem Weg nach Hause das mitgebracht, was ich später kochen wollte. Vielleicht noch das Frühstück für den nächsten Tag, aber einen Großeinkauf für eine ganze Woche habe ich noch nie gemacht. Erst recht nicht für vier Wochen und sowieso nicht für vier Leute. Phil, Kyle und Cecilie geht es natürlich ähnlich. Der Fakt, dass wir uns auf einem Segelboot auf dem Ozean befinden werden, macht das Schreiben unserer Einkaufsliste nicht leichter: Auf See kann man nicht mal eben für eine Prise Salz oder eine Rolle Klopapier beim Nachbarn klopfen. Auch den Kühlschrank werden wir mangels Strom nur sehr eingeschränkt nutzen können, wenn überhaupt. Schnell wird klar, dass wir uns gerade bei Frischware stark einschränken müssen. Frisches Obst und Gemüse wird es nur in den ersten Tagen auf See geben. In Foren und Internetratgebern lernen wir eine Menge über die richtige Lagerung: Obst bewahren wir am besten in Netzen auf, die wir an die Decke hängen – so vermeiden wir Druckstellen, an denen sich schnell Schimmel bilden würde. Es scheint Tausende von Regeln zu geben, die vor hundert Jahren wahrscheinlich wirklich noch jede Hausfrau kannte: Tomaten und Avocados vertragen sich nicht mit Auberginen und Paprika, Kartoffeln und Zwiebeln haben es am liebsten dunkel, halten so aber relativ lange. Fast alles mag es kühl – und genau das werden wir leider nicht bieten können. Werner vom Katamaran nebenan erzählt uns von Weltumseglern, die vor ihren längeren Törns wochenlang in der Küche stehen und Nahrung einkochen. Ich weiß, dass meine Oma das noch beherrscht, und wir ziehen es kurz in Erwägung, bis wir feststellen, dass wir weder die richtigen Gläser noch genügend Platz in der Kombüse, den richtigen Topf oder genügend Zeit haben. Stattdessen werden wir uns mit Konserven anfreunden müssen: Hülsenfrüchte wie Bohnen und Erbsen machen satt und mit Corned Beef gibt es sogar Fleisch aus der Dose. Zum Glück halten sich Eier wohl auch ungekühlt über mehrere Wochen – mich überrascht das, aber das Internet, Phil und Cecilie sind sich darin einig. Phil ist gutes Essen unterwegs sehr wichtig: Er verweist auf die Moral, für die er als unser Kapitän verantwortlich sei, ich bin mir aber sicher, dass er sich auch um die Figur sorgt, die er sich in den letzten Jahren antrainiert hat. Aber auch Crazy-Peter pflichtet ihm bei: Es gebe nichts Schlimmeres für die Stimmung auf See als eintöniges Essen und umgekehrt nichts Besseres als eine richtig gute warme Mahlzeit. »Übrigens habe ich schon von mehreren Fällen gehört, bei denen das Klopapier an Bord knapp geworden ist ... sehr unangenehm muss das sein«, gibt er zu bedenken und ich sehe, wie Cecilie ein dickes Ausrufezeichen hinter den Punkt auf unserer Einkaufsliste setzt. Überhaupt erweisen sich unsere Nachbarn in der Muelle de Gran Tarajal auch bei der Proviantliste wieder einmal als sehr hilfreich: Werner ist sich sicher, dass man ohne Brot nicht lange überleben kann, und zeigt mir, wie man welches in der Pfanne braten kann – ohne Backofen. Wir verbringen mehrere Tage mit der Proviantdiskussion: Wollen wir nur Wasser mitnehmen oder auch Brausen und Säfte? Schmecken die noch bei Wärme? Schokolade wollen wir unbedingt, sie muss aber in einer Form daherkommen, in der sie uns auch bei Hitze nicht gleich wegschwimmt. Nüsse sind klasse, weil sie ewig halten und perfekt für den kleinen Hunger zwischendurch sind. Ebenso Trockenfrüchte, die dazu noch Vitamin C enthalten. Der Mangel daran hat auf See noch vor wenigen Hundert Jahren ganze Schiffsbesatzungen durch Skorbut dahingerafft – auch das würden wir gerne verhindern. Beim Trinkwasser einigen wir uns auf die Formel: 3 Liter mal 4 Personen mal 30 Tage gleich 360 Liter. Das passt, der Trinkwassertank der *Libertalia* fasst genau 400 Liter. Zur Sicherheit besteht Phil darauf, noch einmal dieselbe Menge in Flaschen zu kaufen: »So ein Tank kann verunreinigen oder beschädigt werden und auslaufen und ich fände es echt gut, genügend Wasser dabeizuhaben.« Wahrscheinlich hat er recht, denke ich. Ich würde auch gerne darauf verzichten, den Trick mit dem Eigenurin auszuprobieren, von dem mir damals meine Freunde in der Astrastube berichtet hatten. Eine andere Frage ist, wo wir das alles lagern wollen. Die *Libertalia* macht schon mit vier Personen und ihrem Gepäck einen ganz schön vollgestopften Eindruck. Cecilie schlägt vor, das Boot vor dem Ablegen noch einmal ordentlich aufzuräumen und zu entrümpeln. Phil rollt zwar mit den Augen, scheint aber die Notwendigkeit einzusehen. Zeit dafür scheinen wir ja leider noch zu haben: Denn wo bleibt bloß der Anlasser?

Das Weihnachtsdesaster

»Wie geil ist das denn?!«, Kyle und ich starren Phil mit großen Augen an.

»Das wollte ich schon immer mal machen!«

»Timo, wo ist die Flex? Lass uns gleich anfangen!«

Die *Libertalia* hat jede Menge Stauraum, dessen genaue Ausmaße uns bislang noch gar nicht bewusst waren. Unter jeder Koje und unter jeder Sitzbank gibt es Fächer in allen Größen und Formen. Und hinter fast jeder Klappe und unter fast jedem Deckel finden wir Dinge, von denen selbst Phil nicht mehr wusste, dass er sie hat. Auf dem Steg an der *Libertalia* stehen einige Müllsäcke mit wertlosem und unnützem Kram. Vorne am Eingang zur Marina haben wir einen kleinen Haufen mit einem Heizlüfter, einer Ölhose und anderen Sachen, für die wir in den tropischen Breiten, die wir bald erreichen werden, keine Verwendung haben. Darüber ein selbst gemaltes Schild: »For free!« Jetzt steht der Käpt'n breit grinsend vor uns und hält ein riesiges 50-Liter-Bierfass aus Stahl über seinen Kopf. Verschmitzt sagt er: »Das hatte ich mir mal in Frankreich besorgt, weil ich mir daraus einen Bordgrill bauen wollte …«

Phil hat ein Schweißgerät an Bord und die Flex kam ja schon im Kampf gegen den Rost zum Einsatz – im Grunde haben wir alles, was wir brauchen! Wir besorgen uns noch zwei Scharniere aus dem Minibaumarkt um die

Ecke, und in einem Ramschladen mit Billigimporten aus Fernost finden wir einen Grillrost, der einigermaßen passen müsste. Unser Plan ist einfach: Mit der Flex schneiden wir erst den Fuß des Fasses ab, dann legen wir es auf die Seite und schneiden oben ein rechteckiges Loch in die runde Fasswand. Durch dieses Loch wollen wir auf dem Ozean unseren frisch gefangenen Fisch auf den Rost legen. Das ausgeschnittene Rechteck werden wir mit den Scharnieren verschweißen und die wiederum mit dem Fass – so haben wir einen Deckel und können den Grill später öffnen und schließen. Den einzigen Haken an diesem Plan halten wir vorerst für vernachlässigbar: Wir haben zwar eine theoretische Vorstellung davon, wie das Schweißen funktionieren müsste, aber so richtig gearbeitet hat noch keiner von uns mit so einem Schweißgerät. »Ist doch eine schöne Übung für euch«, sagt Phil, »wir müssen ja auch noch die beiden anderen Solarpanels an der Reling verschweißen.« Die beiden hatte ich ganz vergessen und ich frage mich, ob Phil und Kyle sie noch auf dem Zettel hatten. Der Käpt'n widmet sich der Segelausbildung Cecilies, während Kyle und ich uns um den Bordgrill kümmern. Das Flexen geht unserem amerikanischen Crewmitglied recht flott von den Händen, aber das Schweißen erweist sich als die größere Herausforderung. Gar nicht so einfach, so eine Schweißnaht auf den Stahl zu legen. Unser Projekt »Bierfassgrill« wird am Ende zwei Tage verschlingen. Natürlich kommt irgendwann auch Crazy-Peter vorbei, er amüsiert sich über unsere Schweißnähte und wir uns darüber, dass er sich schon Phils alten Heizlüfter unter den Arm geklemmt hat. »Wer weiß? Wenn ihr endlich abgelegt habt, kommt vielleicht der Nächste und ist auf dem Weg nach England und braucht einen Heizlüfter!« Muss das ein Chaos sein auf seiner *Scandalizer*, die noch ganze fünf Meter kürzer ist als unsere *Libertalia!*

»Apropos: Da war doch was! Hattet ihr nicht auch einen Plan oder verschiebt ihr den auf nächsten Winter?« Peter hat begonnen, uns mit der Verzögerung unserer Reise aufzuziehen. Wir können uns allerdings mit jeder weiteren kleinen Stichelei weniger darüber amüsieren. Die Zeit wird langsam echt immer knapper. »Vor Weihnachten muss dieser Scheißanlasser aber echt ankommen«, rechnet Käpt'n Phil uns vor. »Dann sind Feiertage und dann ist es Januar und wir können den Karneval vergessen.«

»Und selbst wenn man den Karneval mal außen vor lässt«, sagt Kyle, »wären wir im Januar dann auch schon echt spät dran in der Saison.«

»Wir hätten schon noch ein paar Wochen. Wir sollten es unterwegs nur nicht Frühling werden lassen, sonst hängen wir während der Hurricanezeit auf einer kapverdischen Insel fest«, erwidert Phil.

Ich fürchte ein bisschen, dass er das gar nicht so furchtbar finden würde. Phil hat sich ganze drei Jahre Zeit gelassen, um mit der *Libertalia* von Belgien zu den Kanaren zu segeln. In der Zeit hätte er es auch einmal um die Welt geschafft, wenn er nicht immer wieder diese wochen- oder monatelangen Pausen in irgendwelchen kleinen Häfen eingelegt hätte. Ich erwische mich jetzt immer wieder bei der Frage, ob ich auf das richtige Pferd gesetzt habe. Hätte ich in Las Palmas doch intensiver nach einem anderen Boot suchen sollen? Ich wusste, dass die *Libertalia* keine

Millionenyacht ist, sondern eher eine schwimmende Dauerbaustelle. Andererseits ist sie damit kein Einzelfall: Ein Segelboot auf See ist ein schwimmender Haushalt mit Küche, Wasserleitungen und Elektrik, der das ganze Jahr über in Salzwasser hin und her geschüttelt wird. Da verschleißt schon mal das ein oder andere Teil, irgendetwas oxidiert immer vor sich hin. Das gilt für jedes Boot auf großer Fahrt, auf so etwas hatte ich mich eingestellt und mir macht es auch Spaß, gemeinsam im Hafen zu werkeln. Aber den ganzen Winter muss ich das jetzt auch nicht haben, bis zur nächsten Saison will ich nicht warten mit meiner Atlantiküberquerung. Doch im Moment lässt sich an der Situation nichts ändern: Viele der Atlantiküberquerer in Las Palmas machen sich gerade in diesen Tagen auf den Weg. Wer weiß, ob ich da noch ein Boot finden würde. Außerdem wäre es gegenüber meinem Käpt'n und der Crew nicht sehr nett, wenn ich mich jetzt plötzlich aus dem Staub machen würde. Mir tut Cecilie ein bisschen leid, vor zwei Wochen war die Stimmung noch deutlich besser, da war es für mich einfacher, mich an Bord einzufinden.

Aber sie lässt sich nichts anmerken und tut das, was wir alle gerade versuchen: positiv bleiben. Am Samstag waren wir in der Dorfdisco Gran Tarajals tanzen, in der Bar Brasil arbeiten wir jetzt immer gewissenhafter an unseren Billardskills. Nebenbei basteln wir ein bisschen weiter an der *Libertalia,* aber viel gibt es nicht mehr zu tun: Alle vier Solarzellen sind montiert, der Grill hängt an der Reling und wurde schon eingeweiht. Jetzt generalüberholen wir Phils Angelausrüstung, reparieren ein paar Köder. Aus einem roten Seil, das irgendwo herumlag, habe ich eine Wantenleiter zwischen die Stahlseile geknüpft, die den Mast stabilisieren. So gehört sich das schließlich auf einem richtigen Piratenschiff. Kyle hat derweil jeden Shop Gran Tarajals nach der Flagge von Kap Verde abgesucht. Die Gepflogenheiten auf See verlangen eigentlich, dass wir auf unserer Steuerbordseite die Flagge des Gastlandes tragen. Leider ist Kyles Suche erfolglos und uns bleibt nichts anderes übrig, als in diesem Punkt gegen die Segler-Etikette zu verstoßen. Phil sieht es pragmatisch: »Solange wir nicht vergessen, die spanische Flagge auf See abzunehmen!« Das, fürchtet er, könnte dann vielleicht wirklich als Affront verstanden werden.

Am Strand freunden wir uns mit Craig an, einem vom Leben gezeichneten Obdachlosen, der jeden Tag eine größere und prachtvollere Sandburg vor die Strandpromenade baut. Er lebt hauptsächlich von den Spenden der Passanten – meist mehr Einheimische als Touristen. Der Mann mit den langen, ungepflegten Haaren ist der einzige Obdachlose in Gran Tarajal. Er hat kaum noch Zähne im Mund und spricht einen kaum verständlichen britischen Dialekt, aber wir haben uns angewöhnt, ihm ab und an einen Kaffee auszugeben und mit ihm zu plauschen. Er verrät uns im Gegenzug, dass seine Sandschlösser nur dank Sprühkleber so detailreich sind. Und dass er irgendwann Anfang des Jahrtausends mit einem Segelboot auf die Kanaren gekommen war und sich damals eigentlich gleich auf die Suche nach der nächsten Mitsegelgelegenheit machen wollte. »Dann kam der Wodka, seitdem bin ich pleite und jetzt bin ich halt hier«, erklärt er uns. Kyles und mein Blick treffen sich kurz: Wir müssen echt zusehen, dass wir bald ablegen.

»Hoy día, en serio?« Phil brüllt so laut in sein Handy, dass ich selbst hinter der geschlossenen Stahltür in meiner Kabine aus der Koje schrecke. Es ist gerade mal halb acht am Morgen und ich brauche einen Moment, um zu verstehen, wer sich dort am Ende der Leitung Phils Brüllen anhören muss: Der Käpt'n telefoniert wie so oft in den letzten Tagen mit dem Zoll. Bislang hatte es dort immer »mañana« geheißen und am nächsten Tag wieder. Aber jetzt ist unser Paket seit gestern nicht mehr im Zolllager, sondern auf dem Weg nach Gran Tarajal. Der Zöllner verspricht, dass es heute im Laufe des Nachmittags geliefert würde. Es ist Freitag, der 21. Dezember. Auch Cecilie und Kyle ist Phils Telefonat nicht entgangen, wir treffen uns im Salon zur Lagebesprechung. Wenn der Anlasser da ist, sollte das Einbauen kein Problem sein. Außerdem müssen wir zum Supermarkt und unsere Einkaufsliste abarbeiten, die in den letzten Tagen immer weiter gewachsen ist. Anschließend sind wir klar zum Ablegen.

»Heiligabend würde doch passen«, sagt Phil. Mir fällt kurz das Gespräch mit meiner Mutter ein und ich muss grinsen: Ein besseres Weihnachtsgeschenk hätten wir uns alle nicht vorstellen können. Cecilie macht zur Feier des Tages eine dicke Pfanne Rührei zum Frühstück und schlägt vor, den Einkauf gleich als Erstes zu erledigen. »Morgen ist der letzte Öffnungstag vor Weihnachten, da ist es supervoll dort«, sagt Cecilie. Guter Einwand, denke ich, und auch Kyle und Phil sind einverstanden.

Der HiperDino auf halbem Weg zum Busbahnhof an der Hauptstraße ist der größte Supermarkt in Gran Tarajal, trotzdem wird drin schnell klar, dass wir die Hilfe des

Personals benötigen: Beim Abhaken einiger Punkte, bei Nudeln, Dosenbohnen und Eiern müssen wir die ganzen Regale leer räumen. Allein die 30 Sixpacks mit Zwei-Liter-Flaschen Wasser, die uns der Mitarbeiter aus dem Lager gibt, füllen zwei Einkaufswagen. Zu fünft wuseln wir jetzt durch den Supermarkt, eine weitere Verkäuferin macht uns parallel dazu eine eigene Kasse auf und beginnt, die sich bildende Schlange an Einkaufswagen mit dem Scanner abzuarbeiten. Immer wieder müssen wir uns abstimmen: Einige Dinge gibt es nicht und wir müssen sie durch irgendetwas anderes ersetzen, welche Verpackungsgröße lässt sich am besten verstauen und was produziert am wenigsten Müll? Mehrere Stunden dauert unsere große Shoppingtour. Kurz vor Mittag verabschiedet sich Phil: »Einer sollte auf jeden Fall zu Hause sein, wenn der Mann mit dem Paket am Steg steht!« Na, da hat er aber einen guten Grund gefunden, hier nicht mehr mitmachen zu müssen, denke ich. Phil hat von dem Trubel im HiperDino von Gran Tarajal garantiert ebenso genug wie wir. Käpt'n müsste man sein.

Als Kyle, Cecilie und ich schließlich den letzten Punkt von unserer Liste streichen, Alufolie zum Fischgrillen, haben wir acht gelbgrüne Einkaufswagen bis oben mit Proviant befüllt (unser Kassenbon ist fast zwei Meter lang) und zum Glück erlaubt uns die Verkäuferin, unsere Beute mit ihnen zur Marina zu transportieren. Als wir dort einen Wagen nach dem anderen über die Brücke zum Steg balancieren, ist es bereits mitten am Nachmittag und bislang hat sich noch kein Kurier mit einem Paket blicken lassen. Wir sprechen nicht viel, als wir unseren Proviant an Bord sortieren und dabei so viel Verpackung wie möglich gleich vor

Ort entsorgen. Für das Wasser bilden wir eine Kette und verteilen es in die Bilge unter dem Cockpit und unter dem Boden des Salons. Obst und Gemüse hängen wir in Netze an die Decke. Alles andere kommt in Fächer, denen wir Bezeichnungen wie »Kohlenhydrate«, »Süßes« oder »Dosen« zuordnen, damit wir auf See nicht jedes Mal alle Sitzbänke auseinandernehmen müssen, wenn wir einen Müsliriegel suchen.

Es beginnt bereits zu dämmern, als ein Mann einen Hubwagen mit einer kleinen Palette am Eingang zur Muelle de Gran Tarajal abstellt und über die Brücke nach unten zu den Schwimmpontons mit den Yachten geht. Kyle sieht ihn als Erstes, springt auf und läuft ihm entgegen: »Willst du zur Libertalia?«

Unser vorgezogenes Weihnachtsgeschenk ist in schwarzer Stretchfolie verpackt und mit Packband vom »Spezialversand für Yacht- und Bootszubehör Bremen« umwickelt. Auf dem Adresssticker steht in Großbuchstaben »YACHT IN TRANSIT« und kleiner »SV Libertalia – Muelle de Gran Tarajal«. Wir freuen uns so sehr, dass wir auf ein Erinnerungsfoto mit unserem Weihnachtsmann, seinem Geschenk und unser kompletten Crew bestehen. Kyle läuft vorher noch kurz hinunter und holt die roten Zipfelmützen mit weißen Bommeln, die er vor ein paar Tagen statt der Flagge der Kapverden mitgebracht hatte. Die Stimmung ist ausgelassen und wir stoßen noch vor dem Auspacken mit Dosenbier auf unseren neuen Anlasser an. Der gelieferte Startermotor scheint genau das bestellte Originalteil zu sein, die Schrauben zum Verbauen liegen bei. Als Kyle und ich ihn nach unten in den Motorraum tragen, sehen wir, dass Phil den alten Anlasser schon ausgebaut hat, während wir noch im Supermarkt waren. Den Einbau heben wir uns für den vierten Adventssamstag auf.

Er klappt reibungslos und als wir den Schiffsdiesel der *Libertalia* zum ersten Mal im Leerlauf tuckern hören, wollen wir ihn erst gar nicht mehr ausschalten. Wir sind klar zum Ablegen und haben noch 48 Stunden, bis wir in See stechen werden. Wir vertreiben uns die Zeit mit Kleinigkeiten: In der Pizzeria Oasis nutzen wir das WLAN, um unseren Eltern und Freunden ein frohes Fest zu wünschen. Phil und ich machen noch einen letzten Ausflug mit dem Dinghy durch den Hafen und besorgen nebenan bei den Fischern einige Makrelen und einen Tintenfisch für das Abschiedsfest, das wir morgen Abend veranstalten wollen. Kyle geht noch einmal rüber zu dem Fleischer im Dorf und kommt mit Rindersteaks zurück. Eine gute Idee, denke ich, Fisch werden wir die nächsten Wochen noch genug essen.

Am Tag vor Weihnachten ist aus dem Norden eine graue Wolkendecke aufgezogen. Vor der Party machen wir es uns am Tisch im Salon gemütlich. Es läuft eine Playlist mit Miles-Davis-Songs, ich lese, Phil klickt am Bordcomputer herum und Cecilie strickt. Sie hat sogar eine Kerze angezündet, schließlich ist heute auch vierter Advent. Kyle versucht gerade, die Dimension unseres nächsten Schlages abzuschätzen, und rechnet vor:

»Zwölfmal wird der Breitengrad auf unserem GPS umspringen, zehnmal überqueren wir einen Längengrad. Gut 900 Seemeilen sind es bis nach Kap Verde, das sind 1700 Kilometer.«

»Wusstest du, dass die Seemeile das einzige Längenmaß ist, das nicht auf einer Zufallsgröße basiert?«, fragt Phil und schaut Cecilie an. Der Segelcrashkurs geht weiter. Ich versuche, mir nicht ansehen zu lassen, dass ich jetzt aufhorche. Wie war das noch mal? Eine Seemeile sind gut 1800 Meter, so weit habe ich mir das gemerkt. Ich glaube, das hat irgendwas mit den Breitengraden zu tun.

»Eine Seemeile ist eine Minute!«, sagt Phil. Ich merke, dass es spätestens jetzt bei mir klicken müsste. Aber es klickt nicht, bis Phil Cecilie erläutert, dass eine Seemeile der Distanz von einer Minute im Koordinatensystem aus Längen- und Breitengraden entspricht. Eine Minute ist die erste Stelle nach der Gradzahl, 60 Minuten sind ein Grad.

»Wie viele Seemeilen hat also ein Breitengrad?« Es hat endlich geklickt bei mir, 60 Seemeilen, auch Cecilie weiß es, und Phil lehnt sich zufrieden zurück.

»… und wenn man eine Seemeile pro Stunde fährt, ist man einen Knoten schnell«, entfährt es Kyle. »Klugscheißer!«, antwortet Phil.

»Fünf Knoten schaffen wir im Schnitt, oder?«, bleibt Kyle dran. »Dann würden wir 120 Seemeilen am Tag schaffen und in siebeneinhalb Tagen auf São Vicente sein.«

»Rechnerisch ja«, antwortet ihm der Käpt'n, »rechnerisch wären wir aber um diese Zeit auch schon dort gewesen …«

Wir haben uns für die kapverdische Insel São Vicente und den Hafen in der Stadt Mindelo entschieden. Der »Cornell«, die Weltumsegler-Bibel, die mir schon Randy so sehr ans Herz gelegt hatte, verspricht uns in Mindelo den perfekten Hafen mit allem, was wir brauchen: Wir können dort beim Zoll in die Inselrepublik Kap Verde einklarieren, der Hafen liegt mitten in der Stadt, sodass man gut einkaufen kann. Außerdem ist es der einzige Hafen des Archipels, in dem man als Segler Trinkwasser und Diesel in größeren Mengen bunkern kann. Mir fällt auf, dass ich sowohl von der Insel als auch von der Stadt bislang noch nie gehört hatte – die Kapverden sind als Reiseziel um einiges exotischer als die Kanaren. Keiner von uns war bisher dort. Das wird bestimmt spannend, ich freue mich auf das neue Land, das ich auf meiner persönlichen Weltkarte abhaken kann.

Beim Überqueren der Breitengrade in Richtung Südwesten werden wir außerdem die Klimazone wechseln: Aus den Subtropen hier auf den Kanaren stoßen wir in der Nähe des 23. Breitengrads in die Tropen vor. Auch diese Aussichten gefallen uns, denn während die Gäste unserer kleinen Abschiedsparty eintrudeln, beginnt es fast ein wenig zu nieseln. Weihnachten auf Fuerteventura wird frisch und Crazy-Peter hat seinen Wollpulli angezogen. Chris und Werner werden es ebenso verpassen wie unsere Abschiedsfeier, sie sind schon auf dem Weg zu ihren Familien, der örtliche Sandburgenkünstler Craig hat Zeit. Käpt'n Phil lässt keinen Zweifel aufkommen, wer den Abend über der Grillmeister sein wird. Crazy-Peter schwelgt in Erinnerungen an die Weihnachtsfeste, die er auf See erlebt hat. Für unseren Bierfassgrill klopft er uns mittlerweile auf die Schulter, er tut seinen Dienst einwandfrei und wir essen uns alle noch einmal richtig schön satt. Kyles Rindersteaks sind sehr begehrt und als Erstes verputzt. Nach dem Essen dreht Phil die Musik auf, seinen liebsten brasilianischen Karnevalssong »Vou festejar« von Samba de Raiz kann er in jeder Lebenslage mitsingen. Trotzdem wird unsere große Abschiedsparty eher ein gemütliches Zusammensein als ein rauschendes Fest. Wir trinken zwar ein paar Gläser aus dem Rotweinkarton, den Peter zur Feier des Tages mitgebracht hat. Aber es ist uns allen bewusst, dass wir in gut zwölf Stunden eine anstrengende Seereise starten werden – da will es keiner übertreiben. So endet der Abend früh, wir können Craig noch zwei ganze gegrillte Makrelen mitgeben und verabschieden uns dann in unsere Kojen. Wir wollen morgen noch einmal ausschlafen und in Ruhe frühstücken. Dann kann jeder noch einmal an Land mit heißem Süßwasser duschen und im Laufe des Vormittags wollen wir ablegen.

Nachts wälze ich mich lange in meiner Koje hin und her. Der Wind hat noch einmal zusätzlich aufgefrischt. Er heult durch die Stagen und Wanten und Masten im Hafen, auf Werners Katamaran schlägt eine Leine in gleichmäßigem Takt an seinen Mast. Die *Libertalia* schaukelt im Hafenbecken hin und her. Überall knarrt und knarzt es, ich höre die Wellen neben mir an die Bordwand klatschen. Unruhig zieht die *Libertalia* an den Festmacherleinen, die unter der Belastung ächzen. Sie will auch raus aufs Meer, denke ich und muss darüber schmunzeln, wie sehr die Seeleute um mich herum schon mein Denken beeinflusst haben. Ich bin aufgeregt und auch dem Rest der Crew scheint es so zu gehen: Mehrmals höre ich Schritte im Salon und oben an Deck, bevor ich endlich einschlafe. Als ich am nächsten Morgen vom

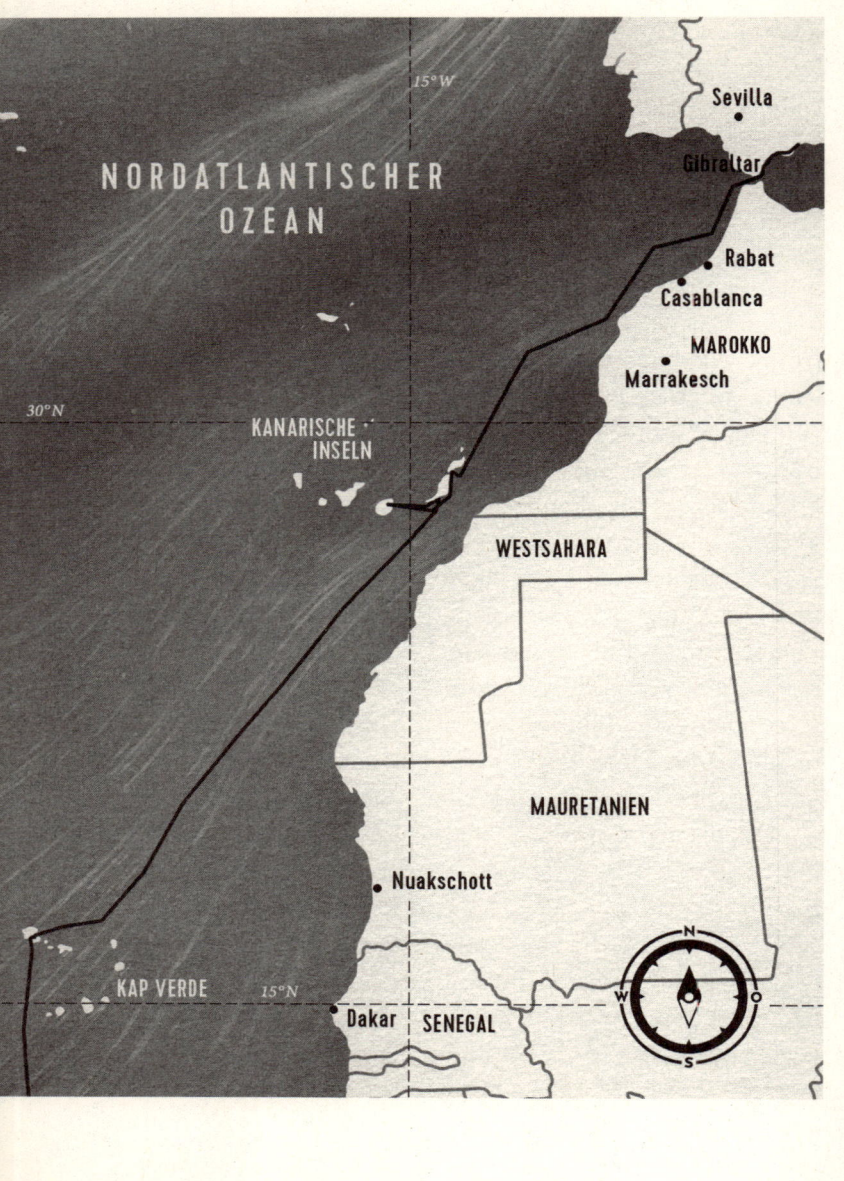

Bordradio geweckt werde, ist mein T-Shirt durchgeschwitzt. Ich fühle mich wie gerädert, habe nicht gut geschlafen. Aufstehen geht noch nicht. Ich wechsle mein T-Shirt und würde gern noch einmal wegnicken. Mir geht es dreckig: In meinem Magen dreht sich alles, mein Kopf dröhnt. Was ist das denn jetzt wieder?, denke ich und fühle mich an den Vorfall am zweiten Tag auf See mit der *Mystique* erinnert. Habe ich jetzt etwa zu Beginn eines jeden Törns eine Panikattacke? Ich trinke einen Schluck Wasser aus der Wasserflasche neben mir und rolle mich auf den Bauch. Abwarten, das geht gleich vorbei, denke ich. Bis ich mich irgendwann wundere, dass ich auch die anderen nicht höre. Phil scheint das Radio angemacht zu haben, um uns zu wecken, aber keiner steht auf. Sonst würde ich hinter mir in der Küche den Kaffeekocher zischen hören, Stimmen und Schritte. Aber abgesehen von den Windgeräuschen im Hafen tut sich nichts. Ich schlafe noch mal ein, bis etwas später Phil an meine Tür klopft: »Wie geht's dir?«, fragt er mich. »Kyle hat Scheißerei und mir ist auch nicht gut, von Cecilie haben wir noch nichts gesehen.« Ich merke noch, dass ich auch mein zweites T-Shirt durchgeschwitzt habe, springe dann auf und renne zur Toilette.

Kyle hat dicke schwarze Augenringe und ein kahlweißes Gesicht. Er sieht aus wie ein Häufchen Elend. Er hat gestern am meisten von den Rindersteaks gegessen – die müssen die Ursache für unsere Lebensmittelvergiftung sein. Ausgerechnet heute, am großen Tag! Und Weihnachten ist auch noch ... Ich wäre gerne wütend, aber mir fehlt die Kraft. Und so scheint es auch den anderen zu gehen.

»So können wir nicht ablegen«, sagt Phil, »wollen wir uns noch ein paar Stunden aufs Ohr hauen und dann heute Nachmittag noch einmal schauen, ob es uns besser geht?« Eine andere Alternative sehe ich gerade auch nicht, und so verbringe ich den heiligen Tag statt auf See mit Kurs Südwest in meiner Koje unter dem Werkzeugregal.

Bruch am Boot

»Es gibt drei Phasen der Seekrankheit«, referiert Phil: »In der ersten denkst du, du stirbst. In der zweiten wünschst du dir, du würdest sterben. Und in der dritten merkst du, dass du nicht sterben wirst.« Cecilie scheint sich noch in einer der ersten Phasen zu befinden. Wir sehen sie gerade zum ersten Mal, seit wir gestern abgelegt sind. Sie ist von zwölf bis 16 Uhr zur Wachschicht eingeteilt, und obwohl wir angeboten haben, ihre Schicht zu übernehmen, steht sie im Cockpit. »Vielleicht tut mir ein bisschen frische Luft ja auch ganz gut«, sagt sie tapfer. Wir waren kaum auf See, da klagte Cecilie zum ersten Mal über Übelkeit. Erst hatten wir gehofft, dass die Lebensmittelvergiftung bei ihr einfach ein bisschen länger nachwirken würde. Aber die schlechten Steaks sind jetzt drei Tage her, Phil, Kyle und ich fühlten uns schon gestern wieder fit. Cecilie ist seekrank. Heiligabend hatten wir komplett in unseren Kojen verbracht. Gestern Morgen, am ersten Weihnachtsfeiertag, waren wir dann alle früh wach gewesen und hatten gefrühstückt. »Wenn das drinbleibt, legen wir heute Nachmittag ab«, sagte Phil und mit einem Tag Verspätung hatte unsere Überfahrt von Fuerteventura nach Mindelo auf São Vicente begonnen.

Die Wolken vom Abend unserer Abschiedsparty sind noch ein bisschen dunkler geworden, der Wind bläst kräftig und es ist kalt. Von den tropischen Breiten, in die wir unterwegs sind, ist noch nichts zu spüren. Ich trage fast alle Klamotten, die ich dabeihabe: Jeans, Gore-Tex-Schuhe, meinen Hoodie und darüber die Allwetterjacke, die ich fast in Hamburg gelassen hätte. Auch die anderen drei sind dick eingepackt, Phil und Kyle tragen beide warme Wollpullover, Cecilie hat sich einen Schal umgebunden. Immer wieder werden wir nass, allerdings sind dafür nicht in erster Linie die kurzen Regenschauer verantwortlich: Die See ist ganz schön kabbelig, die höchsten Wellen werden gut und gerne vier, fünf Meter hoch. Die *Libertalia* kämpft sich durch den Ozean und immer wieder rauscht eimerweise Seewasser vom Bug aus ins Cockpit. Unser Schiff ist ganz schön am »Geigen«, es schlägt von vorne nach hinten und von links nach rechts. »Hätte ich das gewollt, hätte ich auch in der Nordsee bleiben können«, schimpft Käpt'n Phil ab und zu vor sich hin. Die Bedingungen sind alles andere als perfekt für Cecilies ersten Segeltörn auf hoher See, sie tut uns leid. Sie hat bislang weder gegessen noch geschlafen und ihr fällt es schwer, einen Schluck Wasser im Magen zu behalten. »Wenn mein erster Tag so ausgesehen hätte, wäre ich wahrscheinlich nie wieder gesegelt«, sagt Kyle und ich stimme ihm zu hundert Prozent zu: »Und sie hat noch eine Woche vor sich.« – »Wenn alles gut geht!«, sagt Phil. Gestern Abend hatte er Kyle und mir noch einmal eingeimpft, dass wir gerade in den ersten Tagen unseres Törns sehr wachsam sein müssen. Das Hauptproblem sind ab jetzt nicht mehr die anderen Schiffe, von denen gibt es hier nur wenige. Schwierigkeiten bereitet Seglern in diesem Seegebiet ein Wetterphänomen: Wir befinden uns hier auf der Südseite im Windschatten der Kanarischen Inseln. Auf der gegenüberliegenden Seite, im Norden, trifft der Wind ungebremst auf die Kanaren. Die hohen Vulkanberge stellen sich ihm in den Weg und lenken ihn ab. So entstehen zwischen den Inseln Windströmungen, in denen der Wind stark beschleunigt wird. Südlich der Inseln können sich deshalb sowohl Windrichtung als auch Windgeschwindigkeit plötzlich und auf einen Schlag stark ändern. Trägt die *Libertalia* in einem Moment noch gerade genügend Segelfläche, um voranzukommen, ist sie schon einen Moment später mit viel zu viel Tuch unterwegs. Obendrein kommt der Wind viel achterlicher, als wir ihn brauchen können, wir segeln vor dem Wind her – optimal wäre er aus seitlicher Richtung. Mehrmals haben wir inzwischen die Segel gerefft, mittlerweile nutzen wir nur noch eine winzige Ecke des großen Genuasegels vorne und haben selbst das sowieso schon kleine Besansegel am kleineren unserer beiden Masten gerefft. Während meiner letzten Wachschicht gestern Nacht hatte ich jede Sekunde nach oben in die Segel geschaut und versucht, jede noch so kleine Windänderung zu registrieren. Wenn der Wind aus zu steilem Winkel auf unser Heck trifft, fiel ich ein wenig ab, steuerte also ein paar Grad nach Westen. Als Phil anschließend übernahm, bemerkte er, dass wir auf diesem Kurs die Kapverden verpassen würden: »Nach Brasilien wollen wir, nicht in die Dom-Rep!«, scherzte er. Gar nicht so einfach, dachte ich. Wenn das so weitergeht, wird das echt ein anstrengender Törn bis nach Kap Verde.

Wie auf der *Mystique* gibt es auf der *Libertalia* ein Satellitentelefon. Phils Gerät liegt allerdings eine Preisklasse tiefer und kann keine Internetverbindung herstellen, weshalb wir keine Wetterdaten herunterladen können. Phils Vater in Deutschland übernimmt das und gibt sie uns mündlich durch das Satellitentelefon durch. Das Gerät hat eine fingerdicke ausklappbare Antenne und erinnert mich vom Design her an mein altes Nokia 3210. Phil muss es zur vereinbarten Zeit anschalten und die Antenne auf den nächsten Satelliten richten, damit sein Vater ihn erreicht. Wenn keine Wolken im Weg sind und die Antenne gut ausgerichtet ist, ist die Gesprächsqualität erstaunlich gut – die Minute kostet aber auch fast einen Euro und fünfzig.

Heute kam der erste kurze Anruf, wir hatten gehofft, dass sich die Vorhersagen gebessert haben. Das haben sie aber nicht: Erst in drei oder vier Tagen werden wir diesen Tiefausläufer hinter uns gebracht haben. Also heißt es öfter mal einen heißen Tee für den Käpt'n kochen – eine Angewohnheit, die Phil aus seiner Zeit in England mitgebracht hat – und die Wachschichten aufmerksam und konzentriert durchziehen. Wir haben Drei-Stunden-Schichten geplant, so hat jeder von uns täglich eine Tag- und eine Nachtschicht und dazwischen immer neun Stunden Pause. Eine der Tagschichten dauert vier Stunden, damit sich die Uhrzeiten täglich verschieben, sodass keiner von uns die »Arschkartenschicht« hat. Die ist unbeliebt, weil sie mitten in der Nacht liegt, meistens zwischen zwei und fünf Uhr oder von eins bis vier. Nicht heute, nicht morgen. Bei diesen Uhrzeiten fällt es besonders schwer, auf ein gutes Schlafpensum zu kommen: Der Wecker zum Schichtbeginn klingelt mitten in der Nacht, zum Wachende dämmert es und die Morgensonne signalisiert dem Körper, dass der

Tag beginnt – das erschwert das Einschlafen. Dazu kommt der starke Wellengang: Das Küchengeschirr klappert in einer Tour im Schrank hin und her, alles, was beweglich ist, macht Daueralarm. Und selbst ich in meiner Koje werde ordentlich durchgeschüttelt: Gestern Nacht habe ich meinen Rucksack, meine Hose und meine Jacke unter die linke Seite meiner Matratze gestopft und mich so an der rechten Kabinenwand festgekeilt. So wirft die *Libertalia* mich nicht immer wieder gegen den Werkzeugschrank an der linken Seite.

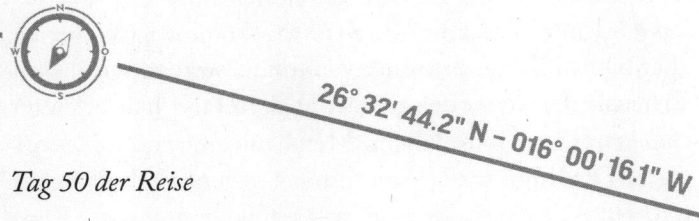

26° 32' 44.2" N – 016° 00' 16.1" W

Tag 50 der Reise

Meine dritte Nachtschicht war anstrengend gewesen, nass und kalt, und es war schwierig, den Kurs zu halten. Obwohl ich hundemüde bin, als ich um sieben Uhr morgens in meine Koje falle, brauche ich eine ganze Weile, um einzuschlafen. Ich hätte nicht gedacht, dass es auf hoher See so laut ist. In der Küche poltert es die ganze Zeit, Werkzeug scheppert gegen die Bordwand, der Wind pfeift und heult durch unser Rigg. Neben mir höre ich das Wasser an der anderen Seite der Bordwand entlangströmen, es rauscht und sprudelt. Jemand geht den Niedergang hinauf und kurz darauf höre ich Phil und Kyle reden. Kyle hatte mich im Ausguck abgelöst, seine Schicht läuft noch, Phil kann wohl wieder nicht schlafen. Als ich es endlich geschafft habe, falle ich in einen unruhigen Schlaf mit wilden Träumen. In die mischt sich irgendwann eine Stimme, die nur einen Satz sagt, ihn aber ständig wiederholt.

»Everybody on deck!«

Die Stimme gehört zu Phil und sie hört auch nicht auf zu rufen, als ich meine Augen öffne und an meine Kabinendecke aus weiß-gelb angemaltem Schiffsstahl schaue. Darüber befindet sich die Sitzbank im Cockpit ... Was ruft er da? Verdammt, das ist ernst! Ich muss schnell hoch. Ich springe auf und werfe nur meine Schwimmweste über, in Boxershorts und T-Shirt hangle ich mich den Niedergang hoch ins Cockpit. Kurz vor mir kommt Kyle dort an, ebenfalls in Boxershorts, aber ohne Schwimmweste. Phil steht auf dem Achterdeck und in der Hand hält er einen vielleicht vier Meter langen Metallbalken, etwa 20 Zentimeter Durchmesser. Hinter ihm hat sich unser Besansegel selbstständig gemacht und schlägt wild um sich. Zum Glück haben wir das gerefft, denke ich für eine Sekunde, sonst wäre es viel schwerer, es wieder einzufangen. Phil gibt mir keine Zeit, weitere theoretische Überlegungen anzustellen, und zeigt auf den Besanmast: »Timo, geh an die Winsch und wickle das ganze Segel in den Mast! Kyle, du hilfst mir hier mit dem Baum!« Ah, der Balken, ich verstehe, denke ich und bin plötzlich hellwach. Ich muss die Winsch mit beiden Händen und vollem Körpereinsatz bearbeiten, um das Segel in den Mast zu rollen. Während ich kurble, halten Kyle und Phil den Mastbaum fest, an dem die äußerste Spitze des Segels zerrt. Erst als das Segel komplett eingewickelt ist, können wir den Knoten zwi-

Captain Randy arbeitet an Deck.

Blick über die Straße
von Gibraltar auf Marokko

Kurs Richtung Süden:
das Navigationsdisplay
der Mystique

Deftiges Frühstück aus der
Bordkombüse

Das Schwarze Brett in der
Marina von Las Palmas

Immer Richtung Sonnenuntergang: die Libertalia auf dem Weg nach Brasilien

Ein Globus in Mindelo zeigt das Ziel der Reise.

Wenig Segelfläche bei schwerer See zwischen Fuerteventura und São Vicente

Mindelo auf São Vicente

Gleich bricht das Vorstag ...

*Die größten Angeber der Weltmeere:
Eine Delfinschule zeigt ihr Können.*

Körperhygiene

*Crewausflug: über der
Bucht von Mindelo*

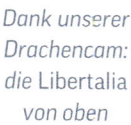

*Dank unserer
Drachencam:
die Libertalia
von oben*

Segelmanöver: beim Ausbaumen des Genuasegels

Wassertiefe: 4000 Meter; Nächstes Ufer: etwa 1400 Kilometer Richtung Westen

Zuverlässig liefert der Atlantik täglich einen spektakulären Sonnenaufgang.

Hier gibt's Spaghetti vom Bierfassgrill.

Die Crew der Libertalia im Getümmel des Karnevals von Recife

schen Segel und Baum lösen und den dicken Balken endlich aufs Deck legen.

Im Niedergang sehe ich Cecilie stehen. Kreidebleich blickt sie auf das Geschehen. Was für ein Anblick sich ihr bieten muss: dunkelgraue Wolken, ein schwarzbrauner Ozean, überzogen mit weißen Gischtfetzen, die parallel zur Wasseroberfläche von einer Welle zur nächsten fliegen. Mittendrin schwankt unser kleines 14-Meter-Boot mit wehender Piratenfahne von einem Wellental ins nächste. Darauf drei Männer, die Cecilie vor nicht einmal einer Woche zum ersten Mal getroffen hat, zwei davon in Boxershorts. Sie springen aufgeregt am Deck umher, rufen sich durch den Wind kurze Kommandos zu und kämpfen mit der *Libertalia* und dem Atlantik. Weit und breit ist kein Land in Sicht. Ich glaube nicht, dass die Arme sich das so vorgestellt hatte. Und auch ich frage mich, was hier passiert ist und, vor allem, wie. An Bord der *Libertalia* gibt es nur ein Handwindmessgerät, das wir bislang noch nicht benutzt haben. Ich weiß also nicht, welche Windgeschwindigkeit gerade herrscht, und bin mir nicht sicher, ob das hier schon als echter Atlantiksturm durchgeht. Die Wellenhöhe ist schwer einzuschätzen, vielleicht fünf oder sechs Meter. Und wie geht es jetzt weiter für uns? Vielleicht müssen wir umkehren, überlege ich. Wobei wir dann ja gegen diesen Sturm anfahren müssten …

Phil zeigt jetzt auf die Steuerbordwinsch: »Die Bremse lösen, die Leine aber auf der Winsch lassen!« Kyle schaltet schneller als ich und ich merke, dass ich gerade nicht wirklich verstehe, was jetzt passieren muss. Ich beobachte Phil, wie er an die zweite Winsch springt, gegenüber auf der Backbordseite. Er belegt sie mit einem blauen Seil. Es läuft an der Bordwand entlang bis zur Bugspitze, müsste also zu unserem Vorsegel gehören. »Wir müssen die Genua reffen«, bestätigt Phil meinen Gedanken. »Kyle! Die Leine langsam nachlassen, aber nicht loslassen!«

»Kyle, nachlassen!«

»Hier ist es ganz locker!«

»Kann nicht!«

»Doch!«

»Scheiße!«

Phil setzt sich kurz auf die Bank, Kyle und ich nutzen die Gelegenheit, Luft zu holen. »Ihr habt sehr gut reagiert, danke euch!«, sagt Phil zu uns, und »Es besteht gerade keine Gefahr für uns, wir sind hier sicher« zur weiterhin sprachlosen Cecilie. Beides tut gut zu hören. Auch unser Käpt'n hat gut reagiert, denke ich. Kurze und klare Kommandos, kein Gequatsche und vor allem keine Panik – das war genau das, was ich brauchte, um im Halbschlaf zu funktionieren.

»Wir müssten die Genua nicht unbedingt reffen«, sagt Phil. Im Schock habe er erst einmal alle Segel komplett bergen wollen, was aber nicht wirklich nötig sei. »Eigentlich laufen wir so ganz gut. Aber jetzt müssen wir checken, wieso wir das nicht hinbekommen haben.« Phil öffnet die Truhe unter der Sitzbank, holt einen Gurt mit zwei Karabinern heraus und klickt ihn erst an den Edelstahlring der Schwimmweste auf seiner Brust, dann in den gelben Gurt, dem ich bislang noch nie Beachtung geschenkt hatte und der vom Heck der *Libertalia* über das Deck bis zur Bugspitze verläuft. »Bei dem Wetter besser mit Sicherheitsleine, wenn's zum Bug geht«, sagt unser Käpt'n und geht nach vorne, wir bleiben im Cockpit. Eine Weile zieht er an den Leinen. Um die Rolle unter dem Vorsegel von Hand zu drehen, klettert er schließlich zwischen die dünnen Drähte der Reling, sodass sein Oberkörper über Bord hängt. Gute Idee, die Sicherheitsleine!

Phil kommt jetzt zurück zum Cockpit. »Timo, Hammer!« Wo der liegt, weiß ich genau, schließlich schlagen die Wellen ihn seit Tagen direkt über meinem Kopfkissen an die Bordwand. »Und einen großen Schlitzschraubendreher!« Ich bringe ihm beides, er klopft und schlägt noch fast eine halbe Stunde lang auf der Rolle herum. Schließlich gibt er auf und kommt zurück: »Ich glaube, das Kugellager ist kaputt. Da bewegt sich gar nichts.« Zwar ist die Genua im Moment nur halb ausgerollt, aber sie ist unser größtes Segel. »Bei diesen Windstärken geht das«, erklärt Phil, »nur mehr darf es nicht werden, dann haben wir ein Problem.«

Wenig später sitzen wir zu viert im Cockpit und trinken schwarzen Tee. Wir sprechen wenig, Phil schüttelt immer wieder den Kopf, aber versichert uns, dass wir auch mit den verbleibenden Segeln auf Kap Verde ankommen werden. »Umdrehen könnt ihr vergessen«, sagt er, das sei vollkommen unmöglich. Selbst komplett ohne Segel und Masten würde er eher mit dem Motor weiter Richtung Süden fahren, als zu versuchen, gegen Wind und Wellen zurück zu den Kanaren zu kommen. Mir brennen einige Fragen unter den Nägeln: Kriegen wir unsere beiden Segel auf São Vicente repariert, wie lange dauert es und was, wenn nicht? Wäre dann dort unsere Endstation? Aber ich will

Phil erst mal in Ruhe lassen, denn seine geliebte *Libertalia* ist schwer beschädigt. »Die werde ich erst verlassen, wenn ich sie versenkt habe«, erzählt er gerne. Ich sehe ihm an, dass er ebenso wie wir ein bisschen unter Schock steht. Mir wird klar, dass es jetzt erst einmal darum geht durchzuhalten. In den nächsten Tagen bemühen wir uns alle um positive Stimmung. Ganz einfach ist das allerdings nicht. Cecilie ist weiterhin seekrank. Ihre Schichten im Ausguck bleiben die einzigen Gelegenheiten, zu denen sie ihre Koje verlässt. Ab und an erlaubt sie uns sogar, ihre Wachzeiten unter uns aufzuteilen. Keiner von uns hat so sehr zu beißen wie die Norwegerin.

Zwischen den Schichten stellt sich uns Jungs neben dem Schlafen eine zweite große Herausforderung: das Essen. Wie das ganze Schiff wird auch die Kombüse die ganze Zeit kräftig durchgeschüttelt. Da ist es gar nicht so einfach zu kochen. »Kochen ist die gefährlichste Aktivität beim Segeln«, bringt Phil uns die nächste Weltumseglerweisheit näher und sie ist absolut stimmig: Eigentlich muss man sich bei diesem Seegang bei jedem Schritt an Bord mit einer Hand irgendwo festhalten. Eine Hand für dich, eine Hand für das Boot. In der Küche geht das nicht immer, weil man zum Zwiebelschneiden nun einmal beide Hände braucht. So müssen wir uns dafür mit beiden Beinen und dem Hintern zwischen der Kochzeile und der Stahltür zur Hundekoje festkeilen, um zum Kochen freie Hände zu haben. Ist das Gemüse geschnitten, klemmen wir die Töpfe und Pfannen mit Stahlbügeln auf den Rost über den beiden Methanolflammen, sodass sie während des Kochens und Bratens nicht vom Herd fallen können. Den Inhalt können wir nicht festklemmen, er schwappt im Topf hin und her und manchmal über den Rand. Kochende Soßen, offenes Feuer und scharfe Messer bei schaukelndem Boden – unsere Kochsessions sind vielleicht die wirklichen Abenteuer zwischen Gran Tarajal und Mindelo, 350 Kilometer westlich der Küste Westsaharas. Für das Kochen benutzen wir zum größten Teil Meerwasser und mischen nur ein wenig von unserem kostbaren Trinkwasser hinzu, weil die Nudeln oder der Reis sonst versalzen wären. Nachdem wir einmal als Highlight Nudeln mit Tomatensoße, Oliven und Parmesankäse hatten, nehmen wir uns vor, die Soße nächstes Mal nicht wieder in der Pfanne zu machen: Ein Topf hat höhere Wände und toleriert höhere Wellen.

Selbst der Abwasch ist eine Aktion, die kompliziert ist und viel Zeit in Anspruch nimmt. Wie auch beim Kochen ist man am besten zu zweit – unsere unterschiedlichen Schlafrhythmen erschweren einen regelmäßigen Küchenbetrieb zusätzlich. Und so essen wir die Oliven auch gerne direkt aus dem Glas. Unser Keksvorrat schrumpft schneller als gedacht, Nüsse und Trockenfrüchte werden auch weniger. Müsliriegel sind ebenso beliebt wie Kartoffelchips. Äpfel waren eine gute Idee, Orangen auch. Zwar mussten wir schon einen Teil unseres Obstvorrates aussortieren und über Bord entsorgen, aber: Was einfach ist, ist gut.

Die Kombüse und die umliegenden Proviantfächer im Salon sind neben dem Cockpit der wichtigste Ort auf dem Schiff. Gerade bei dieser frischen Witterung sitzen wir hier immer wieder zusammen, quatschen und erzählen Geschichten. Zum Beispiel die, die Kyle bei Crazy-Peter aufgeschnappt hat: Der kenne einen Skipper, der im

Pazifik mal ein Crewmitglied an den Mast fesseln musste –
der Mitsegler wäre so seekrank gewesen, dass er über Bord
springen wollte, um dem qualvollen Geschaukel zu entgehen. Und der Sprung über Bord ist eine ziemlich sichere Methode, sich umzubringen, da hatte schon Randy
keine Zweifel gelassen und auch Phil stellt immer wieder
klar: Die Chancen, jemanden bergen zu können, nachdem er über Bord gegangen ist, sind verschwindend gering.
Ein kleiner Kopf verschwindet selbst bei deutlich besserem Wetter, als wir es gerade erleben, innerhalb kürzester
Zeit zwischen den Wellen. Zwar würden wir laut Proto-
koll sofort die GPS-Position speichern und die Stelle im
Meer mit einer Notfunkbarke markieren. In der Praxis gibt
es aber Strömungen und Wellen, und schon nach wenigen Minuten wäre ein Mann über Bord vom Ozean verschluckt. In einem Seegebiet wie diesem würde es Tage
dauern, bis ausreichend Schiffe für eine Suchaktion vor Ort
wären. Wahrscheinlich würde im Falle eines Falles aber zunächst gar niemand mitbekommen, wenn einer über Bord
geht: Am ehesten passiert so ein fatales Missgeschick nämlich übermüdet und im Dunkeln: nachts, wenn man an
Deck Wache hält und die ganze Crew schläft. Die fragt
sich dann womöglich erst Stunden später, wo man abge-
blieben ist. Ich will daran gar nicht denken. Was auch immer passiert, Timo: Über Bord gehst du nicht!

»Deshalb ist so ein Segelboot übrigens auch das wichtigste Werkzeug für den perfekten Mord«, führt Phil
schließlich aus und sitzt jetzt breit grinsend auf der Sitzbank im Salon. Er lässt sich ebenso gerne in den Bann dramatischer Seemannsgeschichten ziehen wie Kyle und ich.

»Zwei Männer fahren mit dem Segelboot auf den Ozean, einer von ihnen setzt irgendwann einen Notruf ab und behauptet, der andere sei plötzlich nicht mehr da gewesen …«, erklärt Phil weiter. »Da kann dir keiner irgendwas beweisen!« Kyle lacht: »Ja, Käpt'n, vergiss nie, über die Schulter zu schauen, wenn du an der Reling stehst. Timo und ich sind eh scharf auf dein Schiff!«

Damit sind wir bei der »Meuterei auf der Bounty«, die sich als eines von Phils Steckenpferden herausstellt. Jeden Film über das Drama auf dem Dreimaster hat er gesehen, mehrere Bücher gelesen. Unser aller Lieblingsthema ist jedoch das wahrscheinlich bizarrste Segelrennen aller Zeiten: das Golden Globe Race von 1968. 5000 Pfund hatte eine britische Zeitung als Preisgeld ausgeschrieben für einen Rekord, der damals in der Luft lag: eine Einhand-Weltumsegelung nonstop. Ein Mann, ein Boot, einmal rum. Nur einer der neun wagemutigen Kapitäne brachte damals sein Schiff ins Ziel, ein Boot sank, sechs Skipper brachen ihre Reisen unterwegs ab und einer wurde nie wieder gesehen. Er hatte versucht, die ganze Welt zu betrügen. Mitten im Atlantik, 1000 Seemeilen nordwestlich unserer aktuellen Position, fand man die unbeschädigte Yacht von Donald Crowhurst. Darauf: ausreichend Proviant, eine Zettelsammlung mit Gedichten und philosophischen Gedanken und zwei Logbücher – ein echtes und ein gefälschtes. Nur von Captain Crowhurst fand sich keine Spur. Vieles spricht dafür, dass der Brite in der Einsamkeit den Verstand verlor und einfach von Bord sprang. Seine Leiche wurde nie gefunden. Der Sieger des Rennens, Robin Knox-Johnston, spendete das Preisgeld der hinterbliebenen Familie Crowhurst und wurde später von Queen Elisabeth II. zum Ritter geschlagen. Der heimliche Star war jedoch der Franzose Bernhard Moitessier, den das Rennen zu einem der bekanntesten Segler des letzten Jahrhunderts machte: Er gab auf der Zielgeraden im Atlantik den so gut wie sicheren Sieg aus der Hand, indem er in Richtung Kap der Guten Hoffnung abdrehte und seine Reise erst auf Tahiti beendete, um sich fernab jeglichen Trubels zur Ruhe zu setzen. Er hatte damit zwar den Weltrekord für die längste Segelreise ohne Unterbrechung aufgestellt, aber auf das Preisgeld verzichtet. Heute findet sich in nahezu jedem Hafen ein Boot, dessen Skipper es nach Moitessiers »Joshua« benannt hat. »Der Mann hat auf jeden Fall viel richtig gemacht«, sagt Kyle und Phil meint, dass Tahiti dann in ein paar Jahren auch auf seiner Route läge. Brasilien, Karibik und dann durch den Panamakanal in den Pazifik – wir träumen von Südseeinseln und schwärmen von vergangenen Reisen.

Zwischendurch frage ich mich, wie es Randy gerade gehen mag. Vor dem Ablegen hatte ich noch eine Mail bekommen, in der er erzählte, dass er wie wir über die Weihnachtstage seinen Törn in die Karibik starten wolle. Wenn er das wie geplant gemacht hat, dann wird er von dem Sturm sicher auch was mitbekommen haben. Ich mag mir gar nicht vorstellen, wie es ist, bei dem Wetter komplett allein auf dem Atlantik zu sein. Jedes Manöver und jede Mahlzeit ein Kraftakt – selbst wenn die *Mystique* dem Unwetter vielleicht besser trotzen könnte als die *Libertalia*. Bei Randys einsamen Entscheidungen kann ihm niemand helfen, er muss jede Situation auf See mit sich selbst ausmachen. Zwischendurch unterhält niemand ihn mit Gruselgeschichten oder Schwelgereien über die Tropen. Ein bisschen verrückt muss man schon sein, um so einen Törn als Einhandsegler in Angriff zu nehmen.

Auf der *Libertalia* dagegen wachsen wir als Crew zusammen, schließlich sitzen wir nicht nur im sprichwörtlichen Sinne in einem Boot. Die wenigen Segelmanöver, die wir durchführen müssen, machen bei etwas härteren Bedingungen deutlich mehr Spaß als bei spiegelglatter See. Es herrscht dann für ein paar Minuten echte Action an Bord, mit der Zeit werden wir als Mannschaft schneller, die Handgriffe sitzen. Ein einfaches Reff oder ein bisschen mehr Segelsetzen schaffen wir mittlerweile fast ohne die Kommandos vom Käpt'n. Um uns herum tobt der Atlantik, Gischt spritzt uns in die Gesichter, während wir Klampen belegen und Leinen verholen. Ich komme mir dabei immer vor wie ein echter Abenteurer auf den Weltmeeren und auch Kyle meint: »Irgendwie machen wir das alles doch auch, weil wir genau das hier suchen, oder?« Er ist es, der mich in der Regel im Cockpit ablöst. Zu jeder Schicht begrüßt er mich mit unserer aktuellen Entfernung bis zum Breitengrad 23einhalb: »Zwei Grad und zehn Minuten noch bis zu den Tropen!« Kyle scheint es zu helfen, sich von einem Wegpunkt zum nächsten zu hangeln. Ich bin mir nicht sicher, ob ich wirklich die ganze Zeit über wissen möchte, wie viel Atlantik noch zwischen uns und unserem Ziel liegt. Schließlich haben wir noch nicht einmal die Hälfte unseres Törns geschafft und so gerne wir auch James Cook und Christoph Kolumbus spielen und sosehr wir es genießen, gemeinsam Manöver durchzuführen: Wenn man ehrlich ist, geht die Crew der *Libertalia* schon jetzt auf dem Zahnfleisch. »Das Wetter muss einfach besser werden«, sagt Kyle. »Wenn das so weitergeht, gehe ich lieber in Mindelo von Bord und mach mir eine gute Zeit in Kap Verde.« Er hat recht: Drei weitere Wochen bei diesen Bedingungen würde ich auch nicht aushalten. Unser Käpt'n ist seit dem Vorfall mit dem Besansegel dauerhaft in Alarmbereitschaft. Kyle und ich fragen uns, ob und wann er überhaupt noch schläft: Während unserer Schichten steckt Phil bei jedem kleinsten ungewöhnlichen Geräusch seinen Kopf durch die Luke. Kyle und ich tun unser Bestes, um ihn zu entlasten, aber die Wahrheit ist auch: Wir sind beide Segelanfänger, Phil ist der Einzige an Bord mit einer gewissen Erfahrung. Doch eine Ozeanüberquerung hat auch er noch nicht auf dem Buckel und erst recht keine mit halb zerstörtem Rigg und einer Seekranken an Bord, die seit Tagen nichts gegessen hat. Sooft ich Phils Lebensstil in wechselnden Häfen rund um die Erde schon bewundert habe: Gerade beneide ich unseren Käpt'n nicht um seine Position als derjenige, der am Ende die Verantwortung für Boot und Mannschaft trägt.

Trotz allem tut Phil sein Bestes, Zuversicht auszustrahlen. Er plant schon unsere Zeit in Kap Verde: »Das Wichtigste wird sein, die Rolle vom Vorsegel zu reparieren. Da müssen wir als Erstes ran.« Er vermutet, dass Kugeln aus dem Lager geschlagen sind und sich das Segel deshalb nicht mehr einrollen lässt. Einfach ein neues Lager bestellen können wir nicht – die Lieferzeiten nach Kap Verde sind noch länger als die zu den Kanaren. Also werden wir kreativ sein müssen. »Irgendetwas muss uns da einfallen«, meint Phil. Nicht ganz so dringend findet er die Reparatur des Besanmastes. »Es gibt eine Menge Schiffe, die haben erst gar keinen zweiten Mast«, erklärt er. Das klingt zwar schlüssig, ich frage mich aber, ob es wirklich eine gute Idee wäre, die längste Etappe unserer Atlantiküberquerung mit kaputtem Boot anzugehen. Erst einmal hoffen wir aber auf die nächste Wettervorhersage, die morgen über unseren Satellitenknochen kommen wird. Mögen Wind und Wellen abnehmen! Und keiner hätte was dagegen, wenn sich auch die Temperaturen bald ein wenig tropischer anfühlen würden.

Barfußroute

Die Tipps der alten Segler von Gran Tarajal erweisen sich nicht alle als gleich wertvoll. Crazy-Peters Horrorgeschichten vom Klopapiermangel auf hoher See haben uns so sehr gegruselt, dass wir genug für mindestens eine Weltumsegelung dabeihaben. Der mit Abstand beste Ratschlag kam von Katamaran-Werner: Pfannenbrot! Frisch gebackenes Brot erweist sich als außerordentlich gut für die Moral an Bord. Ich bin derjenige, dem Werner damals sein Rezept anvertraut hatte, und deshalb treffen mich jeden Morgen bald nach dem Aufstehen die hoffnungsvollen Blicke meiner Crew: »Hast du Teig angesetzt gestern Nacht?« In den meisten Nächten habe ich. So gut, wie das Brot ankommt, ist das Kneten des Teiges zum Abschluss meiner Nachtschicht für mich längst zu einem kleinen Ritual geworden. Das Rezept ist denkbar einfach: Mehl, Wasser, Trockenhefe und ein bisschen Salz zu einem Teig verrühren und kneten. Über Nacht ruht der Teig in der Pfanne und geht auf, am Morgen muss ich ihn nur noch von beiden Seiten langsam »anbraten«, jeweils etwa zwei Minuten. Dann die Methanolflamme so klein wie möglich einstellen und einen Deckel auf die Pfanne. Nach zehn Minuten den Leib einmal drehen und nach weiteren zehn Minuten kann ich meiner Crew mitten auf dem Atlantik frisch gebackenes Brot servieren.

Im Vergleich zu den wilden ersten Tagen des Törns hat der Wind inzwischen leicht nachgelassen, bläst aber immer noch kräftig. Die Atlantikwellen haben sich verändert: Zwar sind sie noch ähnlich hoch, aber sie sind länger geworden, rollen sanfter und in regelmäßigeren Abständen unter dem Kiel der *Libertalia* hindurch. Die Bewegungen des Schiffes sind vorhersehbar geworden und das erleichtert die Schritte zwischen Koje, Kombüse und Cockpit extrem. Immer seltener hört man einen von uns fluchen, weil er sich wieder irgendwo den Kopf gestoßen hat. Ich merke, wie sich mein Körper an den Rhythmus auf See gewöhnt. Es dauert ein wenig, bis man sich darauf einstellt, keinen festen Untergrund zu haben und bei jedem Schritt die Bewegung des Schiffes ausgleichen zu müssen. Mittlerweile kommt fast jeder meiner Schritte und Griffe auf dem Weg durch das Schiff automatisch. Aus der Koje raus, mit der linken Hand an die rote Griffkante neben dem Herd. Unbedingt die Stahltür hinter mir verriegeln, sonst schlägt die auf und zu. Dann die Hand wechseln, zwei Schritte nach links, die Hand an die Stange am Niedergang. Dort noch vier Stufen nach oben, dann sind rechts das große Steuerrad und die wichtigsten Instrumente.

Das Beste ist aber: Die Sonne ist da! Damit werden auch die Temperaturen angenehmer, es fühlt sich noch nicht gerade nach Südsee an, aber die Wollpullover und Outdoorjacken brauchen wir nicht einmal mehr nachts. Der Himmel ist blau, der Wind bläst und wir machen gute Fahrt – Phil, Kyle und ich sind erleichtert. Wir haben den Sturm überstanden. Wir schlafen jetzt besser, unsere Augenringe werden kleiner und gestern gab es den besten

Kartoffel-Gemüse-Eintopf unseres Lebens, mit einer köstlichen Fleischeinlage: Wir haben den Jamón Ibérico angeschnitten, den wir uns auf Fuerteventura noch besorgt hatten. Der 5,5-Kilo-Schinken baumelt seitdem als ganzer Schweinefuß inklusive Huf zwischen Salon und Bordküche von der Decke. Wegen des Seegangs schaffen wir es zwar nicht, die obligatorisch hauchdünnen Scheiben abzuhobeln, aber seit die See nachgelassen hat, bekommen wir ihn immerhin einigermaßen gefahrlos mit dem Messer bearbeitet. Immer wieder packt uns jetzt der Heißhunger auf das salzige Trockenfleisch, es kommt fast in jedes Essen und über den ganzen Tag verteilt hacken wir immer mal wieder ein paar »Schnitzelchen« aus der Keule und verteilen sie als Snacks für zwischendurch. Immer nachmittags gibt es dazu Kaffee und wir werfen den Bordcomputer an: Wir gönnen uns dann ein bisschen unserer kostbaren Elektrizität, um eine halbe Stunde lang über die Bordlautsprecher Musik zu hören. Phils Favorit bleibt der brasilianische Karnevalssamba, dessen Refrain selbst Kyle und ich bald mitsingen können: »Eu vou festejar, vou festejar – ich werde feiern, ich werde feiern!«

Seit Kyle unsere Ankunft in den Tropen gemeldet hat, ist die Zuversicht zurück auf der *Libertalia*, es kehrt langsam etwas Ordnung ein. Phil und Kyle haben es sogar geschafft, das kaputte Besansegel mit einer Ersatzleine so abzuspannen, dass wir es auch ohne den Baum benutzen können. Im Moment benötigen wir es eigentlich nicht, trotzdem lassen wir immer zumindest eine kleine Ecke gehisst: »Wir müssen Neptun zeigen, dass wir nicht aufgeben«, meint Phil. Hoffentlich gelingt es dem Gott der Seefahrer, auf unserem

Schiff den Überblick zu behalten: Rund um unser geflicktes Segel flattern jede Menge T-Shirts, Schlafsäcke und Handtücher im Wind. Während der feuchten ersten Segeltage war alles an Bord klamm geworden, durch das Salz in der Luft und im Meerwasser scheint die Feuchtigkeit geradezu in die Klamotten zu ziehen. Jetzt sorgt die Kombination aus Wind und Sonne dafür, dass wir endlich mal alles gut durchtrocknen können. Auch unter Deck würden wir gerne stoßlüften, aber durch die geöffneten Bullaugen spritzt Salzwasser in unsere Wohnküche. Dort unten müffelt es mittlerweile ganz schön: Um unsere Hygiene stand es schon mal besser. Geduscht haben wir alle zuletzt in der Muelle de Gran Tarajal. Seit wir auf See sind, putze ich mir vor jeder Schicht an Deck die Zähne und habe eine Wasserflasche mit Trinkwasser dabei, von dem ich mir etwas ins Gesicht, an den Hals und manchmal unter die Achseln schaufle. Wir müssen Süßwasser sparen. Die kleine Dusche in der Nasszelle bei der Skipperkabine zieht ihr Wasser direkt aus unserem Trinkwassertank. Duschen verbraucht mindestens zehn Liter Wasser die Minute – dafür haben wir nicht annähernd genug, wenn wir auch noch trinken wollen. In den ersten Tagen hinter den Kanaren war Hygiene noch kein großes Thema, wir hatten andere Probleme und rochen auch noch nicht so stark. Jetzt wird uns langsam klar, dass wir bald unsere Hochseedusche werden einweihen müssen. Schließlich hatten wir auf Fuerteventura auch aus diesem Grund noch an der Seewasserpumpstation gebastelt: Wir pumpen durch ein Ventil in der Bordwand Wasser auf das Schiff und könnten uns damit dann an Deck mit einem Schlauch abduschen.

»Stinken wir wirklich schon so schlimm? Ich merke das gar nicht.« Wir nehmen die Sache erst einmal mit Humor und versuchen uns vor der Meerwasserdusche zu drücken. Aber wir lassen unter Deck mehr und mehr Abstand zwischen uns und immer öfter raunen wir uns ein nur halb scherzhaftes »Du stinkst!« zu. Beim Einbauen des Duschschlauchs hatte ich mich noch auf die Ozeanduschen gefreut, aber da hatte ich mir auch brennende Hitze vorgestellt, in der ich nach Abkühlung lechze. So weit ist es hier noch nicht, Tropen hin oder her, mir stände der Sinn eher nach einer heißen Dusche als nach dem gerade einmal 20 Grad warmen Atlantikwasser. Dazu kommt Phils Warnung: »Die Salzschicht wirst du dann vor Mindelo nicht mehr los!« Damit liefert er mir eine noch bessere Ausrede: Ich stelle es mir wirklich nur mäßig angenehm vor, tagelang mit einer Salzkruste auf der Haut herumzulaufen und sie nicht abwaschen zu können. Da miefe ich lieber erst mal weiter, stelle mich öfter mal an Deck und lasse mich vom Passatwind durchpusten. Meine Mitsegler scheinen das ähnlich zu sehen. Schauen wir mal, wer von uns sich als Erstes zum Duschen auf das Deck stellt. Wir haben ja noch ein bisschen Zeit, bis wir wieder auf andere Menschen stoßen werden. Zu allem Überfluss können wir seit gestern auch noch unsere Toilette nicht mehr nutzen: Aus irgendeinem Grund schafft es die Pumpe nicht mehr, den Inhalt der Schüssel über Bord zu befördern. Jetzt verrichten wir unser Geschäft an Deck in einen Eimer, den wir anschließend mit Meerwasser spülen.

Zumindest Kyle, den Käpt'n und mich stört das nicht sonderlich: Wir haben uns eingegroovt auf See, nur bei unserem Problemkind Cecilie hat sich nichts getan: Sie liegt vorne im Bug in ihrer »Quarantänekabine« und leidet. Ab und an kommt sie heraus und verbringt ihre Wachschicht im Cockpit. Wir können es kaum noch übers Herz bringen, das Häufchen Elend dort allein zu lassen, sodass an Deck fast immer jemand bei ihr ist. Wir tun unser Bestes, sie irgendwie zu versorgen und bei Laune zu halten, aber viel können wir nicht ausrichten. Mittlerweile behält sie zumindest Wasser bei sich und ab und zu stopft sie ein Stückchen trockenes Pfannenbrot in sich hinein – mehr geht nicht. In den meisten Fällen soll die Seekrankheit so schnell verschwinden, wie sie gekommen ist, aber das scheint bei unserer Norwegerin nicht so zu sein. Mir kommt der Gedanke, dass sie sich diese Reise vielleicht auch, ganz abgesehen von unserem Seeunfall, völlig anders vorgestellt hat. Ist es nicht auch möglich, dass sie sich eher schicke Matrosen auf einer feinen Yacht vorgestellt hat und nicht uns drei stinkende Männer? Zu verübeln wäre es ihr nicht.

»Das Ganze ist mir so peinlich«, erklärt sie mir. »Ihr müsst euch doch denken: So ein dummes kleines Mädchen, nimmt sich zu viel vor und wir müssen es ausbaden!«

Es ist nicht leicht, sie von diesem Gedanken abzubringen.

»Es ist aber wirklich sehr nett, wie viel Mühe ihr euch gebt.«

»Und am Äquator wird die See dann auch viel entspannter«, sage ich, ohne das wirklich genau zu wissen. »Mal schauen, ob ich da dann wirklich noch dabei bin«, sagt Cecilie.

Tag 53 der Reise

Ich gehe leicht in die Knie, um stabiler zu stehen, mit der linken Hand halte ich mich an einer Wante fest, dem Stahlseil, das zur Spitze unseres »Problemmastes« führt. Die *Libertalia* schießt durch die Wellen in Richtung Südwesten, im Cockpit steht Kyle an der Logge und ruft mir alle paar Sekunden unsere Geschwindigkeit zu:

»Sechs Komma sieben Knoten! Sechs acht, sechs acht! Noch immer sechs acht, sechs Komma neun!«

»Komm schon, ich will die Sieben sehen!«, rufe ich ihm runter. Heute Vormittag hatten wir uns endlich mal die Zeit genommen, die Segel ein bisschen besser zu trimmen. Wir haben das Großsegel ein bisschen dichter geholt und den Bauch etwas abgeflacht und dadurch ganz schön an Speed zugelegt. Für mich ist der richtige Segeltrimm noch eine echte Wissenschaft und eigentlich würde ich gerne mehr darüber lernen. »Du weißt doch, dass ich es nicht eilig habe«, hatte Phil aber abgewunken: »Und die Libertalia ist kein Rennboot! Für den perfekten Trimm bist du auf dem falschen Boot!« Das Schiff schnurrt jetzt durch das Wasser, als wolle es seinem Käpt'n das Gegenteil beweisen.

»Sieben Komma eins Knoten!«, ruft Kyle mir noch zu, als er noch einmal Richtung Koje verschwindet, bevor er mich in knapp drei Stunden ablösen kommt. Ich bin jetzt allein hier oben und schaue über das Boot und die See. Das

Achterdeck liegt eine Stufe über dem Rest des Decks der *Libertalia*. Ich mag das sehr: So ähnlich stelle ich mir die Piratenschiffe vor, die vor 400 Jahren auch hier rund um Kap Verde unterwegs waren. Außerdem ist das Achterdeck der beste Aussichtspunkt auf dem Schiff. Ich muss die Augen ein bisschen zukneifen und frage mich, wo eigentlich meine Sonnenbrille gerade herumfliegen mag, so sehr blendet das weiße Sonnenlicht, das jetzt am frühen Nachmittag vom Meer tausendfach reflektiert wird. Es ist in Bewegung. Von hinten rollen die Wellen wie große Walzen heran, bis sie die *Libertalia* gleichzeitig anheben und nach vorne stoßen, die Welle läuft unter dem Bug entlang, dann bremsen wir ab und es geht wieder nach unten. Bis die nächste Wasserwalze angerollt kommt und es wieder von vorne losgeht: Die vielen kleinen Muskeln im Körper, die ständig versuchen, die Bewegungen des Schiffes auszugleichen, haben sich dem Rhythmus der Wellen angepasst. Ich habe die Jeanshose hochgekrempelt und bin zum ersten Mal auf diesem Törn barfuß an Deck. Mein ärmelloses Shirt ist etwas zu groß, sodass der Wind gut hindurchpusten kann – herrlich!

So kann es weitergehen, denke ich und will mir gerade meine Kopfhörer aufsetzen und endlich mal in den Portugiesischkurs reinhören, den ich mir noch auf Gran Canaria besorgt hatte. Da gibt es ganz vorne auf der *Libertalia* plötzlich und ohne jedes Vorzeichen einen lauten Knall, danach macht sich das Vorsegel selbstständig und schlägt wild im Wind umher. Ich realisiere, dass es jetzt wohl an mir ist, »Alle Mann an Deck!« zu rufen, doch da steht Kyle auch schon im Cockpit, kurz darauf klettert Phil aus seiner Kabine und springt an die Backskiste. »Klickt euch ein«, sagt er und reicht uns die Gurte für die gelbe Sicherheitsleine. Zu dritt eilen wir zum Bug und erkennen sofort: Das Vorstag ist gebrochen. Das Drahtseil, das zwischen Bug- und Mastspitze gespannt ist und einerseits unseren Mast stützt, andererseits aber auch unser Genuasegel hält. Das Segel, das wir seit drei Tagen wegen des kaputten Kugellagers nicht reffen können. »Da war zu lange zu viel Zug drauf«, spricht Phil das Offensichtliche aus und: »Wir müssen irgendwie das Segel wieder einfangen.« Das ist einfacher gesagt als getan. Fünf oder sechs Windstärken zerren an dem 70 Quadratmeter großen Vorsegel – wie soll man das einfangen? Kyle und ich stehen etwas ratlos dort und schauen zum unteren Ende des Stahlseils, an dem die Rolle mit dem kaputten Kugellager hängt. Die dort aufgerollte Leine hält das Seil und das Segel zumindest in der Nähe unseres Bugkorbs, sodass es nicht komplett frei umherschlagen kann. Wenn wir das Ende irgendwie fixiert bekommen, können wir uns danach um das Segel selbst kümmern. »Im Werkzeugschrank liegen eine Menge Spanngurte«, fallen mir die ölverschmierten orangefarbenen Riemen ein, auf die ich Morgen für Morgen als Erstes schaue, wenn ich die Augen aufmache. Als ich mit ihnen ankomme, ist Kyle schon in den Bugkorb geklettert. Wenn wir eine Welle nach unten abreiten, stößt der kleine Stahlkorb jedes Mal fast ins Wasser. Gut, dass er eingeklickt ist. Kyle versucht jetzt, den Gurt irgendwie um das untere Ende des Stages herumzulegen. Zunächst bekommt er es immer nur für einen Sekundenbruchteil zu packen, bevor die nächste Bewegung es wieder aus seiner Hand schleudert. Phil und ich versuchen, es so gut es geht von oben zu halten. »Keine Chance!«, sagt Phil. Doch bei jeder neuen Welle gibt es ein neues kurzes Zeitfenster für den nächsten Versuch. Es dauert noch eine Weile, aber irgendwann schafft Kyle es, die Schlinge um den Fuß des Stahlseils zu werfen. Jetzt den Gurt unbedingt auf Spannung halten und gleichzeitig um den Bugspriet und in die Zurrvorrichtung fädeln – dann können wir beginnen, den Gurt zu spannen. Zentimeter für Zentimeter bewegt sich das Stag auf das Schiff zu, bis wir es ganz herangeholt haben. Dieses Ende ist fixiert, jetzt müssen wir nur noch das Segel irgendwie geborgen bekommen.

Was die Stimmung angeht, ist diese Situation mit unserem ersten Unfall nicht zu vergleichen. Wir sind als Team eingespielt, auch Kyle und ich kennen die *Libertalia* inzwischen und können Phil besser helfen. Und wir können abschätzen, was der Verlust des Genuasegels für uns bedeutet: Wir werden keinen Geschwindigkeitsrekord mehr aufstellen, aber wir werden auch ohne die Genua in einigen Tagen in Kap Verde ankommen. »Zwei von vier Segeln haben wir noch«, scherzt Phil und Kyle nickt anerkennend: »Immerhin!« Unser Gelächter beim Kampf mit Gurten, Leinen und der Genua ist kein Galgenhumor, sondern ein Zeichen unserer Überzeugung: Irgendwie schaffen wir den Rest jetzt auch noch! Und ganz sicher lassen wir uns von so etwas die Laune nicht verderben. – »Wir sind ja schließlich zum Spaß hier!«

Unser Plan für die Bergung des Segels sieht so aus: Von der Mastspitze hängt eine Leine nach unten, die eigentlich für unser zweites Vorsegel gedacht ist. Das haben wir bisher noch kein einziges Mal benutzt. Also wollen wir diese Leine um das Genuasegel mit seiner Stag wickeln und bei jeder Umdrehung stramm ziehen. So müsste sich das Segel Stück für Stück zu einer langen Wurst entwickeln, die dem Wind keinen Widerstand mehr bietet. Der Plan funktioniert, seine Ausführung wird sich allerdings bis in den Abend hinziehen. Jeder einzelne Wickelschritt erfordert mehrere Versuche, bis wir endlich das Seil um unsere Segelwurst geschlagen bekommen. Wir wechseln uns dabei ab, zwischendurch koche ich ein paar Nudeln, die wir mit angebratenen Zwiebeln und Knoblauch in uns hineinschaufeln. Selbst Cecilie muss lachen, als sie uns durchgeschwitzt und zufrieden futternd auf den Holzbänken im Cockpit sitzen sieht, während wir über unsere weiteren Schritte philosophieren. Mit ihrem Angebot, den Abwasch zu übernehmen, »damit ich auch mal zu etwas nutze bin«, gibt sie das Kommando für unsere zweite Runde am Vorstag. Irgendwann ist die Fallleine komplett verbaut, wir holen weitere Leinen aus der Backskiste und ganz zum Schluss schaffen wir es, auch noch das restliche Segeltuch um das Stag zu wickeln. Als wir irgendwann endlich vor unserem sicher verpackten Vorsegel stehen, ist die Dämmerung bereits vorbei, der fast volle Mond ist aufgegangen und ein paar Sterne sind zu sehen. In der Kombüse kocht Phil einen Tee, Kyle schlägt sieben Eier in die Pfanne und wir machen es uns wieder im Cockpit gemütlich. »Jetzt ein Bierchen …«, sagt Phil und ich vergesse für einen Augenblick, dass wir uns in Fuerteventura gegen Alkohol im Proviant entschieden hatten. »… und morgen ist Silvester«, antwortet Kyle, als hätte er schon länger über dieses Problem nachgedacht. Es würde nach der getanen Arbeit gerade sehr gut passen und dann ist auch noch einer der raren Momente, in denen wir alle vier gleichzeitig wach und an Deck sind. Aber wir können unseren Feierabend auch so genießen und verbringen ihn damit, uns auszumalen, welche Luxusgüter uns bei der Ankunft in Mindelo erwarten werden. Bier steht natürlich hoch im Kurs, aber auch die Vorstellung von Duschen regt unsere Fantasie an. Ich stelle mir plötzlich vor, an Land »im Grünen« unterwegs zu sein, ich habe unheimliche Lust, durch einen Wald zu spazieren. Vollkommen klar ist uns allen, dass wir unbedingt sofort ein Restaurant aufsuchen müssen: Burger! Pizza! »Ich will ein Rindersteak, koste es, was es wolle.« Kyles Stimme überschlägt sich fast. »Ich will Hummer«, sagt Phil und lehnt sich zurück. »Mir reicht schon fester Boden unter den Füßen«, sagt Cecilie und ringt sich dabei ein Schmunzeln ab. Sie hält sich heute ganz gut auf den Beinen und stößt die Diskussion an, wie wir morgen den Jahreswechsel begehen werden. »Wie spät sollen wir denn eigentlich feiern?«, fragt Kyle.

Wir haben in den letzten Tagen festgestellt, dass wir uns nicht ganz sicher sind, in welcher Zeitzone wir uns befinden. Irgendwo zwischen Fuerteventura und São Vicente liegt die Grenze zwischen westeuropäischer und atlantisch-kapverdischer Zeitzone. Phil kann sich erinnern, auf einer Zeitzonenkarte mal »ein ziemliches Zickzack rund um Kanaren und Kapverden« gesehen zu haben – wir haben nicht einmal eine Idee, ob wir auf Kap Verde die Uhr ein, zwei oder drei Stunden zurückstellen müssen. Kyle witzelt, er sei eh der Meinung, dass wir die Uhren an Bord jetzt eigentlich so bald wie möglich auf die brasilianische

Zeit umstellen sollten, ich werfe die Hamburger Zeit in die Verlosung. »Findest du es nicht eh ein bisschen sehr optimistisch, davon auszugehen, dass du morgen mit uns feiern kannst?«, fragt Phil Cecilie, die antwortet: »Nö, ich glaube, es wird jetzt! Und sonst könnt ihr ja auch ohne mich feiern!« Wie könnte man so einen Jahreswechsel überhaupt begehen hier auf See? Kyle und ich sind begeistert von der Idee, eine unserer Signalraketen zu verfeuern, die eigentlich für den Notfall gedacht sind und minutenlang und kilometerweit leuchten. Phil wägt ernsthaft ab, es uns zu erlauben: »Hier ist doch kein Mensch in der Gegend, das sieht wirklich keiner, oder?« Wir entscheiden uns schließlich doch dagegen, womöglich sieht doch irgendein aufmerksamer Seemann unseren falschen Alarm und leitet eine groß angelegte Suchaktion nach den Schiffbrüchigen ein – besser nicht.

Als das neue Jahr am nächsten Abend näher rückt, haben wir uns entschieden, es wie schon unser Weihnachtsfest ganz entspannt anzugehen, nichts Besonderes zu unternehmen und stattdessen übermorgen unseren Landgang umso größer zu feiern. Gerade einmal 200 Seemeilen sind es noch bis Mindelo. Das sollten wir in zwei Tagen schaffen, auch wenn uns das fehlende Vorsegel einen Knoten Geschwindigkeit kostet. Cecilie besteht darauf, uns zur Feier des alten Jahres einen Kartoffeleintopf zu kochen, verschwindet dann aber noch vor dem Essen wieder in ihrer Koje. Auch Phil wird den Jahreswechsel verschlafen, während Kyle und ich im Cockpit sitzen und ich mir eine der Weibergeschichten anhöre, die er so gerne erzählt und bei denen ich mich immer frage, wie hoch wohl ihr Wahrheitsgehalt sein mag. Kurz nach Einbruch der Dunkelheit hören wir ein Krächzen aus dem Funkgerät, das an der Wand über unserem Navigationstisch hängt. Wir schnappen es uns und drehen den Ton auf:

»We wish you a merry Christmas, we wish you a merry Christmas.«

Irgendwo im Seegebiet zwischen Kap Verde, Mauretanien und Kanarischen Inseln grölt eine raue Männerstimme das Weihnachtslied in ein Funkgerät. Der Seemann rollt das R kräftig und feiert dem Lallen nach zu urteilen seine eigene Silvesterparty. Ob er damit rechnet, dass ihn hier wirklich jemand hört? Auf jeden Fall zieht er erstaunlich textsicher Strophe für Strophe durch: »And a haaaaappy new year! Nastrovje!« Kyle und ich biegen uns vor Lachen und ich kämpfe mit den Lachtränen: was für ein herrlich absurder Start ins neue Jahr!

Mindelo

Mich weckt ein lang gezogenes »Laaaaaand! Backbord voraaaus!« aus Phils Mund, der heute Morgen Wache schiebt. Ich habe nur kurz geschlafen, trotzdem richte ich mich langsam auf, schnappe mir meine Zahnbürste und gehe an Deck. »Ihr schuldet mir ein Anlegebier!«, sagt Phil. Das sei die Regel auf der *Libertalia*, grinst er: Wer zuerst Land sichtet, bekommt vom Rest der Crew im Hafen das erste Bier ausgegeben. Ich bin mir sicher, dass Phil diese Regel gerade erst erfunden hat. Aber sei's drum: Es ist Land in Sicht! Zumindest sagt Phil das, ich glaube ihm erst nach einem Blick durch unser Fernglas, in dem sich tatsächlich eine kleine Unebenheit in der Horizontlinie abzeichnet. Winzig klein zunächst, wahrscheinlich erkennen wir sie nur, weil es unsere Augen mittlerweile gewöhnt sind, auf kleinste Veränderungen am Horizont zu achten. »Ich schätze, das ist Santo Antão«, sagt Phil. Auf São Vicentes Nachbarinsel gebe es einen 2000-Meter-Gipfel, den man als Erstes erkennen müsse. Der kapverdische Archipel besteht, je nach Zählweise, aus ungefähr 15 Inseln. Neun davon sind heutzutage bewohnt, die Besiedlung begann erst nach der Entdeckung der Inselgruppe durch die Portugiesen im 15. Jahrhundert – gut 30 Jahre bevor Kolumbus in der Karibik zum ersten Mal Land in seinem Fernglas entdeckte. Die Portugiesen kolonialisierten die Inseln, um sie für ein grausames Geschäft zu nutzen: Kap Verde entwickelte sich zum Dreh- und Angelpunkt des Sklavenhandels. So profitierten sie über Jahrhunderte von der für diese Zwecke perfekten geografischen Lage zwischen Europa, Afrika und der Neuen Welt. Viel mehr wissen wir über die Küstenlinie im Fernglas nicht: Fast all unsere Informationen über Kap Verde stammen aus dem Wikipedia-Artikel und dem dicken »Cornell«. Ich kann mich nicht erinnern, jemals in ein Land eingereist zu sein, über das ich so wenig informiert war wie über Kap Verde – ein komisches Gefühl, aufregend.

Im Moment spielt das aber keine Rolle: Der Anblick von Land in diesem riesigen Ozean fasziniert uns, das Fernglas geht reihum und wir lassen die Küste keine Sekunde aus dem Auge. Wir können jetzt die einzelnen Inseln besser auseinanderhalten, ganz links ist Santo Antão, rechts die unbewohnte Insel Santa Luzia. In der Mitte: São Vicente, die Insel, der wir seit über einer Woche entgegenfiebern. Immer wieder laufen wir nach vorne zum Bug, um dem Inselreich noch ein paar Schritte näher zu sein und um für triumphierende Posen in den Bugkorb zu klettern. »Ich rieche schon die Burger«, ruft Kyle mir herüber, Phil macht Ploppgeräusche, um uns an sein Anlegebier zu erinnern. Mittlerweile kann man gut erkennen, dass Kap Verde wie die Kanaren vulkanischen Ursprungs ist. Die zackige Berglandschaft mit vielen steil zulaufenden Gipfeln erinnert mich an den Anblick Lanzarotes durch Randys Fernglas. Nur der weiße Block mit Hotels und Strandhäusern fehlt:

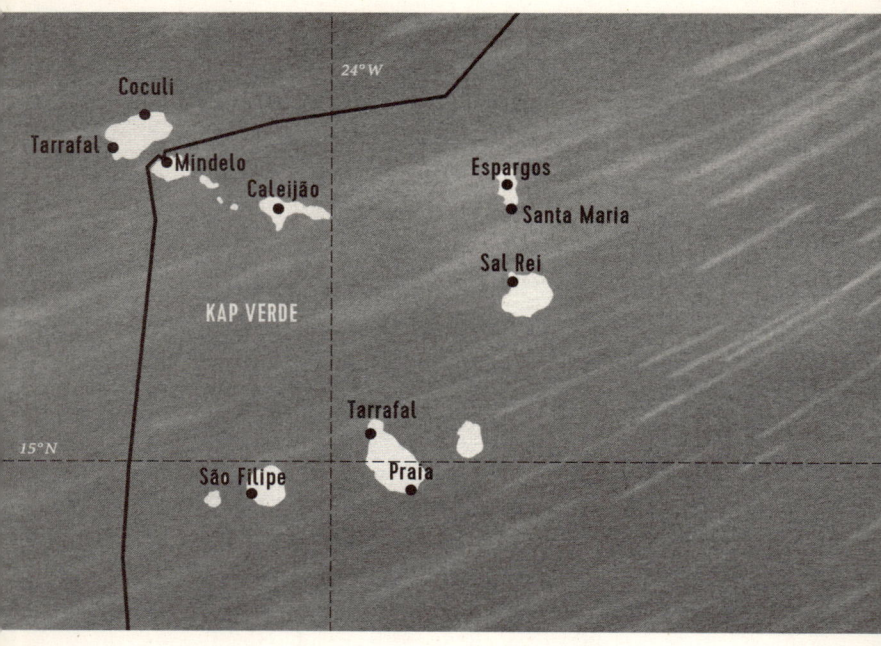

Obwohl wir die Küste jetzt ganz gut im Blick haben, können wir noch keinen Hinweis auf menschliches Leben erkennen. Keine Städte, keine Häuser, nicht einmal Schiffe. »Hoffentlich sind wir hier richtig«, witzelt Kyle und ich muss über die Vorstellung lachen, hier womöglich auf irgendein unbewohntes Eiland zu stoßen statt auf eine Stadt mit Hafen, Restaurants und Pizzen und Bier vom Fass.

Phil hat jetzt den Navigationscomputer angeschaltet. Während der Überfahrt haben wir das nur sehr selten getan. Schließlich wissen wir dank des GPS-Geräts jederzeit

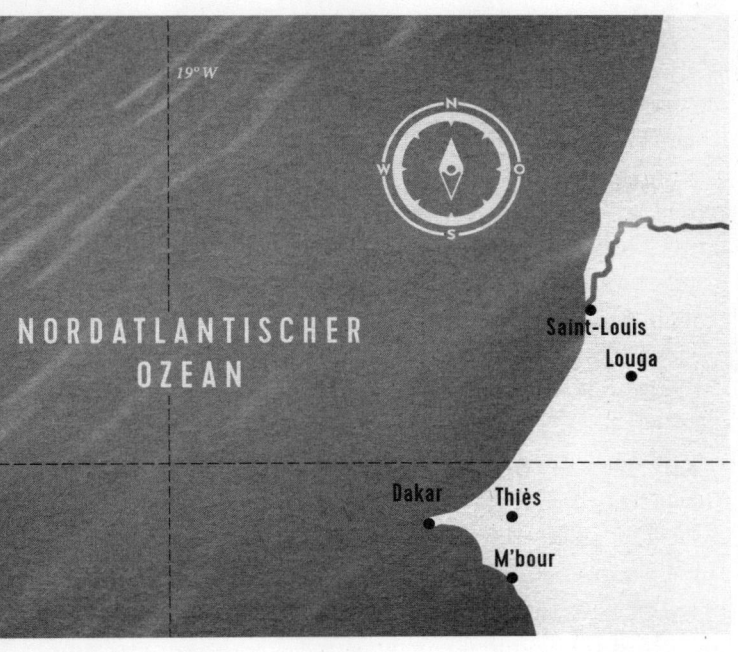

genau, wo wir uns befinden. Der Computer macht nicht mehr, als unsere Position auf einer Karte zu visualisieren – mitten auf dem Ozean ohne jeglichen Flecken Land ist das nicht sehr aufschlussreich und kostet lediglich wertvollen Strom. Jetzt aber spielt der Stromverbrauch keine Rolle mehr und Phil reißt die Musikanlage auf. Es laufen die Kinks, »Tired Of Waiting«, wenig später Sinatras »My Way«. Keine Nummer zu klein, denke ich, und Kyle schüttelt grinsend den Kopf: »Der Spinner!« Ich finde, dass wir uns nach diesem Törn ein bisschen Pathos verdient haben. Die letzte Stunde auf See fühlt sich an wie ein Triumphzug durch die Meerenge zwischen São Vicente und Santo Antão. Hier wimmelt es plötzlich geradezu von Schiffen, ein Tanker kommt uns entgegen, ein Fischtrawler hält auf den Hafen von Santo Antão zu und im Süden ist sogar ein anderes Segelboot zu sehen. Menschen! In ein oder zwei Meilen wird links die Bahía do Porto Grande auftauchen, die Bucht, die seit Jahrhunderten von Seefahrern zum Schutz vor dem Atlantik aufgesucht wird. Der Eingang zum Naturhafen wird von einer kleinen Insel markiert, die eigentlich nicht mehr als ein Felsen ist, dessen Spitze vielleicht 50 Meter hoch aus dem Meer ragt. Weiße Treppen führen über den Bergkamm nach oben zum Leuchtturm, der auf der Spitze thront und Seefahrern den Weg in den sicheren Hafen weist. Die Ilhéu dos Pássaros sieht haargenau so aus wie die Playmobil-Pirateninsel, mit der ich als kleiner Junge ganze Nachmittage verbrachte. Ich würde wetten, dass es auch hier Geheimgänge und versteckte Kammern gibt, in der einst Seeleute Gold und andere Reichtümer versteckten. Das langsame Antuckern unseres Schiffsdiesels reißt mich aus den Träumen von längst vergangenen Tagen: »Timo, wir holen die Segel runter!«, kommt das Kommando vom Käpt'n. Meine Güte, stinken die Abgase, denke ich auf dem Weg ins Cockpit. Von dort aus bergen wir das Großsegel und das malträtierte Besansegel ohne Probleme, die letzten Meter des Törns laufen wir unter Motor durch die Bucht in Richtung Marina Mindelo. Den Autopiloten haben wir jetzt ausgeschaltet: Über die Jahrhunderte haben sich einige Schiffswracks auf dem Grund der Bahía do Porto Grande angesammelt, mit denen wir nicht kollidieren wollen. Neben der flachen Sandbank, die in unserer Seekarte eingezeichnet ist, sind die sichtbaren Hindernisse ein Dutzend Schiffe, die in der Bucht vor Anker liegen und warten, dass ihr Liegeplatz im Hafen frei wird. Wir wechseln uns am Ruder ab. »Versau es jetzt nicht auf den letzten Drücker«, sage ich zu mir selbst, als ich das Steuerrad von Cecilie übernehme, die heute erstaunlich fit ist. Mehrmals muss ich mich daran erinnern, auch den Tiefenmesser im Auge zu behalten. Im offenen Atlantik, bei einer Wassertiefe von über 1000 Metern, war der im Grunde überflüssig. Hier im Hafen fällt die Anzeige an einigen Stellen unter fünf Meter – Konzentration ist gefragt. Per Funk verspricht der Hafenmeister, uns ein Schlauchboot entgegenzuschicken, das uns unseren Platz in der Marina zuweisen wird. Er hält Wort, schon einige Hundert Meter bevor wir die Schwimmpontons erreicht haben, sehen wir ein großes schwarzes Schlauchboot auf uns zuschießen. Zwei Jugendliche stehen darauf und scheinen ihren Spaß mit dem 100-PS-Außenborder zu haben. Als sie uns erreichen, drehen sie eine Runde um die *Libertalia* und tuckern kurz gemächlich neben unserer Steuerbordseite her. »Follow me!«, ruft einer der beiden und wartet unsere Bestätigung nicht ab, bevor er wieder Gas gibt und auf die Pontonanlage zuhält. Vom Hauptsteg in der Mitte gehen sechs Seitenstege ab, drei an jeder Seite. Das Speedboot biegt am zweiten Steg an der vom Wasser aus gesehen linken Seite ein und weist uns den Platz ganz innen an der Abzweigung zum Hauptsteg zu. Wir folgen und hängen eilig unsere Fender über die Bordwand. Als Phil uns vorsichtig in den schmalen Liegeplatz zwischen den Stegen und einer französischen Yacht manövriert, stehen Kyle und ich mit den Festmacherleinen bereit. Ich bin am Bug und soll eigentlich mit der Leine über die Reling auf den Steg springen, um dann Kyles Heckleine zu fangen. Das Manöver wird aber deutlich vereinfacht: Eine kleine Gruppe Segler hat unsere Hafeneinfahrt beobachtet und wartet jetzt schon an unserem Platz – bereit, unsere Leinen zu fangen. »Welcome!«, ruft es uns entgegen, »you made it!« Ich werfe meine Leine, eine Frau nimmt sie an, legt sie um die Stahlklampe und zieht die *Libertalia* langsam und routiniert zum Steg. Kyle hat seine Leine schon geworfen, als ich auf die Reling klettere und von dort aus in einem Satz auf den Steg springe. Die *Libertalia* ist kaum fest vertäut, da finden wir uns auf dem Steg stehend in einer Gruppe Segler wieder und werden ausführlich über unseren Törn befragt. Wir nehmen das dankbar an und plappern los. Ich merke jetzt erst so richtig, wie sehr ich es vermisst habe, mal mit jemandem außerhalb unserer kleinen Crew zu reden. Schließlich kommt Phil auf sein gewonnenes Anlegebier zu sprechen: Wir verabreden uns mit unseren neuen Nachbarn in der Floating Bar am Anfang des Stegs – nach dem Duschen.

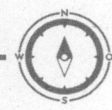
Tag 56 der Reise

Anna und Tim sind im Frühling von Dublin aus losgesegelt und auf dem Weg nach St. Vincent und den Grenadinen oder »einer der anderen Inseln in der Gegend«, wie Tim sagt: »Hauptsache, Karibik!« Die beiden sind 28 und 31, Informatiker, und warten und pflegen beruflich irgendwelche Server in ihrer irischen Heimat – ich verstehe nicht genau, was sie da machen, aber auf jeden Fall funktioniert es von unterwegs aus. Ihre Segelreise hat deshalb kein festes Enddatum: Einmal um die Erde soll es gehen wenn möglich. Oder bis sie keine Lust mehr haben »oder bis das Boot versenkt ist«, sagt Anna und macht dabei nicht den Eindruck, als würde sie das für völlig unrealistisch halten. Auf ihrer neun Meter langen *Waimangu* ist auf dem Weg von den Kanaren der Autopilot ausgefallen, was auch ihren Törn nach Mindelo sehr anstrengend gemacht hat. »Da hat uns der Atlantik schon ein bisschen Respekt eingeflößt«, sagt Tim. »Ich würde sofort mit eurem Boot tauschen!« Die *Waimangu* ist nicht nur fünf Meter kürzer und deutlich schmaler als die *Libertalia*, sondern auch viele Tonnen leichter als unser schweres Stahlboot: »Wir haben es kein einziges Mal geschafft zu kochen! Die ganze Zeit viel zu viel Seegang für unsere Nussschale!« Kurz vor Weihnachten sind die beiden hier angekommen und haben die Feiertage damit verbracht, ihren Autopiloten zu reparieren. Jetzt sind sie eigentlich klar zum Ablegen. »Wir wollen das Leben noch ein paar Tage genießen, bevor wir es nicht mehr können«, grinst Tim. »Aber ihr seht auch aus, als könntet ihr ein bisschen Entspannung gebrauchen?«, fragt er. »Abso-fucking-lutely!«, pflichtet Cecilie ihm bei. Sie hat seit dem Moment des Anlegens ihre Gesichtsfarbe zurück und genießt es sichtlich, in einem sicheren Hafen zu sein. Auch der Rest der *Libertalia*-Crew ist sich einig und Käpt'n Phil bestellt die nächste Runde frisch gezapftes Strela – kapverdisch-kreolisch für »Stern«. Seit Sonnenuntergang sitzen wir in der Bar Flutuante, die sich auf einem Schwimmponton in der Marina befindet – Ausblick über die Segelboote im Hafen und in der Bucht von Porto Grande inklusive, hinter der Bucht ein gelber wüstenartiger Gebirgszug.

Am Anfang des Abends waren auch André und Agnes dabei gewesen. Das französische Rentnerpärchen, beide in ihren fortgeschrittenen Sechzigern, gehörte am Nachmittag mit Anna und Tim zu unserem Begrüßungskomitee in der Marina Mindelo, hatte sich aber nach dem Essen verabschiedet. Wir werden ihnen in den nächsten Tagen oft begegnen: André und Agnes wohnen auf unserem direkten Nachbarboot.

Meine erste Mahlzeit an Land war ein Thunfischsteak mit Kartoffelecken und eine echte Offenbarung. Es hat mich sogar darüber hinweggetröstet, dass die Duschen in der Marina von Mindelo nur kalt tröpfeln. Eine herbe Enttäuschung, aber ich lerne von den anderen Seglern in der Bar, dass Süßwasser hier ein äußerst knappes Gut ist. Seen oder Flüsse gibt es auf keiner der Kapverdischen Inseln, für Trinkwasser müssen unterirdische Quellen angezapft werden und in riesigen Anlagen wird Meerwasser entsalzt.

An den Nachbartischen in der Bar Flutuante sitzen einige Crews von anderen Yachten, die sich für uns interessieren. »Und was repariert ihr gerade?«, scheint hier ein ganz normaler Gesprächseinstieg zu sein: Auch andere Kapitäne erzählen von ihren Abenteuern auf dem Weg nach Kap Verde, wir hören von Ruderbrüchen, Seekranken, Motorschäden und Stromausfällen. Am äußersten Schwimmsteg liegt angeblich ein Luxusboot, das praktisch zu verschenken sei, allerdings auch stark renovierungsbedürftig: Der Skipper habe auf der Atlantic Rallye for Cruisers Mastbruch erlitten, Mindelo als Nothafen angelaufen und die Insel noch am Tag seiner Ankunft fluchtartig verlassen. »Der will das Boot nur noch loswerden, solange er es nicht mehr bewegen muss«, weiß auch Tim. Mich beruhigen diese Geschichten fast: Bei dem ganzen Bruch auf der *Libertalia* hatte ich mich in den letzten Tagen immer mal wieder gefragt, ob es wirklich die richtige Entscheidung gewesen war, beim Low-Budget-Skipper Phil anzuheuern statt auf einer der modernen und schicken Yachten auf Gran Canaria. Hier in der schwimmenden Bar in Mindelo bekommt man den Eindruck, als sei es in dieser Saison noch nicht sehr oft vorgekommen, dass ein völlig unversehrtes Boot aus dem Nordosten hier ankam. Unser Baum-und-Schot-Bruch ist eine Geschichte von vielen. Die meisten hier sind auf der Suche nach Ersatzteilen, Spezialwerkzeugen oder gleich nach Fachleuten, die Boote reparieren können. Ein Italiener erzählt uns von einem Boot im Hafen, das kürzlich einen Aluminiumschweißer gebraucht und wohl auch gefunden hatte – unsere erste Spur auf dem Weg zu einem vollständig funktionstüchtigen Besansegel. Heute Abend aber wird erst einmal unsere Ankunft gefeiert – oder »unser Überleben«, wie Phil es immer wieder nennen wird. Im Lauf der Nacht werden wir noch weiterziehen und im Clube Náutico erste Bekanntschaft mit Grogue machen. Der Zuckerrohrschnaps ist süß, hochprozentig und das Nationalgetränk Kap Verdes – Ablehnen ist da natürlich nicht erlaubt.

So wird es ein langer Abend und am nächsten Morgen ist es fast Mittag, bis wir vier zu einem Termin aufbrechen, der nun wirklich nicht länger warten kann: Wir müssen in Kap Verde einklarieren – also uns bei der Immigration und die *Libertalia* bei der Policia Maritima der Republik Kap Verde anmelden. Eigentlich geht es nur darum, den Einreisestempel in unsere Pässe zu bekommen, ein Visum bekommen wir »on arrival« – aber solange wir das nicht erledigt haben, halten wir uns streng genommen illegal im Land auf. Die beiden Büros sollen direkt nebeneinander im Industriehafen Mindelos liegen, in Sichtweite von der Marina. Wir gehen im Schatten der Palmen entspannt am Wasser entlang, nur Phil lässt sich anmerken, wie wenig Lust er auf die seiner Meinung nach vollkommen unnötige Bürokratie hat. Unter Seglern kursieren die wildesten Geschichten von unkooperativen und korrupten Beamten in irgendwelchen Hinterzimmern am Ende der Welt. Auch ich könnte mir Besseres vorstellen, als den Rest meines Vormittags in einer kapverdischen Amtsstube zu verbringen. Aber wir haben keine Wahl, die Dame im Hafenbüro der Marina hatte Phil gestern beim Einchecken eindringlich gewarnt: Die Polizei sei hier ziemlich humorlos und wenn uns jemand ohne den Einreisestempel erwische, könne unsere Reise erst einmal auf unbestimmte Zeit vorbei sein oder aber extrem teuer werden. Nach ein paar Minuten kommen wir auf das Hafengelände. Mehrere Wellblechhallen, an der Seite einige gestapelte Container. Ein Kreuzfahrtschiff liegt im Hafen und eine Fähre nach Santo Antão legt gerade ab. Hinter dem Fährterminal finden wir ein einstöckiges Betongebäude mit mehreren Eingängen. Wir gehen in den mit der Aufschrift »Policia de Fronteira« und stehen direkt in einem kleinen Büro, das vollkommen aus der Zeit gefallen zu sein scheint: Im dunklen Teppichboden haben sich zwischen den beiden Schreibtischen und dem Eingang sichtbare Pfade gebildet. Eine an allen Ecken zerfledderte Seekarte der Kapverden hängt an der Wand und hinter den beiden Schreibtischen die blaue Fahne Kap Verdes mit dem weiß-rot-weißen Streifen und einem gelben Stern für jede Insel. Mir fällt auf, dass es hier anscheinend keinen Computer gibt, dafür dudelt auf dem Fensterbrett ein kapverdischer Radiosender vor sich hin. Hinter einem der Schreibtische schaut ein Mann in grauer Hose und schmuddelig weißem Hemd von seinem Handy auf. Wir grüßen mit »Bom dia« – Portugiesisch ist die Amtssprache Kap Verdes, auch wenn ein Großteil der Bevölkerung sich nach wie vor hauptsächlich auf kapverdischem Kreol unterhält. Der Mann bleibt sitzen und grüßt mit »Bom dia« zurück. Phil spricht als Einziger von uns Portugiesisch und setzt an, aber der Mann spricht schon auf Englisch weiter: »Ihr wollt sicher ein Visum, oder? Seid ihr mit dem Boot hier?«

Ja.

»No problem, passports?«

Wir reichen ihm vier Pässe, er mustert sie nur kurz von außen. »Germany!«, sagt er lachend und sein Blick findet Phil und mich. »Aaah, Norway, das bist du! Das ist kalt, oder?« zu Cecilie und zu Kyle: »Und du ein Amerikaner – woher kennt ihr euch denn? Ich bin Junior!« Wir erklären ihm, wie wir zusammengefunden haben. Aber vor allem hören wir ihm beim Plappern zu. Junior scheint heute noch nicht viele Kunden gehabt zu haben, jedenfalls freut er sich ganz offensichtlich, dass ihn jemand in seinem Büro besucht. Wir erfahren, dass er zwei Kinder hat und in Mindelo geboren ist, ein echter Kapverdier! Angeblich arbeitet Junior schon seit 15 Jahren für die kapverdische Grenzpolizei hier im Hafen. Mir fällt es schwer, das zu glauben, denn Junior sieht deutlich jünger aus als wir. Am Sonntag gehe es mit der ganzen Familie in die City zum Pre-Karneval, da würden wir uns doch sicher sehen, oder? Wenn wir möchten, könne er uns erklären, wo wir SIM-Karten für unsere Handys bekommen, wir bräuchten doch sicher Internet? Das Wi-Fi in der Marina sei jedenfalls Mist … Junior quatscht in einer Tour, ist dabei ausgesprochen freundlich und versucht, hilfreich zu sein. Wir sind einerseits erleichtert, weil er sich nicht als der störrische und steife Grenzbeamte herausstellt, den Phil befürchtet hatte. Andererseits sind wir jetzt schon 20 Minuten in seinem Büro, er hat noch immer keinen Blick in unsere Pässe geworfen und macht auch jetzt noch keine Anstalten, es zu tun. Ich frage mich langsam, ob Junior überhaupt ein echter Grenzbeamter oder vielleicht nur zufällig gerade da ist. Phil fasst sich irgendwann ein Herz und unterbricht unseren neuen Freund. Der guckt verwundert: »Ach, ihr habt es eilig?« Schließlich schlägt er eine Seite in dem großen und dicken Buch auf, das schon aufgeschlagen vor ihm auf dem Schreibtisch steht. Als Erstes schnappt er sich Phils Pass und überträgt gewissenhaft Daten mit einem Kugelschreiber in die vorgesehenen Spalten: Name, Nationalität, Geburtstag und Passnummer. Grund der Reise: Tourismus. Das ist alles, was die Republik Kap Verde vor unserer Einreise von uns wissen möchte.

Während Junior Pass für Pass abarbeitet, linse ich auf die letzten Einträge auf der Seite: Pro Tag kommt eine Handvoll neuer Einträge hinzu. »Kommen hier nur Segler an?«, frage ich. »Hauptsächlich«, antwortet Junior und holt wieder aus: Die Mannschaften der großen Handelsschiffe kämen meist erst gar nicht an Land und die Kreuzfahrtschiffe würden von Beamten noch an Bord des Schiffes abgefertigt. Junior sei dort mal für einen Kollegen eingesprungen: »Das gefiel mir gar nicht! Da könnte ich ja gleich am Flughafen auf Sal arbeiten, wenn ich Lust auf so eine Massenabfertigung hätte!« Unser Grenzbeamter legt seinen Kugelschreiber jetzt wieder auf den Schreibtisch und erzählt von den neuen Zentren und Hotelhochburgen auf Sal, mit denen Kap Verde Touristen aus Europa anlocken will. Bei Juniors Arbeitstempo wäre von deren Urlaub nach der Abfertigung des ganzen Flugzeugs nicht viel übrig. Er passt tatsächlich besser in dieses kleine Büro im Hafen mit den vergilbten Wänden, dem trägen Deckenventilator und den Weltumseglern mit weniger streng getaktetem Zeitplan als an einen geschäftigen Flughafen mit Pauschaltouristen und Geschäftsreisenden. Phil, Kyle, Cecilie und ich hätten zwar auch andere Dinge zu erledigen, aber im Moment muss ich eher schmunzeln über Junior, seine Kontaktfreude und Gelassenheit. Und so lassen wir seinen Redeschwall und seine Anekdoten über uns ergehen und ergeben uns der Zeitrechnung des kapverdischen Beamten. Als wir irgendwann das Kabuff verlassen, haben wir ihm versprochen, dass wir uns beim Karnevalsumzug blicken lassen. »Tausende von Menschen« würden dort dabei sein, schwärmt Junior von der Parade. Ich frage mich zwar, wie wir uns in so einer Menschenmenge finden sollen, aber vielleicht hat er auch bei der Teilnehmerzahl ja ein bisschen übertrieben.

Unsere Einreise ist jetzt also auch ganz offiziell besiegelt. Wir feiern das mit einem Essen und eiskalter Cola gegen den Groguekater in einem der einfachen Restaurants am Stadtstrand Mindelos, der gleich um die Ecke liegt. Es gibt Feijoada, einen Bohneneintopf mit Reis, von dem wir in den kommenden Tagen noch viel essen werden: Feijoada steht in nahezu jedem Restaurant und Imbiss in Mindelo auf der Speisekarte und ist meist eines der günstigsten Gerichte. Zum Selberkochen fehlt uns jetzt die Zeit: Zwei bis drei Wochen brauchen wir für die Überfahrt nach Brasilien und Phil hält trotz der Schäden an der *Libertalia* an unserem Zeitplan fest. Bis zum Karnevalsbeginn bleiben uns noch fünf Wochen, also müssen wir allerspätestens in zwei Wochen abgelegt haben. Zwei Wochen für zwei Segel. Wenn wir uns ranhalten, sollte das zu schaffen sein – wir machen uns an die Arbeit. Viel einfacher als befürchtet ist es, einen Schweißer für das gebrochene Aluminiumgelenk am Mastbaum zu finden: Im Hafenbüro gibt man uns die Telefonnummer eines Fachmanns, der offenbar einen großen Teil seines Geschäfts in der Marina von Mindelo erledigt. Er beantwortet Phils Anruf sofort und verspricht, noch in dieser Woche vorbeizukommen. Die Freude unter der Crew ist groß: Um Alu zu schweißen, benötigt man ein komplett anderes Verfahren und anderes Werkzeug als für einfache Stahlschweißereien. Käpt'n Phil hatte befürchtet, dass es nicht einfach werden würde, einen solchen Experten aufzutreiben. »Im schlimmsten Fall«, hatte er sich schon überlegt, »legen wir auch ohne Besansegel ab, das ist eh mehr Deko.« Für mein persönliches Sicherheitsgefühl wäre es allerdings deutlich besser, mit einem vollständig reparierten Boot abzulegen als mit einem Besanbaum, der nutzlos auf dem Deck herumliegt. Und ich bin mir ziemlich sicher, dass es auch Phil und den anderen so geht. Der Schweißer hat morgen eh einen Termin in der Marina und verspricht, dann vorbeizukommen und sich unser Problem anzuschauen – besser geht es nicht. Völlig anders sieht es allerdings bei unserer zweiten Bruchstelle aus: Ohne unser großes Vorsegel können wir die Überfahrt vergessen. Die Genua hat nicht nur ein Vielfaches der Segelfläche des Besansegels und ist das größte Segel an Bord. Rund um den Äquator im kräftigen Passatwind von schräg hinten soll sie auch unser wichtigstes Segel werden. Dafür muss nun das gebrochene Stag geschweißt werden und wir müssen unbedingt irgendeine Möglichkeit finden, um das Kugellager an der Rollanlage zu reparieren. Im Moment allerdings sieht unsere Genua noch immer genau so aus, wie wir sie vor ein paar Tagen auf See verpackt haben: eine dicke, unregelmäßige und verbeulte Wurst aus Segeltuch, die nur von einem Spanngurt am Bug der *Libertalia* gehalten wird. Und auf die Schnelle wird sich daran auch nichts ändern: Um die Wurst auszupacken und uns ein genaues Bild vom Schaden zu verschaffen, müssen wir warten, bis der Wind abflaut. Denn die vollständig ausgewickelte Genua ist über 70 Quadratmeter groß. Wenn wir es nicht schaffen, sie mit Muskelkraft unter Kontrolle zu behalten, würde sie wild um sich schlagen und so womöglich weitere Schäden an der *Libertalia*, unserem Nachbarboot oder gar der Steganlage der Marina verursachen. Solange der Wind wie im Moment mehr als vier Windstärken hat, sind wir zum Warten verurteilt – wieder einmal.

Trotzdem: Mit unseren ersten 24 Stunden auf den Kapverdischen Inseln können wir zufrieden sein. Und bei allem Zeitdruck können wir auch ganz gut ein bisschen Entspannung gebrauchen. Es ist nicht nur der Grogue, der in unseren Körpern nachwirkt, auch der Acht-Tages-Törn steckt uns in den Knochen. Und in unseren Köpfen: Zum Verarbeiten der ganzen Ereignisse hatten wir noch keine Zeit. Mir fällt es in diesen Tagen schwer einzuschlafen, so viel geht mir abends in der Koje durch den Kopf. In meinen traumreichen Nächten sehe ich Monsterwellen auf mich zurollen. Mehrmals befinde ich mich auf einem durchkenternden Boot, die Horrorvorstellung schlechthin für jeden Segler: Das Schiff wird von der See »umgeworfen«, es dreht sich mit dem Mast und Deck ins Wasser. Zwar sind Segelboote wie Stehaufmännchen konstruiert, ihr Schwerpunkt liegt so, dass sich das Boot immer wieder aufstellt. Kentert so ein Schiff aber einmal durch, ist anschließend das ganze Rigg zerstört, wahrscheinlich der Mast gebrochen und alle Instrumente sind unbrauchbar. Mein Traum endet immer in dem Moment, in dem die Mastspitze ins Wasser taucht. Den anderen scheint es nicht viel anders zu gehen: Phil steht jeden Tag vor Sonnenaufgang auf, vor unserem Besuch bei Junior war er schon um fünf Uhr joggen. Auch tagsüber befinden wir uns in einem merkwürdigen Zustand: Wir sind erschöpft und sehnen uns nach Erholung. Wir wollen gut essen und viel schlafen. Aber wir sind auch euphorisiert: Ein wichtiges Zwischenziel ist erreicht, wir haben gefährliche Situationen gemeistert – und überlebt! Das muss doch auch gefeiert werden! Wir sind müde, aber auch aufgekratzt. Immer wieder dreht einer von uns die Bordlautsprecher auf volle Lautstärke, wir wollen den ganzen »Luxus« des Landlebens genießen. Jede Selbstverständlichkeit wird von uns mit großer Geste gefeiert: »Der feine Herr geht schon wieder duschen, ja?« – »Jaaaap! Weil ich es kann!« Mit Schmutzwäsche auf dem Arm auf dem Weg zu den Waschmaschinen in der Marina: »Because: Why nooot?« Auch in der Marina herrscht eine komische Atmosphäre. Fast jeder hier befindet sich in einem ähnlichen Zustand wie wir: die Abenteuer der letzten Wochen noch nicht ganz verdaut, aber schon halb auf dem Weg zu neuen Zielen. Jeden Tag erreichen ein oder zwei neue Bootscrews mit neuen Geschichten im Gepäck die Marina. Jede bekommt ihr eigenes Empfangskomitee und wird sofort in die Fahrtenseglercommunity von Mindelo aufgenommen. Wer hier ankommt, der freut sich nämlich auch über fast jede Art menschlichen Kontakts: Ich gehe im Hafen an keinem Boot vorbei, ohne der Besatzung zumindest zuzunicken. Wenn wir an Bord der *Libertalia* sind, steht fast immer irgendjemand auf dem Steg an der

Bordwand und quatscht mit uns. Es geht in diesen Gesprächen über die Reling immer wieder um dieselben Themen: Wie war der Weg nach São Vicente? Wohin geht's von hier aus? Und was gibt's vorher am Boot zu reparieren? Außer Geschichten und Reiserouten wandern Werkzeuge von Boot zu Boot. Niemand kann alles an Bord haben, was gebraucht wird – aber irgendjemand im Hafen hat schon das richtige Teil dabei. Einmal fällt bei unseren Nachbarn Agnes und André ein 24er-Maulschlüssel über Bord in das klare Wasser des Hafenbeckens. Kyle und ich rufen ein Wetttauchen aus, das letztendlich ein Angestellter des Fragata-Supermarktes gewinnt: Der Laden bietet einen Lieferservice für Yachtproviant an, weshalb täglich mehrere Fragata-Mitarbeiter in blau-gelben Uniformen Einkaufswagenkolonnen über die Schwimmstege manövrieren. Der tauchende Verkäufer hat uns bei unseren erfolglosen Tauchversuchen beobachtet, lässt seinen Einkaufswagen stehen, zieht sich das T-Shirt aus, springt ins Wasser und drückt uns wenige Sekunden später grinsend, aber kommentarlos den Schlüssel in die Hand. Ich war mir sicher gewesen, dass ich das Werkzeug beim nächsten Versuch ebenfalls erreicht hätte, lasse mir meinen Ärger aber nicht anmerken. André ist es eh egal, wer ihm seinen Schraubschlüssel letztendlich rettet – solange er bald weiter an seinem Watermaker basteln kann. Mit dem Gerät kann er Meerwasser filtern und entsalzen. So ist er bei der Trinkwasserversorgung völlig autark – egal ob er sich mitten auf dem Ozean befindet oder mal eine Woche in einer einsamen Bucht ohne Supermarktanbindung ankert. Von so einem Luxus können wir nur träumen.

Neben den Handwerkern, Schiffscrews und den Fragata-Mitarbeitern trifft man in der Marina von Mindelo noch eine weitere Gruppe Menschen: die Couchsailor. Ozeantramper, die hier auf der Suche nach einem Boot nach Amerika sind. Die Flötenspielerin aus Gran Canaria dreht auch hier wieder ihre Runden und ich treffe auch Daniel, den italienischen Koch. Ein Spanier berichtet mir ziemlich gefrustet, dass er schon einen Kapitän gefunden hatte. Vor ein paar Tagen waren sie in See gestochen, aber das Schiff war der absolute Griff ins Klo: »Wir hatten kaum abgelegt, da merkte ich, dass der Skipper eine ordentliche Schnapsfahne hatte.« Irgendwann in der Nacht hätte der Kapitän dann sturzbetrunken im Cockpit gelegen. »Da hatte ich dann richtige Panik, alleine mit dem an Bord, und ich selber kann ja kaum segeln.« Es kam zum Streit und fast zu Handgreiflichkeiten, bis der Spanier seinen Kapitän zum Umkehren bewegen konnte. Ich frage mich, wie ich an seiner Stelle reagiert hätte. Manchmal ist es schließlich auch schlicht nicht möglich umzukehren. Dann wäre man einer solchen Situation vollkommen ausgeliefert – keine schöne Vorstellung. Er will es trotzdem weiter versuchen: »Zweimal kann man so ein Pech nicht haben, oder?« Ich glaube, dass seine Chancen auf ein neues Boot hier ganz gut stehen müssten: Hingen auf dem Schwarzen Brett in Las Palmas noch fast ausschließlich die Bootsgesuche von Mitseglern, finden sich unter den Aushängen in der Marina Mindelo auch einige von Kapitänen auf der Suche nach Crew. »Ich glaube, das sind Leute, denen die Überfahrt hierher ordentlich Respekt eingeflößt hat«, sagt der Spanier, was sich für mich ziemlich überzeugend anhört.

Auch ich behalte die Aushänge in diesen Tagen im Auge. Nur für den Fall, dass wir die *Libertalia* nicht bald wieder seetauglich bekommen. Ich habe nicht die Zeit, hier mit Phil auf die nächste Saison zu warten. Stattdessen, so habe ich es mir überlegt, würde ich in diesem Fall wohl auf einem der anderen Schiffe im Hafen anheuern. Es gibt aber noch einen weiteren Grund, wieso wir das Schwarze Brett und die Tramper auf den Stegen im Auge behalten sollten: Cecilie hat sich noch nicht endgültig entschieden, ob sie sich den Törn bis nach Brasilien wirklich antun möchte.

Sie steckt in einer Zwickmühle: »Ich habe so lange von diesem Trip geträumt und darauf gespart«, erzählt sie mir an einem Abend bei einem Rotwein unter Deck, während Kyle und Phil auf ein paar Runden Billard im Club Náutico sind. »Wie viel ich darüber mit meinem Freund diskutiert habe … und jetzt einfach aufgeben, mit eingezogenem Schwanz nach Hause fliegen und das war's?« Auch viele ihrer Freunde hatten ihren Plan angezweifelt und als leichtsinnig bezeichnet, während andere wiederum schwer begeistert von der Idee waren, mit fremden Leuten ein solches Abenteuer anzugehen. Die einen sähen sich bestätigt, da ist Cecilie sich sicher. Und die anderen, meint sie, wären womöglich enttäuscht. »Ich fand das auch so cool von mir, dass ich es durchgezogen habe«, gesteht sie. »Selbst als Marte dann abgesprungen ist!« Ich kann ihre Gedanken gut nachvollziehen, ähnliche Dinge waren mir während meiner Krise auf der *Mystique* durch den Kopf gegangen. Andererseits weiß Cecilie aber auch: Wenn es ihr auf dem Weg nach Brasilien so erginge wie zwischen Fuerteventura und São Vicente, ist damit keinem geholfen.

Nicht Phil und der Crew der *Libertalia* und am wenigsten Cecilie selber. Der Törn bis an die brasilianische Küste wird fast doppelt so lange dauern. Und wir gehen zwar von deutlich besserem Wetter aus – wir kreuzen immerhin den Äquator –, aber auf den richtigen Wind hoffen wir schon und wo Wind ist, da sind auch Wellen. Kyle und Phil tauchen lange nicht auf und wir füllen unsere Kaffeetassen noch mehrmals aus dem billigen Weinkarton. Cecilie erzählt mir von ihrem Freund Eirik, den sie sehr liebt, der aber für Reisen wie diese nicht zu haben ist und auch von Cecilies Abenteuern rund um den Erdball jedes Mal aufs Neue überzeugt werden muss. Von ihrem Vater, den sie gerne mit der Atlantiküberquerung beeindrucken möchte, von ihrer Mutter und von Kommilitonen. Und irgendwann verrät sie mir: »Eigentlich bin ich mir zu 99 Prozent sicher, dass ich die Überfahrt nicht mitmachen möchte«, holt sie aus. »Aber ihr seid ja auch noch ein paar Wochen hier, Kap Verde ist doch auch spannend und hier auf dem Boot ein perfekter Platz für mich.« Ich frage mich, was das für uns bedeutet: auf jeden Fall längere Wachschichten, aber auch mehr Platz an Bord. Schaffen würden wir es schon ohne Cecilie, da bin ich mir sicher. Auch Kyle hat mir gegenüber in den letzten Tagen immer mal wieder Bemerkungen fallen lassen, die darauf schließen lassen, dass er es nicht ganz furchtbar fände, wenn Cecilie in Mindelo aussteigt. Nur bei Phil machen wir uns ein bisschen Sorgen. Er hatte mir damals, ganz zu Beginn meiner Reise, so zufrieden berichtet, dass er eine Vierercrew zusammenhätte und dass das genau die richtige Größe sei. Auf See erklärte er uns, dass er viel über Crewzusammensetzungen gelesen und nachgedacht und in den letzten Jahren mit seinen Couchsurfern auch einige Erfahrungen gesammelt habe: Phil ist überzeugt davon, dass eine männlich-weiblich gemischte Crew am besten ist für eine funktionierende Gruppenstruktur. Was ihre Seekrankheit betrifft, war Phil in den letzten Tagen unentwegt positiv: »Das wird schon, das Schlimmste hat sie ja überstanden!« Ich bin gespannt, wie er reagieren wird. Aber als wir spät in der Nacht ihn und Kyle über die Reling an Bord klettern hören, bittet Cecilie mich mit einem verschwörerischen Blick und dem Zeigefinger vor dem Mund um Verschwiegenheit und ich beschließe, ihr die Wahl des richtigen Zeitpunkts zu überlassen.

In dieser Nacht ist der definitiv noch nicht gekommen: Phil und Kyle sind noch betrunkener als wir und reißen sofort die Musikanlage auf. »Vou festejar! Llloooora …« Heute sollte keiner von uns mehr weitreichende Entscheidungen treffen und auch am nächsten Tag wird sich Cecilie keine Gelegenheit bieten, ihr Geheimnis zu lüften: Es ist Sonntag und damit Zeit, unser Versprechen gegenüber unserem Einreisebeamten einzulösen. Irgendwo in Mindelo muss es heute, knapp fünf Wochen vor Rosenmontag, einen Karnevalsumzug geben. Und wenn Phil uns eines klargemacht hat, dann ist es das: Alles, was irgendwie mit Karneval zu tun hat, ist auf diesem Boot unbedingt ernst zu nehmen! Und so weckt der Käpt'n uns morgens schon viel zu früh: »Ich weiß ja nicht, wie das hier ist, aber bei den Brasilianern geht die Party immer schon ab vormittags los!« Ich trinke erst mal einen großen Zug aus der Wasserflasche neben meinem Bett, bevor ich mich müde aus dem Schlafsack pelle. Der spinnt doch, denke ich und schüttle den Kopf. Ich bin mir sicher, dass mein Grinsen eher ziemlich gequält aussieht als überzeugt davon, schon jetzt die nächste Party starten zu müssen. Denn das bin ich nicht: Es mag ja sein, dass das früh losgeht, aber die Party ist doch nicht um 14 Uhr vorbei, oder? Und überhaupt: Was für eine Party? Junior hatte von einer Art »Probekarneval« gesprochen. »Wer sagt denn, dass das überhaupt eine richtige Parade ist und nicht einfach nur eine Gruppe Sambamusiker beim Üben?«, wendet Kyle ein. Guter Punkt! Aber Phil ist fest davon überzeugt, dass heute ein monumentales Fest gefeiert wird und wir keine Minute davon verpassen dürfen.

Und man muss ihm lassen: Er gibt sich alle Mühe, uns zu überzeugen. Aus der Kombüse riecht es nach Kaffee, Rührei und Bacon. Immerhin, denke ich, zum Frühstücken haben wir Zeit. Woher nimmt der Kerl bloß seine Energie? Es ist gerade einmal ein paar Stunden her, dass wir hundemüde und sturzbetrunken in unsere Kojen gefallen sind und jetzt läuft schon wieder Musik und Phil tanzt singend über das Boot. Und langsam, aber sicher schafft er es, mich und die anderen zumindest so weit mitzureißen, dass wir nichts mehr gegen einen Stadtbummel einzuwenden haben. Die Marina und der Hafen von Mindelo liegen mitten im am besten geschützten Bereich der Bahía do Porto Grande und die Stadt hat sich von hier aus ausgebreitet. Weit kann es zum Zentrum mit dem verfrühten Karnevalsumzug also nicht sein. Wie in fast jeder Marina, die ich auf meiner Reise besucht habe, befinden wir uns auch hier in einer eher feinen Nachbarschaft: Direkt nebenan liegt ein schicker Beachklub mit viel Glas und strahlend weißen Möbeln. Die Häuser an der ersten Wasserreihe sind große Kolonialbauten aus Zeiten, in denen England und vor allem Portugal sich daranmachten, diesen Teil der Welt für sich zu kolonialisieren. Sie sind auch heute frisch in Knalligrot und Gelb und Mintgrün gestrichen. In einem blauen zweistöckigen Gebäude mit hohen weißen Bogenfenstern befindet sich unser Fragata-Supermarkt. Er hat geschlossen und auch in den benachbarten Cafés ist nicht viel los. An ein paar Tischen sitzen Leute, die in Ruhe ihren Sonntagskaffee genießen wollen. Die meisten sehen europäisch aus und sind offensichtlich Touristen wie wir. Als wir uns weiter vom Hafen entfernen, wird die Szenerie noch leerer, die Fassadenfarben werden blasser und der Putz bröckeliger. Hier wirkt Mindelo fast wie ausgestorben: Unter einem Baum schlafen ein paar Hunde, in einem Hinterhof streitet ein Pärchen – darum bemüht, dass die Nachbarn es nicht mitbekommen. Später huscht eine Waschfrau in einem wehenden blaugrünen Kleid über die Straße, den Wäschekorb transportiert sie auf dem Kopf. An einer Kreuzung steht das komplett verrostete Skelett eines Autos, das geschätzt irgendwann Mitte des 20. Jahrhunderts zum letzten Mal auf den Straßen von Mindelo unterwegs war. Ansonsten: Hier bricht gerade langsam und behäbig ein ganz normaler Sonntag auf São Vicente an und nichts deutet auch nur im Entferntesten auf das rauschende Fest hin, das hier in der Gegend gerade stattfinden soll. Wir spazieren etwas ziellos durch die Stadt, genauer als »im Zentrum« hatte Junior uns den Ort der Parade nicht beschrieben. Wir entdecken einen Eisenwarenladen, der zwar geschlossen hat, sich aber für die Reparatur unserer Rollreffanlage noch als hilfreich erweisen könnte. An einem Kiosk kaufen wir uns kalte Dosen Cola und Sprite und lungern eine Weile auf einem kleinen Platz herum, an dem eine Betonkugel mit aufgemaltem Globus und einem Durchmesser von gut zwei Metern aufgestellt ist – perfekt für ein Crewfoto. Wir haben gerade beschlossen, uns jetzt langsam wieder grob in Richtung Marina zu orientieren, da biegen wir um eine Ecke und sehen – und hören! – vielleicht 200 Meter die Straße hinunter ein großes, feierndes Menschenknäuel. Phil realisiert als Erster, dass wir seine Parade doch noch gefunden haben. So strahlend und breit grinsend habe ich unseren Kapitän schon lange nicht mehr gesehen. Und schon aus der Entfernung muss ich zugeben: Mit so einer Menschenmasse hätte ich heute auf keinen Fall mehr gerechnet! Phil legt einen Zahn zu und auch wir sind jetzt heiß darauf, uns den Zug aus der Nähe anzusehen. Dicht gedrängt läuft und hüpft und springt eine bunte Menschenmenge durch die schmale Gasse, vorneweg ein Truck und eine Gruppe mit Pauken, Trommeln und Trompeten. Jeder hier ist geschminkt, vorzugsweise in Rot, Grün und Gelb, Kindergruppen mit bunten Rastaperücken ziehen lärmend durch die Parade, eine dicke grauhaarige Frau wedelt einen bunten Tangaschlüpfer über ihrem Kopf und bläst unentwegt in eine Trillerpfeife. Niemand aber kann die Kapelle an der Spitze des Zuges übertönen, die größtenteils aus Trommlern mit Instrumenten in allen Formen und Größen besteht. Alle paar Minuten stimmt sie einen neuen Takt an und kontrolliert damit die Menge. Viele Touristen kann ich nicht erkennen, aber die Menschen in der Parade scheinen sich über unser Auftauchen zu freuen:

Sie begrüßen uns lachend und schreiend, Phil und Cecilie werden als Erste eingehakt und in die Menge gezogen. Auch Kyle und ich lassen uns nicht lange bitten und sind bald mittendrin in der feiernden Karnevalsmeute von São Vicente. Man reicht uns sozusagen durch die Parade: Jeder scheint hier mindestens einen von uns einmal umarmen zu müssen, immer wieder werden wir zum Tanz aufgefordert. Bei meiner Hüftsteifheit kosten mich Tanzschritte in der Öffentlichkeit eigentlich eine große Portion Überwindung, aber hier ist ganz klar: Solange du ausgiebig und möglichst laut lachst, ist alles egal und es gibt keine Möglichkeit, sich lächerlich zu machen. Wie von Geisterhand hält bald jedes Crewmitglied der *Libertalia* eine Bierdose in der Hand, und Flaschen mit hochprozentigem Grogue machen in der Parade die Runde – »Selbst gebrannt!«, versichert mir ein Mann mit roter Clownsperücke und ermutigt mich, ruhig einen größeren Schluck zu probieren. Er macht sich über meinen misslungenen Versuch lustig, meinen Schluck größer aussehen zu lassen, als er tatsächlich ist. »Jeden Sonntag bis Karneval machen wir das hier!«, ruft er mir ins Ohr. Rot, Grün und Gelb seien die Farben eines stolzen Panafrikas, erklärt er mir. »Das ist nicht nur Karneval, vor allem feiern wir unsere Wurzeln in Westafrika!«, höre ich noch, bevor mich eine dunkle Gestalt in einem Bastrock, einer großen Feder auf dem Kopf und einem riesigen Dolch in der Hand weiterzieht. Ich erschrecke nur kurz, der fast nackte Mann ist zwar von Kopf bis Fuß mit schwarzer Ölfarbe eingeschmiert, kommt aber ganz offensichtlich wie jeder hier in überaus friedlicher Absicht. Wir tanzen Arm in Arm einmal im Kreis um unsere kleine Gruppe Touristen herum, bevor er in der Menge verschwindet. Eine junge Frau sieht mir mein Erstaunen an und erklärt mir lachend, dass das ein Mandinga gewesen sei, ein afrikanischer Kämpfer, der ebenso zum Karneval in Mindelo gehört wie die Trommelmusik. Oder die kreisenden Grogueflaschen, von denen die Frau mir jetzt eine hinhält. Wir vier *Libertalia*-Segler lassen uns bis in den Abend durch den Umzug treiben. Wir flippern wie Flummis zwischen den Feiernden hin und her, verlieren uns und laufen uns wieder in die Arme. Irgendwann taucht vorne auf dem Truck noch eine Fußballmannschaft auf und lässt sich von der Menschenmenge feiern – angeblich die Nationalmannschaft Kap Verdes, die gerade ein Testspiel hatte, aber so ganz genau kann das keiner sagen. Als es dunkel wird, endet die Parade am Stadtstrand. Hier wird weitergetanzt, bis wir spät am Abend den Locals in die umliegenden Bars folgen.

Die Genua

»Wie viele Erwachsene braucht es, um ein paar Pizzen zu holen?«, raunzt Phil uns an, als Cecilie und ich ihm vorschlagen, zu dem kleinen Imbiss in der City zu gehen und für Abendessen zu sorgen. Cecilie solle allein gehen und ich gefälligst hier an Bord mitanpacken. Phils Blick huscht suchend über das Boot. »Die Strömung hat sich gedreht, wir müssen die Festmacherleinen neu spannen«, sagt er, »da könntest du dich ruhig mal nützlich machen.« Das ist ihm doch gerade erst eingefallen, denke ich, und wirklich nötig ist es auch nicht. Ich meine an seinem Gesichtsausdruck erkennen zu können, dass er selber nicht ganz zufrieden ist mit seinem vorgeschobenen Auftrag. Trotzdem zieht er es durch: »Aaay, Käpt'n!«, sage ich und schere mich nicht darum, dass mein sarkastischer Unterton unüberhörbar sein muss. Das wiederum kümmert Phil nicht. Er ruft auch Kyle herbei, der gerade in ein Buch vertieft in der Hängematte liegt, die wir auf dem Vordeck gespannt haben. »Schinken, groß«, bellt er Richtung Cecilie, die mit den Augen rollt und sich auf den Weg macht, während Kyle und ich uns so lange an der Vertäuung der *Libertalia* zu schaffen machen, bis unser Käpt'n zufrieden ist.

So richtig überrascht ist keiner von uns von dieser komischen Aktion: Um Phils Laune ist es nicht gut bestellt in diesen Tagen. Wenn er versucht, uns das nicht spüren zu lassen, dann gelingt es ihm nicht. Immer wieder gibt es Momente, in denen er mit irgendetwas nicht einverstanden ist oder er sich zu einer unfairen Bemerkung hinreißen lässt. Er scheint nach wie vor nicht gut zu schlafen, jedenfalls weckt er uns täglich in aller Herrgottsfrühe, nur um den Tag über schlechte Laune zu verbreiten. Einmal bringt es ihn völlig aus der Fassung, dass jemand seine Kaffeetasse abgewaschen hat – Wasserverschwendung sei das und vollkommen unnötig. Immerhin ist er da konsequent: Beim Geschirrspülen hält Phil sich ebenso zurück wie bei den anderen alltäglichen Aufgaben an Bord. Cecilie verdächtigt er in spitzen Bemerkungen, für unsere immer noch defekte Toilettenspülung verantwortlich zu sein: Die hätte sich in den letzten Jahren schon zweimal genau so angehört wie jetzt und beide Male wäre ein Tampon für die Verstopfung verantwortlich gewesen. »Meine waren das nicht!«, bemerkt er bissig. Als ich mich schließlich dazu breitschlagen lasse, dem Problem auf den Grund zu gehen – niemand von uns ist besonders heiß darauf, die Fäkalienpumpe zu öffnen und genauer zu untersuchen –, finde ich den Deckel einer Zahnpastatube, der die Pumpe blockiert. Die Mitsegler auf der *Libertalia* putzen sich in der Regel an Deck die Zähne und nicht auf der Toilette – anders als der Käpt'n …

Eine Zeit lang haben Cecilie, Kyle und ich Phils miese Stimmung einfach ignoriert oder einfach auf eine schlechte Tagesform geschoben. Mittlerweile ist sie aber immer öfter Thema in unseren Gesprächen, wenn wir unter uns sind. Wir fragen uns, woran es liegen könnte:

»Schon eine krasse Verantwortung, die da auf ihm lastet«, sagt Kyle und ich kann ihm nur zustimmen. »Lagerkoller«, werfe ich in den Ring. In meinen Segelbüchern ging es am Rande auch immer wieder um zerrüttete Männerfreundschaften und um Paare, die sich nach Jahren der Ehe plötzlich nie wiedersehen wollen. Andererseits müsste Phil von uns allen am ehesten daran gewöhnt sein, auf engem Raum mit verschiedenen Menschen zu wohnen – schließlich lebt er seit Jahren so. Cecilie schließlich gibt zu bedenken, dass die ganzen Reparaturen auch ganz schön teuer sein müssen. »Vielleicht wird auch das Geld knapp.« Auch wenn Phils Reisestil alles andere als luxuriös ist: Er ist schon seit drei Jahren unterwegs und hat gerade einmal einen Bruchteil seiner Weltumsegelung hinter sich. In den letzten Wochen habe ich ihn nichts übersetzen sehen, wann sollte er auch? Gut möglich, dass er gerade seine Ersparnisse davonfließen sieht und sich fragt, ob das alles so weitergehen kann, wie er es sich erträumt. Auf jeden Fall dürften ihm die ganzen Schäden an der *Libertalia* deutlich mehr zu schaffen machen als uns: Das Boot ist für ihn viel mehr als nur ein abenteuerliches Verkehrsmittel. Es ist sein Zuhause und steht im Grunde für seinen ganzen Lebensstil. Was auch immer die Ursache für Phils Verstimmung sein mag: Wir belassen es erst einmal beim Spekulieren und trauen uns nicht, ihn darauf anzusprechen. Cecilie hingegen fasst sich schließlich ein Herz und teilt uns mit, dass wir den Weg über den Atlantik ohne sie werden antreten müssen. Es fällt Phil schwer, das zu akzeptieren, und er redet lange auf sie ein – doch Cecilies Entscheidung steht und trägt auch nicht gerade zu einer Verbesserung seiner Laune bei.

Mir fällt es schwer, mich mit der Situation zu arrangieren. Wäre es doch nur einer meiner Mitsegler, da fiele es mir bestimmt leichter, ihn einfach zu ignorieren. Wenn aber ausgerechnet der Käpt'n sich zu so einem Stinkstiefel entwickelt? Das hätte schon das Potenzial, mir die Reise zu vermiesen. Mir kommt der Gedanke, vor meiner letzten Etappe eventuell doch noch einmal das Boot zu wechseln. Zeitlich sollte das kein Problem sein und Boote, die über den Atlantik segeln, gibt es hier auch genug. Die ganz große Lust, noch einmal Boote abzuklappern und Crewbörsen vollzuspammen, will bei mir aber auch nicht aufkommen. Eine Garantie, ein Boot zu finden, hätte ich natürlich auch nicht und dass ein neuer Käpt'n wirklich deutlich besser wäre, ist auch alles andere als sicher. Mir fällt der spanische Bootstramper mit seiner Horrorgeschichte vom sturzbetrunkenen Skipper auf hoher See ein. Ich habe auch von Booten gehört, auf denen die Mitsegler fast rund um die Uhr putzen, polieren und kochen müssen. Zu Hause in Hamburg hatte ich mich sogar auf genau das eingestellt. So einen Kojenplatz auf einer Segelyacht, dachte ich damals noch, gibt es bestimmt nur gegen harte Arbeit. Davon sind wir auf der *Libertalia* noch immer meilenweit entfernt. Hier überarbeitet sich bestimmt keiner und bisher war die Stimmung eigentlich prächtig und ich auch mit Phil so sehr auf einer Wellenlänge, wie man es sich nur wünschen kann. So schnell steckst du den Kopf dann auch nicht in den Sand, sage ich zu mir selber. Ich beschließe, die Lage erst einmal so zu nehmen, wie sie ist, und zu hoffen, dass der Käpt'n sich einfach möglichst bald wieder fängt.

Die Voraussetzungen dafür sind eigentlich ziemlich gut, denn abgesehen von Phil haben wir auf den Kapverden bislang eine richtig gute Zeit. Cecilie hat zu ihrem Abschied einen kleinen Ausflug geplant: Es geht zum Wandern auf unsere Nachbarinsel Santo Antão, inklusive Übernachtung in einer kleinen Pension. Einfach mal das Boot für zwei Tage nicht sehen und das Meer gegen die Berge eintauschen – das kann uns nur guttun und verdient haben wir es auch, finden wir, und selbst Phil ist einverstanden. Und schon auf der Fähre nach Porto Novo, dem Hauptort Santo Antãos, beobachte ich, wie er sich ein Schmunzeln nicht verkneifen kann: Wir sitzen auf dem Sonnendeck der *Mar d'Canal* von der kapverdischen Armas-Reederei, schlecken Vanilleeis und lassen uns die Sonne auf den Bauch scheinen, als ein Decksmann uns weiße Papiertüten hinhält: »Die Wellen könnten heute etwas höher werden!« Ich brauche einen Moment, um zu verstehen, dass es sich um Spucktüten handelt, winke dann ebenso cool ab wie Phil und Kyle. Nur Cecilie greift zu, wird sie auf der einstündigen Überfahrt aber ebenfalls nicht benötigen. Angekommen in Porto Novo, besteigen wir ein Taxi – einen alten Pick-up-Truck mit Sitzplätzen auf der offenen Ladefläche – und fahren zum Startpunkt unserer Wanderung. Laut Cecilie soll sie durch eine dschungelartige Landschaft führen, wovon jedoch während unserer Fahrt in die Berge nichts zu sehen ist: Es geht über eine knochentrockene Piste bergauf. An einigen Stellen kann man noch erkennen, dass sie irgendwann mal gepflastert worden sein muss – mittlerweile haben die Sonne und der Atlantikwind die meisten Pflastersteine jedoch zu winzigen Staubkörnern verwittert, die unser Taxi-Pick-up in einer riesigen Staubwolke hinter sich her zieht.

Tag 64 der Reise

»Unglaublich!«, ruft Kyle und wir machen große Augen. Vor einer halben Stunde sind wir vom Pick-up gesprungen, es folgte ein kurzer Aufstieg zu Fuß. Jetzt stehen wir ungefähr 1500 Meter oberhalb des Ozeans am Rand des Cova-Kraters und schauen hinunter. Kreisrund, vielleicht einen Kilometer im Durchmesser und einige Hundert Meter tief liegt das Naturphänomen vor uns und wäre so schon beeindruckend genug. Am meisten fasziniert uns jedoch etwas anderes: Im Innern des Kraters leuchtet es grün – Vegetation, und zwar nicht zu knapp! Was für ein Kontrast zu der Mondlandschaft, durch die wir eben noch gefahren sind, und zum atlantikblauen Ausblick auf See. Wir schießen jede Menge Fotos, klettern auf der Suche nach der besten Perspektive ein wenig umher und genießen den Ausblick von den Felsvorsprüngen. Tief im Tal, unterhalb des Kraters, hängen ein paar Wolken, die den Blick nach Paúl versperren – dem Ziel unserer Wanderung. Zwischen uns und dem Küstenort liegt die Ribiera do Paúl, die laut

Cecilie das wohl schönste Wandergebiet der Kapverdischen Inseln ist. Bei diesem Anblick glauben wir ihr das jetzt auch und können es nach einer Weile am Kraterrand schließlich nicht mehr abwarten, in dieses grüne Dickicht einzutauchen. Unser Wanderpfad führt in steilen Serpentinen hinunter und diente ursprünglich den Bauern von Paúl, die ihre für die Kapverden oft außergewöhnlich reiche Ernte schon vor einigen Jahrhunderten mithilfe von Maultieren über diesen Weg zu ihren Kunden transportierten. Inzwischen trifft man hier auch Touristen wie uns, aber schon nach kurzer Zeit erkennen wir, dass die Ribiera auch heute noch vor allem landwirtschaftlich genutzt wird: Das Grün unterteilt sich in Rechtecke, Quadrate und Dreiecke. Unsere Stimmung wird immer ausgelassener, wir jagen uns mittlerweile gegenseitig ins Tal hinab. Langsam wird der Pfad breiter und irgendwann kommt uns tatsächlich ein alter Mann mit einem mit weißen Säcken beladenen Esel entgegen. Phil spricht ihn auf Portugiesisch an, will wissen, was er dort transportiert und wohin er unterwegs ist. Er lächelt freundlich und gibt so den Blick auf einige Zahnlücken frei. Seine Gesichtszüge sehen europäisch aus und die Augen leuchten grün, was kombiniert mit seiner dunklen Haut ungewohnt aussieht. Sein kreolisches Erbe ist offensichtlich, seine Wurzeln sind gleichermaßen europäisch und afrikanisch. Wahrscheinlich lebt seine Familie schon seit vielen Generationen hier im Tal von Paúl. Das wird auch der Grund dafür sein, dass wir uns mehr schlecht als recht verstehen, der Mann spricht kapverdisches Kreol. Die Sprache ist hörbar verwandt mit dem Portugiesischen, trägt aber auch jede Menge andere

Einflüsse in sich. Ich bilde mir ein, dass sie auch dem Holländischen ein wenig ähnelt – nur verstehen können wir es nicht wirklich. Wohin er möchte, finden wir nicht heraus, aber immerhin öffnet er einen seiner Säcke für uns und zeigt uns jede Menge dicker brauner Knollen. Obwohl der Bauer immer wieder das Wort »Yam« benutzt, halte ich sie zunächst für etwas zu lang geratene Süßkartoffeln. Nachdem wir uns verabschiedet haben und der Mann seinen Esel zum Weiterlaufen überredet hat, meint Kyle, dass er diese Wurzel unbedingt mal ausprobieren möchte, und ich brauche eine Weile, um zu verstehen: In dem Sack waren keine Süßkartoffeln, sondern Yamswurzeln. Wir beschließen, sie auf unsere nächste Einkaufsliste zu setzen, und beginnen zu spekulieren, wie die Wurzeln schmecken und wie man sie zubereiten könnte. Nur eine Kurve später und einige Höhenmeter tiefer beginnt das Früchteraten dann so richtig: Unser Wanderweg führt jetzt mitten durch die fruchtbaren Gärten, denen wir schon seit unserem Stopp oben am Kraterrand entgegenfiebern. Links und rechts haben die Bauern kleine Terrassen angelegt, auf denen sie sämtliche Obst- und Gemüsesorten der Welt anzubauen scheinen: Tomaten, verschiedene Kohl- und Salatsorten kennen wir von zu Hause. Orangen und Zitronen erkennen wir auch, denn sie hängen fett und erntereif an den Bäumen. Mehr Schwierigkeiten haben wir dabei, die tropischeren Gewächse voneinander zu unterscheiden, von denen Cecilie in ihrem Wanderführer gelesen hat: Welche dieser Pflanzen könnte die Brotfrucht sein? Ist das dort drüben eine Bananenplantage oder werden an den üppigen Stauden irgendwann mal Kaffee- oder Kakao-

221

bohnen hängen? Die winzigen grünen und ovalen Früchte an den Bäumen dort am Wegrand – sind das Datteln, Guaven oder werden das mal süße Mangos? Die Auswahl ist beträchtlich: Fast fühlt es sich an, als würden wir auf jeder einzelnen der kleinen Terrassen eine andere Pflanzensorte entdecken. Nur ein bambusartiges Gewächs, das uns drüben auf São Vicente schon mindestens einmal Kopfschmerzen bereitet hat, kehrt immer wieder: Zuckerrohr scheinen die Bauern hier auf jedem Quadratmeter anzubauen, auf dem sonst nichts wächst. So sorgen sie für die Versorgung der Inseln mit dem wichtigen Grogue. Seine außergewöhnliche Fruchtbarkeit hat das Tal von Paúl übrigens demselben Passatwind zu verdanken, der uns auch über den Ozean bringen soll: Das Windsystem bläst in perfekter Regelmäßigkeit Regenwolken vom Atlantik auf die Nordwestseite Santo Antãos, die dann an den hohen Vulkankegeln der Inseln hängen bleiben, bis sie sich abgeregnet haben. So teilt der Passat Santo Antão in den kargen und trockenen Süden und den üppigen, fruchtbaren Norden. Was für ein Kontrast: Nach Tagen der blauen Monotonie des Ozeans, in der es außer ein paar Seevögeln nur wenig Zeichen von Leben gab, saugen wir in dieser frischen Oase die Eindrücke auf. Wir freuen uns über jedes Huhn, das zwischen Kohlköpfen und Kartoffelstauden im Boden herumpickt, riechen an jeder der bunten Blüten. Kyle ist mutig genug, immer wieder verschiedene der uns unbekannten Früchte zu pflücken und hineinzubeißen: »Wenn die das hier anbauen, wird es schon nicht giftig sein!« Damit hat er wahrscheinlich recht, allerdings verzieht er dann doch meistens das Gesicht – zu sauer oder zu bitter, definitiv noch unreif. Seiner Lust zu probieren tut das keinen Abbruch. Die Dämmerung ist schon eingebrochen, als wir schließlich vermehrt kleine Hütten und Häuschen sehen, aus deren Schornsteinen Rauch steigt. Durch die oft offen stehenden Haustüren können wir erkennen, dass die kapverdischen Bauernfrauen damit beginnen, das Abendessen zuzubereiten. Nur noch wenige Schritte bis zu unserem Bed & Breakfast, in dem uns gemütliche Betten, eine große Dusche mit kräftigem Wasserstrahl und am nächsten Morgen ein reichhaltiges Frühstück im Schatten eines Maracujabaums erwarten. Beim Morgenkaffee auf der Terrasse unserer Unterkunft sagt Phil: »Da bekommt man fast Lust, noch ein Jährchen hierzubleiben und die ganzen Inseln ein bisschen genauer unter die Lupe zu nehmen.« Kyle und ich werfen uns einen Blick zu: Beim Wandern hatten wir Phil vorsichtig erklärt, dass wir uns ein bisschen sorgen, dass er gar nichts dagegen hätte, wenn es genau so kommen sollte. Meint er das ernst oder will er nur mal wieder sticheln? Eigentlich hatte ich den Eindruck gehabt, dass sich die Gemütslage unseres Käpt'ns durch unseren Ausflug schon deutlich gebessert hätte. Jetzt bin ich mir nicht mehr so sicher.

Zurück in Mindelo, passieren wir gerade das Stahltor zur Marina, als eine Mitarbeiterin ihren Kopf durch das Fenster des Hafenbüros streckt und uns zu sich ruft. Sie hat gute Neuigkeiten: Morgen ist der Aluminiumschweißer für einige Aufträge im Hafen! Sogar eine Telefonnummer hält sie parat, bei der Phil sofort anruft. Der Fachmann verspricht, der *Libertalia* einen Besuch abzustatten und einen Blick auf ihren Mastbaum zu werfen. »Das hört sich doch gut an«, sagt Kyle. »Abwarten«, erwidert Phil skeptisch, seiner Erfahrung nach ginge das viel zu schnell. »Wir befinden uns immer noch auf einem Segelboot«, sagt er und verzieht das Gesicht. Als ich am folgenden Nachmittag die Marina Richtung Stadt verlasse, kommt mir tatsächlich ein Mann mit einem kleinen Karren entgegen, auf dem sich ein Schweißgerät befindet. Wie eigentlich jeder hier trägt er Flipflops, Badeshorts und ein ärmelloses T-Shirt. Keine klassische Handwerkermontur, denke ich, aber als ich ihn anspreche, bestätigt er mir, dass auch die *Libertalia* auf seinem Zettel steht und dass er uns besuchen wird, sobald er seine Aufträge abgearbeitet hat. Hört sich wirklich gut an, denke ich. »Dann sehen wir uns ja später!«

Aber erst mal habe ich meinen eigenen kleinen Auftrag zu erfüllen: Ich bin auf der Suche nach der Yamswurzel. Auf Santo Antão hatten wir ein bisschen bereut, dem Bauern dort nicht einfach ein paar Wurzeln abgekauft zu haben, aber sie sollten sich auch hier irgendwo finden lassen. Ich will es eigentlich zunächst in unserem Fragata-Supermarkt probieren. Doch kurz bevor ich dort ankomme, sehe ich auf der gegenüberliegenden Straßenseite eine Handvoll kleiner, provisorischer Stände. Auf dem Asphaltstreifen zwischen der stark befahrenen Fahrbahn und dem Strand bieten Männer und Frauen Obst und Gemüse an. Sie scheinen gerade erst angekommen zu sein, einige sind noch damit beschäftigt, ihre Ware in Schüsseln zu sortieren, die sie auf Decken und kleinen Tischen platzieren. Eine Frau kommt dazu, sie trägt eine riesige, bis oben hin gefüllte Plastikwanne auf ihrem Kopf und setzt sie neben einer der Decken ab. Hinter ihr schleppt ein Mann zwei weiße Plastiksäcke heran, ebenfalls voll bis obenhin.

»Hello Mister«, reagiert eine Verkäuferin als Erstes, als ich an die Stände herantrete und sie nach den braunen Wurzeln absuche. Wir stellen fest, dass ihr englischer Wortschatz damit schon erschöpft ist. Also versuche ich es auf »Portuñol«, wie wir an Bord seit einigen Tagen meine kläglichen Versuche nennen, portugiesisch zu sprechen. Im Grunde handelt es sich um mein Urlaubsspanisch mit vernuschelten und zumindest in meinen Ohren portugiesisch klingenden Endungen. Die Bäuerin kann damit nichts anfangen, aber ich finde einen Korb mit Yamswurzeln auf ihrer Decke und sie packt mir einen ordentlichen Haufen davon in eine Tüte. Ich gebe ihr das Handzeichen, dass ich bezahlen möchte, und sage immer wieder »la cuentao«. Die kapverdische Bäuerin aber hat andere Pläne: Sie gibt vor, mich nicht zu verstehen, und statt mir den Preis für die Yamswurzel zu nennen, greift sie nacheinander in jede ihrer Schüsseln, Töpfe und Säckchen und streckt mir den Inhalt entgegen. Ich möchte eigentlich wirklich nicht mehr mitnehmen, denn ich bezweifle stark, dass wir in den nächsten Tagen noch oft an Bord kochen werden – dafür genießen wir gerade zu sehr das Stadtleben mit Restaurants und Take-aways an jeder Ecke. Doch die Bäuerin ist ganz Geschäftsfrau und gibt nicht nach. So beginnen unsere mit Händen und Füßen geführten Verhandlungen bei jedem Gemüse aufs Neue. Es vergeht eine ganze Weile, bis sie endlich meinen 200-Escudos-Schein akzeptiert, von dem ich mich nur schweren Herzens trenne: Er ist zwar nicht einmal zwei Euro wert, aber ein schicker Dreimaster schmückt die blaue Banknote. Eigentlich ein perfektes Souvenir – hoffentlich schafft es in den nächsten Tagen noch ein weiterer dieser Scheine in mein Portemonnaie.

Bepackt mit drei schweren Plastiktüten, gefüllt mit Tomaten, Zwiebeln, Bananen, Mangos, Papayas und Yamswurzeln, mache ich mich auf den Weg zurück zum Hafen. Angekommen beim Boot, staune ich nicht schlecht: Unser Besanbaum ist wieder dort, wo er hingehört! Als sei nichts gewesen, hängt er an seinem Mast, statt wie die letzten Tage zwischen Tauen und Leinen an Deck zu liegen. »Der Typ hat keine Viertelstunde dafür gebraucht!«, erklärt Kyle grinsend. »Und du warst auch erfolgreich?« Kyle greift nach meinen Tüten und drückt mir im Gegenzug eine Dose Strela in die Hand – Zeit für eine Lagebesprechung. Phil bestätigt uns jetzt noch einmal, dass nach wie vor der Karneval in Brasilien sein Ziel ist – »dieses Jahr«. Ich spüre, wie Erleichterung in mir aufsteigt, was auch Kyle so zu gehen scheint, der mir jetzt wieder einen vielsagenden Blick zuwirft. Allzu positive Stimmung aber verhindert Phil noch im selben Atemzug: Das Genuasegel bereitet ihm echte Sorgen. »Wenn wir es uns nur endlich vernünftig anschauen könnten«, klagt er. Ich hatte mich in den letzten Tagen schon häufiger gefragt, warum wir das noch immer nicht getan haben.

Jetzt erklärt Phil es endlich: Um die »Wurst« zu öffnen, zu der wir es verpackt haben, bräuchten wir komplette Windstille. »Ansonsten schlägt das Segel uns hier alles kurz und klein«, sagt er. Und so sind wir im Moment wohl die einzigen Segler in der Marina, die darauf hoffen, dass der Wind noch weiter abschwächt. Auf den anderen

Booten und in der Floating Bar ist eher seine Schwäche ein Thema: Der Passat baut sich nur langsam auf in diesem Jahr, in den letzten Tagen bläst er mit drei bis vier Windstärken. »Fünf bis sechs sollten es schon sein«, hatte sich Tim gestern gewünscht, der mittlerweile genug hat von Mindelo und jetzt langsam wirklich gerne ablegen würde mit Anna und der *Waimangu*. Wir dagegen müssen hoffen, dass der Wind noch eine Pause einlegt, bevor er uns dann über den Atlantik pusten kann. »Absolute Windstille ...«, sagt Phil mit angesäuerter Miene, »... wer weiß, ob das überhaupt vorkommt auf diesen Inseln.« Ich schaue nach oben auf die wehende Piratenflagge im Rigg der *Libertalia* und muss zugeben, dass wir jetzt über eine Woche auf Kap Verde sind und der Wind hier eigentlich ziemlich konstant weht. Phils negative Art nervt mich trotzdem nach wie vor.

Hoffnung macht, dass unser Käpt'n jetzt immerhin abends die Lebensfreude wiederentdeckt, für die ich ihn eigentlich schätze: Da wir eh wieder einmal warten müssen, haben wir die Zeit, Mindelos Nachtleben ausgiebig zu erkunden. Erster Anlaufpunkt dafür ist meist der Clube Náutico, nur wenige Schritte von der Marina entfernt, in dem sich vor allem Urlauber und Segler treffen. Es gibt gutes Essen, meist Fisch oder Meeresfrüchte, und bei der Einrichtung bleibt der Laden seinem Namen treu: An den Wänden hängen Dutzende verschiedene Flaggen und Emailleschilder mit Seglersprüchen in verschiedenen Sprachen, auf einem steht auf Deutsch »Vertrauen zu Tauen«. Ein altes Ruderboot aus Holz trennt das Restaurant vom Barbereich, in dem es zu Phils großer Freude einen Billardtisch gibt und außerdem eine kleine Bühne, auf der fast jeden Abend Bands auftreten. Auf Livemusik scheint man überall in Mindelo großen Wert zu legen: Eigentlich hat selbst die kleinste Bar zumindest eine Ecke für einen Barhocker freigeräumt, auf dem ein Musiker mit einem Akkordeon oder einer Gitarre Platz findet. Oft gesellen sich im Laufe des Abends Gäste zu ihm und stimmen ein. Dabei kommen oft auch die Musikinstrumente zum Einsatz, die eigentlich zur Deko an den Wänden hängen, manchmal taucht auch hinter dem Tresen noch eine Klarinette oder eine Ukulele auf. Und im Notfall improvisieren die Kapverdier eben und nutzen Weinkanister, Flaschen oder Bierdosen als Instrumente. So lernen wir an diesen Abenden die Morna kennen, deren Sound die Insel fest im Griff hat. Gesungen wird kreolisch, sodass wir kein Wort verstehen, aber die kapverdische Musikrichtung mit ihren süßlich-melancholischen Klängen voller Sehnsucht passt perfekt in die kleinen Inselspelunken mitten auf dem Atlantik – und zu unserer Reise. Während wir uns durch Mindelos Kneipenleben treiben lassen, entdecken wir fast jede Nacht einen neuen Song für unsere Bordplaylist.

Einer dieser Songs ist es jetzt auch, der mich aus dem Schlaf reißt. Gestern war es spät geworden, ich spüre mal wieder die Nachwirkungen des Grogue und habe keine große Lust zu schauen, was da los ist. Wahrscheinlich will Phil uns einfach mal wieder nerven, denke ich und beschließe, die Musik und das Leben auf der anderen Seite der Stahltür zu meiner Hundekoje erst einmal zu ignorieren. Doch da öffnet sie sich auch schon: »Windstille!«, ruft Phil und ich begreife, was los ist.

Wenig später stehe ich auf dem Schwimmsteg vor der *Libertalia*. Es weht tatsächlich fast kein Lüftchen, was die Sonne viel unbarmherziger wirken lässt, als wir es bislang auf Kap Verde gewohnt waren. Phil hat schon begonnen, die Knoten um unser nach wie vor fest verschnürtes Vorsegel zu lösen, um es dann langsam auszurollen. Meine Aufgabe ist es, die Leine stramm zu halten, die zur äußersten Ecke des Segels führt. Um mich herum stehen außer Kyle und Cecilie auch Tim und Anna – alle bereit mitanzupacken, sobald das Segel weiter ausgerollt ist. Kurze Zeit später stellt sich auch unser Stegnachbar André zur Verfügung. Nicht ganz uneigennützig, wie er zugibt: »Ich habe echt Angst um mein Boot!«, sagt er. Er befürchtet wie auch Phil, dass das Segel kaum noch zu kontrollieren sein wird, wenn es erst einmal komplett ausgerollt ist. Noch allerdings hängt die kleine Ecke Segeltuch locker über dem Mastkorb. Ich halte die Leine entspannt mit einer Hand und kann mir ehrlich gesagt kaum vorstellen, dass sich das großartig ändern wird, schließlich herrscht gerade wirklich so gut wie gar kein Wind. Während Phil oben an den vielen Knoten herumfriemelt, die sich festgezogen haben, quatscht unsere kleine Gruppe auf dem Steg. »Wenn die Vorhersage stimmt, werden wir morgen Nachmittag ablegen«, verkündet Tim, »das hier ist nur die Ruhe vor dem Sturm.« Er schielt zu seiner Freundin hinüber. Die zieht eine Grimasse, die wohl ausdrücken soll, dass sich bei ihr Vorfreude und Angst die Waage halten. »Irgendwie kommen sie alle rüber«, witzelt André darauf. »Nicht vergessen: Wenn du jetzt und hier ein Stück Holz ins Wasser wirfst, wird es spätestens im Sommer irgendwo in der Karibik an Land gespült!« Ein geflügelter Spruch unter Atlantiküberquerern, den wir auf dem Weg nach Kap Verde wohl alle schon mal gehört haben. Er hat einen wahren Kern, weiß auch Anna, die allerdings zu bedenken gibt, dass sie »in der Karibik dann gerne auch noch am Leben wäre«. Unterdessen ist Phil kurz unter Deck verschwunden und kommt mit einem Messer zurück. »Sonst wird das nichts«, sagt er und durchtrennt einen Knoten nach dem anderen. Am Segel tut sich trotzdem eine Zeit lang nichts, bis es plötzlich einen Ruck gibt. Ich mache einen kleinen Satz, Kyle springt mir zur Seite und packt sich das Seil. Ich bin überrascht: Das Genuasegel ist jetzt gerade einmal zu einem Viertel ausgerollt. Das leichte Lüftchen schafft es nicht einmal, es ganz auszufüllen – und trotzdem hätte ich allein schon jetzt keine Chance mehr, es über längere Zeit zu halten. Als es sich Stück für Stück weiter öffnet, springen uns nach und nach die anderen Helfer zur Seite. Wir stemmen uns jetzt mit ganzer Kraft gegen den Steg, ich kann kaum glauben, wie viel Kraft die ein oder zwei Windstärken auf das Segel ausüben. Ich stehe ganz vorne in der Reihe und unser Vorsegel zieht mich immer wieder so weit hoch, dass ich komplett in der Luft hänge. Ich staune, wie riesig es plötzlich hier im Vergleich zu den Yachten und Masten wirkt. Auf dem Meer, ohne solche Maßstäbe, ist mir das nie aufgefallen. Der kritischste Moment kommt, als die Genua komplett ausgerollt ist und in ihren vollständigen Abmessungen in der Luft flattert. Ab und zu berührt sie jetzt wirklich fast die Stage des Nachbarboots, André legt sich voll ins Zeug und ich sehe, wie ihm der Schweiß in Bächen von der Stirn tropft. Phil muss jetzt ins Cockpit rennen und das Segel mit der Winsch ordentlich aufrollen, um es unter Kontrolle zu bekommen. Zum Glück klappt das gut, das riesige weiße Dreieck wird immer kleiner und auch der Zug an der Leine wird langsam schwächer. Als es schließlich geschafft ist, klatschen wir uns ab und kommen dann endlich dazu, uns den Schweiß abzuwischen. Erst jetzt merke ich, dass sich in sicherem Abstand eine kleine Menschentraube gebildet hat, der wir hier fast eine Stunde lang Hafenkino vom Feinsten geboten haben. Jetzt wagt sich eine Frau hervor, deren weißes Poloshirt sie als Mitarbeiterin der Marina ausweist. Sie ist sichtlich sauer und geht schnurstracks auf die Reling der *Libertalia* zu, über die Phil gerade einige Bierdosen balanciert, die er unter unseren Helfern verteilen will. »Unverantwortlich war das!«, brüllt sie. »Wenn das schiefgeht, zerschießt ihr uns die gesamte Pontonanlage!« Sie will gar nicht aufhören zu schimpfen, und bevor sie wütend davonstapft, lässt sie keinen Zweifel daran, dass sie ihre letzte Drohung absolut ernst meint: »Versucht ihr das noch einmal, dann werfen wir euch hochkant aus der Marina!« Die ganze Nummer war wohl doch um einiges heikler, als ich gedacht hätte. Aber es ist ja gut gegangen und ich muss schmunzeln, als ich Phil anschaue: Der Ein-Meter-neunzig-Muskelprotz sieht aus wie ein kleiner Schuljunge, den man beim Abschreiben erwischt hat, und schafft es die ganze Zeit über nicht, auch nur einen Ton herauszubekommen. Erst als die fast zwei Köpfe kleinere Marina-Mitarbeiterin schon fast verschwunden ist, ruft er ihr ein kleinlautes »Sorry« hinterher, das sie auf keinen Fall gehört haben kann. Vielleicht ist das ganz gut so, denn auch meinen Mitseglern und unseren

Freunden scheint in diesem Moment die Komik dieser Situation bewusst zu werden: Keiner schafft es, sein Lachen zu unterdrücken. Eine Zeit lang stehen wir noch zusammen auf dem Steg, aber bald zerstreut sich unsere Gruppe vorerst: Tim und Anna wollen noch ein paar letzte Besorgungen vor dem Ablegen erledigen und für André wird es Zeit für einen Imbiss und seinen anschließenden Mittagsschlaf. Wir werden unterdessen eine Grillparty vorbereiten, denn heute feiern wir zwei Abschiede gleichzeitig: Sowohl für Tim und Anna als auch für Cecilie wird es der letzte Abend auf São Vicente.

Abschied

»So ein Vieh kann schon mal eine halbe Tonne wiegen!«,
sagt Matze und macht eine kurze Sprechpause, um mit seiner rechten Faust in die linke Handhöhle zu schlagen. Der
Mittfünfziger, braun gebrannt, gespiegelte Sonnenbrille,
ähnlich groß wie Phil und beide Arme übersät mit verbli-
chenen Tätowierungen, spricht gerne über sich und seinen
Job: Er verdient seinen Lebensunterhalt damit, Angeltou-
risten aus Deutschland und Europa auf seiner Motor-
yacht von Mindelo aus auf den Atlantik zu fahren und
dort Jagd auf den Blauen Marlin zu machen. Eigentlich
sind Phil, Kyle und ich hier, weil wir hoffen, dass Matze
uns eine große Rohrzange leihen kann. Doch wir merken
schnell, dass es hier etwas länger dauern wird: Kaum sind
wir über die massive Stahlreling an Bord der *Happy Hooker 2* geklettert, haben wir schon Bierdosen in der Hand.
Es sei Nebensaison für die Marlinfischerei, erklärt er uns
mit unüberhörbarem Hamburger Zungenschlag. Seit Wochen habe er keine Kunden gehabt und freue sich deshalb sehr, endlich mal wieder Deutsch zu sprechen. Seinen
Ausführungen zum Schiff (»Zwei dicke Diesel mit jeweils
300 PS!«) lausche ich mehr freundlich als wirklich interessiert – der Wind als Antrieb begeistert mich nun einmal mehr als dicke Motoren. Ausführlich berichtet Matze
auch von seiner Arbeit beim Hochseefischen und von lan-

gen Kämpfen mit dem Blauen Marlin: »Bei mir hat schon so mancher Angler den Drill seines Lebens erlebt«, prahlt er, »das ist Adrenalin pur!« So einfach lasse sich so ein riesiger Raubfisch nämlich nicht an Deck ziehen. Um ihn zu ermüden, seien die Angler auf die starken Motoren angewiesen und manchmal vergehen mehrere Stunden, bis der Fisch schwach genug sei, um von Matze und seinen Kunden an Bord gezogen zu werden. »Die Touristen lassen sich so einen Kampf ordentlich was kosten«, erzählt Matze und reibt sich mit dem Daumen über Zeige- und Mittelfinger. Im Cockpit zeigt er uns stolz martialisch anmutende Fotos von seinen größten Fängen – für meinen Geschmack wäre das eher nichts, mir taten bei meinen noch immer spärlichen Angelerfahrungen schon die Makrelen leid, wenn sie bei mir am Haken hingen. Auch Phil beißt bei dem Thema nicht wirklich an: »Ich wohne jetzt drei Jahre auf meinem Boot und habe noch keinen einzigen Fisch gefangen«, sagt er und lacht. Kyle lächelt unterdessen geduldig vor sich hin und nimmt immer wieder einen Schluck aus seiner Bierdose – der Hochseefischer spricht konsequent Deutsch, sodass er kein Wort versteht.

Phil und ich horchen auf, als Matze schließlich auf seine Lebensgeschichte zu sprechen kommt und berichtet, wie er auf São Vicente gelandet ist. Mitte der 80er-Jahre sei das gewesen, nachdem er sich als junger Mann in Hamburg »auf dem Kiez mit den falschen Leuten angelegt« und es daraufhin für besser gehalten habe, das Land erst einmal zu verlassen. Er erzählt von abenteuerlichen Verhältnissen, die in Mindelo damals geherrscht hätten. Jeder, der hier überleben wollte, hätte einen Dieselgenerator für

Strom und einen Watermaker für Trinkwasser gebraucht, so schlecht war die Infrastruktur. Für ihn sei es trotzdem genau der richtige Ort gewesen: »Ich hatte ja schon auch Bock, ein bisschen was zu erleben.« Als Matze gerade ausholen möchte, um von den – sicher legendären – Partys dieser Jahre zu berichten, unterbricht ihn Phil, um endlich unser Anliegen vorzutragen: »Eine Rohrzange, möglichst große Öffnung und möglichst große Hebel.« Matze nickt, zieht sein Handy aus der Tasche und wählt eine Nummer. Während er es ans Ohr legt, sagt er: »Logisch habe ich so was.« Zwar sei sie nicht auf der *Happy Hooker 2*, aber das hätten wir gleich. Dann spricht er einige Sätze auf Portugiesisch in sein Telefon. Ich verstehe nichts, meine aber, in Phils Augen Hoffnung zu erkennen.

Und tatsächlich zeigt Matze nur eine Minute später auf ein kleines Schlauchboot, das von einem der etwas weiter draußen ankernden Fischerbooten startet und auf uns zuhält. »Ein Angestellter von mir«, erklärt er und kurz darauf klettert ein junger Mann an Bord. Er ist nur mit knallgelben Bordshorts und einer Sonnenbrille bekleidet und strahlt uns an. In den Händen trägt er eine Zange: ziemlich angerostet, aber riesig groß, über einen Meter lang und dem Aussehen nach zu urteilen, bestimmt über 15 Kilo schwer. Genau das Werkzeug, das wir brauchen! Er stellt sich auf Englisch als Amarildo vor und Kyle verwickelt ihn gleich in ein Gespräch. Es stellt sich heraus, dass »Angestellter« vielleicht ein etwas großspuriger Ausdruck war, denn Amarildos »Job« ist es, auf Matzes Schiff aufzupassen, während es in der Bucht von Mindelo ankert. Dafür bekommt er kein Geld, sondern darf kostenlos an Bord wohnen: So spart Amarildo sich die Miete und Matze spart sich die Hafengebühren in der bewachten Marina. Also auch Hand gegen Koje, denke ich, nur wahrscheinlich eher aus der Not geboren als aus Abenteuerlust. Ich will gerade anfangen, ihn auszufragen, als Phil dazwischenfunkt: »Was Größeres hast du aber nicht?«, fragt er Matze, der ungefähr so verdutzt guckt wie ich. Wie sollten wir eine noch größere Zange überhaupt handhaben? Matze verneint, Phil murmelt ein »Danke schön« und drängt jetzt darauf, zurück über den Steg zur *Libertalia* zu gehen. »Sollen wir die Zange einfach hier an Bord legen, wenn wir fertig sind?« – »Ja.«

Die Abschiedsparty von Tim, Anna und Cecilie ist gerade ein paar Tage her. Wie es fast schon Tradition auf der *Libertalia* ist, bestand das kulinarische Angebot aus Fisch und Fleisch vom Bierfassgrill, nur die Getränkeauswahl unterschied sich von den meisten vorherigen Festen an Bord: Tim hatte eine Flasche Rum dabei, »damit Anna heute Nacht gut schlafen kann«. Der Irin merkte man ihre Nervosität deutlich an. Den ganzen Abend über versuchte Tim, die Gespräche vom eigentlichen Törn auf das Ziel zu lenken: St. Vincent und die Grenadinen, ein winziger Inselstaat im Osten der Karibik, ist bekannt für seine fantastischen Ankerplätze in türkisblauen Buchten mit weißen von Palmen gesäumten Sandstränden. »Daran werden wir uns ganz schnell gewöhnen müssen«, scherzte Tim – schließlich seien die Trauminseln nur die ersten von vielen, die sie in der Karibik besuchen wollen. Wir stimmten ein in die Schwärmerei von den Vulkaninseln mit ihren Urwäldern und Korallenriffs, während Anna ihr Bestes tat, positiv zu bleiben. Doch am Ende half es nicht, schon früh am Abend verabschiedete sie sich ziemlich betrunken in ihre Koje auf der *Waimangu*. »Die wird sich schon wieder fangen«, war sich Tim anschließend sicher. Genau so seien schließlich auch die Vorabende der bisherigen längeren Törns der beiden verlaufen: »Gran Canaria, Gibraltar, Brest – überall dasselbe! Und einen Tag später auf See ist sie der glücklichste Mensch der Welt.« Als die beiden am nächsten Morgen ablegten, war Anna tatsächlich wie ausgewechselt. Während des Ablegemanövers fiel mir die Ehre zu, die letzte Festmacherleine des kleinen Schiffes vom Steg zu lösen – die letzte Verbindung zu dieser Seite des Ozeans. Zentimeter für Zentimeter ließ ich das Tau durch meine Hände gleiten, bevor ich es zu Anna hinüberschleuderte. Neben mir die Crew der *Libertalia* und einige weitere Segler aus der Marina, im Hintergrund jede Menge »Good Luck«-Rufe und die trötenden Schiffshörner der umliegenden Boote. Manchmal beobachten wir in der Marina an einem Tag gleich mehrere solcher kleiner Zeremonien, jedes Boot im Hafen wird gebührend verabschiedet. Bei Tim und Anna aber waren wir so nah dran wie nie und fast musste ich mir eine Träne verdrücken: In diesem Moment wurde mir bewusst, dass in so einer Ozeanüberquerung für mich nicht nur ein großes Abenteuer steckt, sondern auch eine dicke Portion Romantik. Vielleicht kommt auch daher der Reiz, den diese Idee auf mich ausübt. Wortlos und ein bisschen sentimental sah ich der *Waimangu* hinterher. Erst als das Segelboot hinter der langen Mole am Kreuzfahrtterminal Mindelos verschwand, bemerkte ich, dass auch Phil, Kyle und Cecilie noch neben mir am Steg verharrten: Wahrscheinlich konnten auch sie sich dem Zauber dieser Szene nicht entziehen. In den Tagen nach ihrem Abschied denke ich oft an Tim und Anna: Hoffentlich wird ihr Autopilot diesmal durchhalten und der Seegang nicht durchgängig das Kochen verhindern. Sicher werden sie schwierige Situationen zu überstehen haben, viel zu wenig und zu unregelmäßig schlafen und sich mitunter auf die Nerven gehen. Aber wahrscheinlich werden sie auch immer wieder Besuch von Delfinschulen bekommen und jeden Abend die Sonne vor ihrem Bug im Meer versinken sehen.

Es gab aber noch ein zweites großes Thema am Abend der Abschiedsfeier, und dafür sorgte passenderweise Cecilie: Zur Überraschung aller fragte sie Phil im Laufe des Abends, ob sie nicht in Brasilien wieder zu uns stoßen könne. Schließlich habe sie noch jede Menge Zeit und ihre Urlaubskasse in den letzten Wochen kaum angerührt. »Und das mit dem Segeln will ich noch nicht aufgeben«, sagte sie. Vielleicht sei ein bisschen entspanntes Küstensegeln von einer Bucht zur nächsten ja besser für sie geeignet als eine Ozeanüberquerung. Damit hat sie wahrscheinlich recht, trotzdem bin ich beeindruckt von ihrer Hartnäckigkeit. Phil geht es ähnlich, er sagte ihr noch am selben Abend einen Kojenplatz zu. Oder eigentlich zwei: Cecilie will in Norwegen noch versuchen, eine Freundin davon zu überzeugen, ebenfalls dabei zu sein. Phil müsste das eigentlich sehr gefallen – ich weiß von ihm, dass er nicht gerne allein auf seinem Schiff ist und es deshalb mag, wenn möglichst viele seiner Kojen für möglichst lange Zeit im Voraus belegt sind. Auch für mich kann Cecilies »Kojenbuchung« eigentlich nur Positives bedeuten, schließlich gibt es damit einen Grund mehr, die Überfahrt auch wirklich ganz bald anzutreten – Kyle und ich haben immer noch die leichte Sorge, dass Phil sich doch noch dazu entschließt, seinen Stopp auf den Kapverden deutlich zu verlängern. Trotzdem wundere ich mich über Cecilies Wunsch, noch einmal auf die *Libertalia* zu ziehen: Auch sie war während ihrer – vorerst – letzten Tage an Bord immer mal wieder genervt von der Unausgeglichenheit unseres Käpt'ns. Noch am Nachmittag vor der Party hatte sie sich einen Anschiss von Phil abgeholt, weil sie zu viel Holzkohle für das Fest gekauft hatte: »Andere räumen ihr Boot auf vor so einem Törn und wir stopfen es voll mit unnützem Mist«, hatte er geschimpft. Sechs Säcke zu je fünf Kilo Kohle sind zwar reichlich bemessen und nehmen tatsächlich viel Platz weg, aber Cecilie wollte auf Nummer sicher gehen, und die Größe unseres Grills ist schwer einzuschätzen – alles in allem eine vollkommen unangemessene Reaktion unseres Käpt'ns. Cecilie störte sich offensichtlich nicht so sehr daran, dass es sie von einer Rückkehr abhalten konnte. Noch bevor sie den Flieger nach Norwegen bestieg, buchte sie sich einen zweiten Flug. In genau vier Wochen geht es für sie von Bergen nach Recife – Phil hatte uns bei dieser Gelegenheit unseren Zielhafen auf der anderen Seite verraten. Die Eineinhalb-Millionen-Stadt liegt am östlichsten Zipfel Brasiliens und ist laut Phil der mit Abstand beste Ort für den Karneval: »Dagegen ist das, was da in Rio stattfindet, ein besserer Kindergeburtstag«, sagt er. Er muss es ja wissen, schließlich war er schon mal dort. Vielleicht spielt es aber auch eine Rolle, dass Recife schlichtweg rein geografisch die erste Möglichkeit bietet, nach der Atlantiküberquerung an Land zu gehen. Cecilie jedenfalls wird pünktlich zum Karnevalsbeginn dort sein.

Bei uns Jungs auf der Libertalia ist das allerdings immer noch nicht ganz so sicher: Das Projekt »Genuasegel« wartet noch immer auf seinen erfolgreichen Abschluss. Als wir uns an die Arbeit machen, sind es vor allem Phil und Kyle, die sich des funktionsuntüchtigen Kugellagers annehmen. Um es zu öffnen, muss zunächst eine kleine Schraube gelöst werden, anschließend lässt sich hoffentlich irgendwie das große Hauptgewinde bewegen – mit Matzes Riesenzange. Der Platz dort vorne an der Bugspitze ist knapp bemessen, sodass es eigentlich kein Job für drei ist: Die beiden basteln eine Seilkonstruktion, in die sie sich außerhalb des Bugkorbes einhängen können, um besser an die Teile heranzukommen. Ich löse ab und zu einen der beiden ab, aber sie haben sich schnell in das Problem verbissen und einen gewissen Ehrgeiz entwickelt. Also beschränke ich mich bald darauf, ihnen gelegentlich Werkzeug zu reichen und an Bord für Essen und Ordnung zu sorgen. Stundenlang schwitzen Phil und Kyle in der Sonne und mühen sich ziemlich ab. So ist es wohl nur eine Frage der Zeit, bis der Käpt'n mich zu ihnen ruft: »Willst du dich nicht auch mal nützlich machen? Das WD-40 wird langsam knapp!« Das Kriechöl hat nicht nur auf diesem Boot den Ruf eines wahren Wundermittels und wird deshalb von Phil und Kyle ausgiebig auf die Gewinde gesprüht. Ich soll jetzt in die Stadt gehen, einen Baumarkt suchen und bei der Gelegenheit auch nach »einer Werkstatt oder irgendeinem Laden, der Kugellager hat«, Ausschau halten. »Das ist doch eine reine Beschäftigungsmaßnahme«, denke ich, während ich eine ungeöffnete WD-40-Dose aus dem Werkzeugregal der *Libertalia* hole, den beiden hinstelle und mich verabschiede. Nachschub finde ich in der Stadt schnell und kaufe gleich fünf der blaugelben Spraydosen. Hoffentlich reagiert Phil darauf nicht wie auf Cecilies Kohlesäcke ... Deutlich schwieriger ist mein anderer Auftrag: Zwar finde ich einen Baumarkt, der eine kleine Auswahl an Kugellagern führt. Und im Industrieviertel am Fährhafen gibt es sogar einen Eisenwarenhandel mit einem deutlich größeren Angebot. Die meisten Kugellager sehen mir jedoch deutlich zu klein aus und überhaupt wird mir spätestens jetzt klar: So etwas gibt es nun wirklich in sämtlichen Formen, Größen und Materialien, und ohne eine genaue Typenbezeichnung oder zumindest eine gute Beschreibung mit exakten Maßen ist es absolut müßig, hier ziellos durch Mindelo zu laufen. Wieder frage ich mich, was genau Phil sich eigentlich von meinem Ausflug erhofft, und bereite mich auf neue Unzufriedenheit vor, als ich umkehre. Sicherheitshalber laufe ich auf dem Weg noch bei unserem Stammitaliener vorbei und bringe uns drei Pizzen mit.

Doch die Situation bei Phil und Kyle ist anders, als ich sie mir ausgemalt hatte: Auf dem Deck liegt rund um den Bugkorb zwar noch einiges an Werkzeug und leeren WD-40-Dosen herum, doch von den beiden entdecke ich keine Spur. Die *Libertalia* ist verwaist. Als ich jedoch etwas verwundert an Deck springe, scheint man das im Nachbarboot zu hören: Kyle steckt dort seinen Kopf durch die Persenning über dem Cockpit und winkt mich heran: »It's aperetif time!« An Bord von Andrés schicker Jenneau-Yacht sitzen Phil und Kyle mit ölverschmierten Händen am Tisch: Das französische Rentnerpärchen hat eingeladen zu Häppchen aus rohem Thunfisch, Oliven und Zwiebeln, dazu gibt es Weißwein mit Pastis. Eine willkommene Abwechslung zu Dosenbier und Pizza, und das zu einem Zeitpunkt, der nicht besser passen könnte: »Wir haben wieder eine Genua!«, verkündet Kyle feierlich, reicht mir ein Glas und prostet in die Runde: »Santé!« Ich kann gar nicht glauben, dass es plötzlich so schnell ging, und frage mehrmals nach: Phil und Kyle tun ihr Bestes, mir zu erklären, was jetzt letztendlich das Problem war und wie sie es gelöst haben, aber so richtig leuchtet es mir nicht ein. Schließlich gebe ich auf: Ich will unsere Gastgeber nicht langweilen, die die Geschichte vor meiner Rückkehr wahrscheinlich schon ausgiebig anhören mussten. Und um ehrlich zu sein, sind mir die technischen Details im Moment auch ziemlich egal: Wir haben wieder eine Genua! Die *Libertalia* ist klar zum Ablegen!

Jetzt kann es plötzlich auch ganz schnell gehen, bis wir uns wieder auf hoher See befinden. Meine Idee, vielleicht doch noch das Boot zu wechseln, verwerfe ich endgültig. In den letzten Tagen war ich immer wieder mal am Schwarzen Brett am Eingang der Marina stehen geblieben. Zwar gibt es einige Crewgesuche, aber bei keinem der Zettel hatte ich das Gefühl gehabt, dass genau ich es bin, der da gesucht wird. Also baue ich nun darauf, dass Phils Laune sich bald bessert: Immerhin ist seine *Libertalia* jetzt wieder uneingeschränkt seetüchtig. Die Reparaturen haben zwar ein bisschen Zeit eingenommen, aber außergewöhnlich teuer dürfte es nicht gewesen sein und auch der Karneval in Brasilien liegt zumindest im Bereich des Möglichen. Kyle sieht es genauso: In den letzten Tagen hatten wir uns zwischendurch immer mal wieder über Phil unterhalten und darüber, wie die Reise weitergehen könnte. Jetzt wird es endlich konkret und neben Phils Laune wird die Frage nach neuen Mitseglern wichtiger: »Es gibt schon ein paar Leute hier, die nach einem Boot suchen«, sagt Kyle. Das stimmt, ich habe in den letzten Tagen mit einigen Bootstrampern ein paar Worte gewechselt und sie Phil anschließend empfohlen. Der hatte aber bislang an jedem von ihnen etwas auszusetzen. Kyle hofft trotzdem nach wie vor darauf, dass wir noch jemanden an Bord nehmen. Der Törn nach Mindelo hat ihn schon sehr angestrengt. Das ging auch mir so, aber ich bin – aus welchem Grund auch immer – ziemlich zuversichtlich, dass der Törn nach Brasilien leichter wird. Es wird unterwegs täglich wärmer werden und der Passatwind sollte schön kontinuierlich aus der gleichen, genau richtigen Richtung wehen – zumindest aller Wahrscheinlichkeit nach. »Aber der Kalmengürtel!«, wirft Kyle ein. In diesem Gebiet um den Äquator, das unter Seglern berüchtigt für seine Kalmen ist – Tage mit absoluter Windstille –, tauchen regelmäßig ohne jede Vorwarnung kleine, aber oft sehr starke Gewitterzellen auf. Schon Crazy-Peter hatte von diesen fast surrealen Situationen berichtet, in denen er freie Sicht hatte auf gleich mehrere solcher lokaler Gewitter, in denen die Blitze nur so zuckten – während er auf seinem Boot in der prallen Äquatorsonne saß und nur hoffen konnte, dass keines dieser Mini-Unwetter ihn erwischen möge. Auch Kyle und ich würden darauf natürlich gerne verzichten. Das einzige Mittel dagegen: den Himmel und den Horizont jederzeit konzentriert im Blick haben. Wahrscheinlich wäre es schon schlau, noch jemanden zusätzlich dabeizuhaben und so zwischen den Wachschichten mehr Schlaf zu bekommen – wirklich große Hoffnung darauf habe ich aber nicht.

Viel Zeit bleibt uns für die Suche nach einem neuen Crewmitglied jetzt aber nicht mehr: Sobald sich ein Wetterfenster mit möglichst beständigem Wind für mindestens die nächsten drei Tage öffnet, werden wir die Leinen lösen. Morgen und übermorgen sieht es noch nicht danach aus, aber danach kann es jeden Tag so weit sein. Außer laufend die Windvorhersagen zu checken, bleibt uns nicht viel zu tun. Die *Libertalia* ist für ihre Verhältnisse ganz gut aufgeräumt, alles funktioniert so, wie es sollte, und selbst unser Einkauf wird deutlich kleiner ausfallen als die letzte große Shoppingtour auf Fuerteventura. Dort hatten wir nämlich viel zu viel besorgt, ein großer Teil dieses Einkaufs lagert noch immer in den vielen Fächern und Kästen an Bord. Abgesehen vom Trinkwasser und von frischem Obst und Gemüse fehlt nicht mehr viel – es erscheint uns am sinnvollsten, den Einkauf so kurz wie möglich vor dem Ablegen zu erledigen.

Also vertreiben vor allem Kyle und ich uns die Wartezeit mit einer ganz besonderen Art von Schaufensterbummel: Wir schlendern manchmal stundenlang über die Stege der Marina, begutachten die verschiedenen Yachten und überlegen, welche denn für uns infrage kommen würde. Wenn man das nötige Budget einfach mal außer Acht lässt, macht es Spaß, über eine solche Anschaffung nachzudenken: Für was für einen Rumpf würde ich mich entscheiden, Stahl, Aluminium oder Kunststoff? Bräuchte ich Radar oder tut es auch ein einfaches AIS? Wind- oder Solargenerator und wie viele Masten sollen es denn sein? Wo immer es geht, versuchen wir, für ein bisschen Fachsimpelei mit anderen Seglern ins Gespräch zu kommen. An einem Vormittag grüße ich etwas schüchtern den Einhandsegler Guido von der *Carpe Diem*, der meiner Internetrecherche damals in Hamburg zufolge so etwas wie ein Star der deutschen Seglercommunity zu sein scheint. Wenig später entdecken wir ein wirklich winziges Boot, vielleicht sechs Meter lang und keine zwei Meter breit. Der Besitzer ist leider nicht da, aber ein Stegnachbar berichtet, dass es sich um eine französische Seglerin handelt, die die Nussschale gerade vom Pazifischen Ozean aus nach Frankreich segelt: »Die lebt dann nur von Astronautennahrung«, sagt er und schafft es, mit seinem Blick gleichzeitig Anerkennung für die Seglerin auszudrücken und etwas Spott darüber, dass wir von ihr noch nicht gehört haben.

An einem Samstagmorgen schließlich macht Phil uns klar, dass sich der Tag unseres Ablegens nun wirklich mit großen Schritten nähert. Er will heute noch mit seinem Vater telefonieren, damit der sich darauf einstellen kann, uns schon ganz bald wieder per Satellitentelefon aktuelle Wettervorhersagen durchzugeben. Noch aber bekommen wir sie direkt aus dem Internet: Der Wind dreht zwar noch immer nicht östlicher, wie es optimal wäre, dafür soll er in den nächsten Tagen aber stetig zulegen. Wir passen ein paar letzte Details unserer Route an: Zunächst wollen wir mehrere Tage südlich direkt in Richtung des Äquators segeln. Dann dreht sich hoffentlich der Wind und wir können unseren Bogen nach Westen fahren und dann hoffentlich irgendwo zwischen dem 27. und 28. Längengrad den Äquator überqueren. Am Nachmittag ergänzen wir unsere Einkaufsliste um Ideen für Nahrung, die man ohne jede Zubereitung schnell zu sich nehmen kann: Wir brauchen auf jeden Fall mehr Nüsse, Kekse, Trockenfrüchte und Chips. Schließlich schwärmen wir getrennt voneinander für praktische oder persönliche Erledigungen aus: E-Mails wollen geschrieben werden und Wäsche gewaschen, Kyle will Postkarten verschicken, ich mir noch einen 200-Escudos-Schein besorgen und wir alle wollen noch einmal ohne Zeitdruck nach Hause telefonieren.

Am Abend treffe ich etwas verspätet in der Floating Bar ein, wo wir uns zum Essen verabredet haben: Ich habe es bis gerade eben mehrmals probiert, aber meine Eltern nicht erreicht. Zu meiner Überraschung stoßen Phil und Kyle an unserem Tisch gerade mit einem Gast an, der sich als Segelboottramper herausstellt. Ich freue mich sehr und auch Kyle sieht erwartungsfroh aus: Phil scheint es sich nun doch noch einmal überlegt zu haben und hat den Mann wohl irgendwann heute Nachmittag zu uns eingeladen. Er sieht auf den ersten Blick etwas jünger aus als ich und hat die braunen Haare zu einem Pferdeschwanz zusammengebunden. Sehr braun gebrannt, an beiden Handgelenken Armbänder aus Leder, um den Hals eine Kette mit Holzperlen, Piercing in der Unterlippe. Er stellt sich als Johannes aus Tübingen vor. Phil, Kyle und ich sind hungrig, bestellen große Portionen, Johannes dagegen belässt es bei einem kleinen Bier, an dem er während des gesamten Essens eher vorsichtig nippt. Es entwickelt sich eine Art Interview, das mich irgendwie an WG-Castings erinnert, bei denen man von Anfang an merkt, dass man nicht auf einer Wellenlänge liegt, aber niemand unfreundlich sein möchte. Johannes ist wortkarg und spricht so leise, dass wir immer wieder nachfragen müssen. Wir brauchen eine ganze Weile, um herauszubekommen, dass Johannes nicht allein reist, sondern mit einem Freund, der im Moment noch auf einer der Nachbarinseln sein müsste, »wahrscheinlich Sal«. Johannes erklärt, dass sie vorübergehend getrennt nach Booten Ausschau hielten und in den letzten Tagen keinen Kontakt gehabt hätten. Jedenfalls könne er nur mitkommen, wenn wir auch eine Koje für seinen Freund hätten und außerdem Platz für zwei Fahrräder und eine Campingausrüstung. Im Laufe des Essens verschwindet meine Freude über seinen Besuch so schnell, wie sie gekommen war: Johannes scheint nicht derjenige zu sein, den wir suchen. Ich überlasse mehr und mehr Phil die »Interviewführung« und verabschiede mich zügig nach dem Essen, um es noch einmal bei meinen Eltern zu versuchen – wir schaffen das auch zu dritt.

180 Grad

Die Kursnadel des Kompasses bleibt konstant in der Nähe der 180-Grad-Markierung. Das nächste Etappenziel ist der Äquator. Wir werden ihn zwar voraussichtlich frühestens in einer Woche erreichen, eher in neun oder zehn Tagen, aber andere Zwischenziele gibt es nicht: Gestern verschwanden am späten Abend die Lichter Mindelos hinter dem Heck der *Libertalia* – und damit das letzte Zeichen von festem Boden auf dieser Seite des Atlantiks. Wenn wir das nächste Mal Land im Fernglas entdecken, wird das unser erster Blick auf Südamerika sein – falls alles gut geht. Unser erster richtiger Tag auf See ist gerade angebrochen, es ist meine zweite Wachschicht im Cockpit. Auf der ersten stand ich gestern am späten Nachmittag am Ruder und manövrierte die *Libertalia* aus der Bucht von Mindelo, bevor wir in der Abenddämmerung die Genua und das Hauptsegel hissten. Anschließend der Moment, den ich mittlerweile gut kenne, der aber immer noch ungeheuer befriedigend ist: Motor aus, Autopilot ein. Dessen unregelmäßiges Piepen ist kaum hörbar, Atlantikwellen von angenehmer Größe rauschen rhythmisch an den Bug, ansonsten: Stille. Nach dem ersten Eintrag ins Logbuch und der Schichtübergabe an Phil hatte ich noch lange an Deck gesessen, auf den Ozean geschaut und die Gedanken schweifen lassen. Es geht los, die letzte große Etappe. Die nächsten Wochen verbringe ich in dem riesigen Gebiet, dem man auf Karten meist kaum Beachtung schenkt, dem Hellblau, das man bei Google Maps in der Regel schnell zur Seite scrollt. Knapp 1700 Seemeilen trennen uns von unserem Ziel, je nachdem, welchen Kurs wir letztendlich wählen werden, 3000 Kilometer. Das sind mehr als meine beiden bisherigen Etappen über den Atlantik zusammen und entspricht ungefähr der Entfernung zwischen Hamburg und Kairo. Nur dass sich auf unserem Weg kein Dutzend Millionenstädte befindet und keine sieben Länder. Stattdessen: nichts. So richtig kann ich es mir noch immer nicht vorstellen, wie es sich anfühlen mag, womöglich der einzige Mensch im Umkreis von Hunderten von Kilometern zu sein. Wobei ich ja glücklicherweise anders als Randy und die anderen Einhandsegler nicht allein bin. Ganz im Gegenteil: In den letzten 48 Stunden hat sich die Anzahl der Crewmitglieder auf der *Libertalia* fast verdoppelt. Als ich am Samstagabend vom Telefonat mit meinen Eltern zurück zum Boot kam, saß zu meiner Überraschung Johannes im Salon. Phil hatte die Entscheidung getroffen, ihn und seinen Freund Arne mit an Bord zu nehmen. Dann wurde es hektisch auf der *Libertalia:* Am Sonntag trafen wir Arne zum ersten Mal, der wie Johannes 25 Jahre alt ist, etwas kleiner als er und die blonden Haare zu Rastazöpfen geflochten hat. Zeit für mehr als diesen sehr oberflächlichen Eindruck hatten wir nicht: Arne und Johannes zerlegten ihre Fahrräder in Einzelteile, ölten diese zum Schutz gegen das Salzwasser ein und verstauten sie zusammen mit ihrem Zelt in einem der größten Staufächer des Schiffes. Die beiden zogen in die seit Cecilies Abflug verwaiste

NORD-
ATLANTISCHER
OZEAN

15°N

30°W

KAP VERDE

ÄQUATOR

CEARÁ

RIO GRANDE
DO NORTE

PARAÍBA
Recife

Bugkabine ein, Kyle bleibt im Salon. Gestern verbrachten wir den Vormittag im Fragata-Supermarkt: Zwei zusätzliche Esser an Bord stellen unseren Proviantplan auf den Kopf, ein deutlich größerer Einkauf als angenommen wird nötig. Zwar mussten wir die *Libertalia* bis auf ihren letzten Winkel mit Trinkwasser, Konserven, Nudeln und Reis vollstopfen, aber irgendwie bringen wir alles unter und selbst für Cecilies Kohlevorrat bleibt Platz.

Ich fühle mich ein wenig überrumpelt von dem plötzlichen Crewzuwachs und hätte mir gewünscht, dass Phil mich auch nach meiner Meinung gefragt hätte. Es ist deutlich enger geworden auf der *Libertalia*. Andererseits komme ich bereits jetzt, am ersten Morgen nach dem Start, in den Genuss des großen Vorteils einer größeren Crew: Zwischen meinen beiden Wachschichten lagen satte zwölf Stunden. Gestern Abend hatte ich die Zeit, erst gemütlich zu Abend zu essen und dann noch einige Stunden an Deck die Seele baumeln zu lassen – und trotzdem bin ich nun nach fast acht Stunden Schlaf ausgeruht und topfit. Nach der anstrengenden Schicht zwischen ein und vier Uhr nachts haben wir sogar eine noch längere Pause. In der letzten Nacht fiel dafür das Los auf Johannes, der erst heute Abend um 19 Uhr wieder Wache schieben muss. Das ist schon ein himmelweiter Unterschied zum letzten Törn, als zwischen den Schichten manchmal nur sechs Stunden lagen. Dafür lohnt es sich schon, die zusätzliche Enge in Kauf zu nehmen, das muss ich zugeben.

Johannes und Arne müssen wir jetzt eben im laufenden Betrieb der Ozeanüberquerung kennenlernen. Zeit dafür haben wir ja genug. Die beiden haben von einer spannenden Reise zu berichten: Im letzten Frühjahr sind sie mit dem Fahrrad und mit unbekanntem Ziel in Süddeutschland aufgebrochen. Die Reise führte sie durch Frankreich und Spanien ans Mittelmeer, das sie mit der Fähre Richtung Marokko überquerten. Dort stießen sie in El Jadida auf ihr erstes Segelboot und entwickelten so die Idee, dass eine Fahrradtour nach Südamerika doch eine schöne Geschichte wäre. Abgesehen von einigen Nächten in Felshöhlen auf La Gomera übernachten die beiden ausschließlich im Zelt oder, wenn es geht, unter freiem Himmel. Ich habe viele Fragen zum Abenteuer der beiden und sie jede Menge Anekdoten von unterwegs auf Lager. Arne präsentiert sich von Anfang an deutlich weniger zugeknöpft als sein Mitreisender und scheint ein geselliger Typ zu sein. Er schwärmt von außergewöhnlichen Schlafplätzen an französischen Flüssen und schimpft über spanische und marokkanische Autofahrer: »Auf dem Fahrrad scheinst du für die echt unsichtbar zu sein!« Daneben deutet er in den ersten Tagen des Törns eine Eigenschaft an, die auf dem Ozean sehr wertvoll sein kann: Schon am ersten Abend stellt er sich an den kleinen Herd in der Kombüse der *Libertalia* und bereitet endlich die von mir erstandenen Yamswurzeln zu. Kyle und ich hatten das in Mindelo immer wieder aufgeschoben und nach Arnes Einsatz an der Bratpfanne bereut: Die gerösteten Yamsscheiben mit Bacon und Bohnen sind köstlich! Bei unserer Einkaufstour vor dem Ablegen hatte Arne gleich mehrere Kilo der Wurzeln in den Einkaufswagen gelegt und ich verstehe jetzt, warum.

Auch Johannes wird langsam gesprächiger. Vielleicht braucht er einfach ein bisschen, um aufzutauen – als Norddeutscher sollte ich dafür schon Verständnis aufbringen. Und auch er scheint ein Talent mitzubringen, das uns an Bord weiterhelfen kann: Zusammen mit Phil nimmt er sich die Solarzellen auf dem Dach über dem Niedergang vor. Phil war aufgefallen, dass sie nicht so viel Strom produzieren, wie sie es nach Herstellerangaben eigentlich sollten. Die beiden messen akribisch jede Menge Stromleitungen durch, bis sie sich dazu durchringen, einige Teile komplett neu zu verkabeln. Johannes wirkt dabei wie ein echter Tüftler und Arne bestätigt diesen Eindruck: »Ohne Jo hätte ich wahrscheinlich nach der zweiten Panne mein Fahrrad liegen gelassen und wäre ab Frankreich gewandert!« Phil ist beeindruckt von Johannes' Fähigkeiten am Lötgerät: »Hättest du mal unseren Grill gebaut und nicht die beiden Amateure!« Er nickt zu Kyle und mir herüber. War das wieder einer diese kleinen Spitzen, wenn auch als Witz verpackt? Oder bilde ich mir das ein? Nein, da war wieder einer dieser Blicke von Kyle und auch Johannes scheint uns etwas fragend anzuschauen. Phil ist noch immer nicht wieder der Alte. Aber ich störe mich nicht mehr groß daran: Unsere beiden neuen Mitsegler stimmen mich mehr und mehr optimistisch. Auch Arne, Kyle und ich suchen uns kleine Aufgaben an Bord, um die Zeit herumzubringen. Arne regt an, etwas Ordnung in unsere Vorräte zu bringen. Die ist zwischen unserem Last-Minute-Einkauf und dem Ablegen nämlich komplett auf der Strecke geblieben, eigentlich haben wir alles einfach irgendwie in die Fächer gestopft. Zu dritt beginnen wir aus- und umzupacken, sortieren nach Haltbarkeitsdaten und bilden die auf dem letzten Törn bewährten Gruppen: Frisches in die Obst- und Gemüsenetze, die von der Kombüsendecke baumeln, »Kohlenhydrate«, »Snacks« und »Konserven« in verschiedene Fächer unter den Sitzbänken im Salon. Kyle und ich kümmern uns außerdem darum, unsere Angelausrüstung zu entwirren, die unter dem Chaos zwischen Kanaren und Kapverden gelitten hat. Denn so pessimistisch Phil auch diesbezüglich ist, Kyle hat sich etwas vorgenommen: »Ich wohne doch nicht wochenlang auf einem Boot, ohne einen einzigen Fisch zu fangen!« Außerdem zeigt der genauere Blick auf unsere Vorräte: Unserem Speiseplan würde ein bisschen frische Abwechslung aus dem Meer ganz bestimmt guttun.

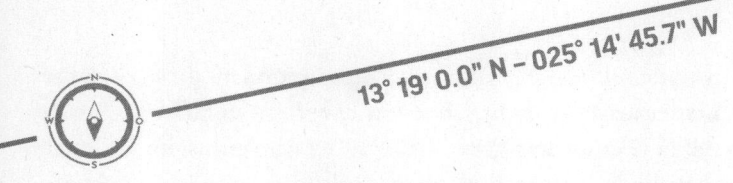

Tag 79 der Reise

Jede Stunde nähern wir uns dem Äquator um weitere vier oder fünf Seemeilen, gute hundert Seemeilen am Tag. Der Wind weht weiter beständig aus Nord-Nordost, um die vier Windstärken. Ein Segelmanöver war noch nicht nötig, seit wir den Motor noch in Sichtweite Kap Verdes ausgemacht hatten. Die Atlantikdünung meint es gut mit uns, die Wellen sind nicht zu hoch, zwei, drei Meter, und rollen in regelmäßigen und recht großen Abständen unter dem Kiel der *Libertalia* hindurch. Die Temperaturen steigen langsam, aber stetig – in den ersten beiden Tagen nach Kap Verde hatte ich noch ab und zu meinen Kapuzenpullover übergeworfen, mittlerweile tragen wir tagsüber meist alle nur Badehosen. Oder einfach nur Boxershorts, wir sind ja unter uns. Unser Schichtsystem funktioniert gut, wir wechseln uns beim Kochen ab, abends rühre ich meinen Brotteig zusammen und selbst für den Abwasch haben wir eine gewisse Routine entwickelt. Ansonsten gibt es nicht viel zu tun: Wir zählen die Breitengrade, meist überqueren wir zwei pro Tag. 13 sind es noch bis zum Äquator, also noch gut sechs Tage. Oder fünf oder sieben – das hängt vom Wind ab. Kyle und ich haben begonnen, mehrmals täglich Liegestütze und Sit-ups zu machen – »Für den Beach-Body in Brasilien«, sagt er und ich ziehe mit: Schaden kann es sicher nicht. Johannes klimpert manchmal für eine halbe

Stunde auf seiner Gitarre herum, besonders groß ist seine Liederauswahl nicht, aber wir lauschen auch den immer selben Akkorden gern. Unsere Seewasserdusche ist mittlerweile in regem Betrieb. Sowohl die Luft- als auch die Wassertemperatur sind hoch genug, sodass wir die Abkühlung genießen können. Denn mehr ist es eigentlich nicht, »Waschen« jedenfalls kann man dieses Duschen nicht nennen: Das Wasser aus dem Ozean ist so salzig, dass sich eine dünne Salzkruste auf unserer Haut bildet, während wir uns vom Wind trocknen lassen. Sauberer fühle ich mich dadurch nicht, aber immerhin erfrischt und ein bisschen, als hätte ich etwas unternommen.

Noch in Deutschland hatte ich mir für solche Phasen eine ganze Menge Bücher auf meinen E-Book-Reader geladen, Tolstoi wollte ich lesen und Hemingway. Ich nehme das Gerät immer mal wieder in die Hände, kann mich aber meist nicht länger als eine knappe Seite konzentrieren. Vollkommen illusorisch, jetzt einen so dicken Wälzer zu lesen. Genauso sieht es bei meinem Portugiesischkurs aus: keine Chance, mein Kopf ist nicht aufnahmebereit. Oft sitze ich stattdessen einfach nur an Deck, beobachte das Meer und lasse meinen Gedanken freien Lauf. »Langweilig?«, fragt Johannes mich einmal, während ich so dort sitze. Ich denke kurz über die Frage nach und verneine sie schließlich: Zwar habe ich keine Ahnung, worüber ich in den letzten Stunden nachgedacht habe, aber die Zeit ist herumgegangen und gelangweilt fühle ich mich nicht. Vielleicht verarbeite ich so einfach die Erlebnisse der letzten Wochen.

Ich stehe gerade in der Kombüse und habe mich dazu aufgerafft, einen Topf mit Nudelwasser aufzusetzen, da höre ich hinter mir einen aufgeregten Ruf: »Wir haben was!«, schreit Kyle. Kurz darauf die Erklärung durch einen zweiten Ruf, diesmal von Johannes – »ein Fisch!« Ich zögere kurz und denke an den Vorfall, von dem Kyle und Phil gestern Morgen berichtet hatten: Während der Nacht hatte wohl ein Seevogel irgendwie den Haken unseres Blinkers zu packen bekommen, den wir an einer Angelschnur hinter dem Boot herziehen. Die beiden hatten ihn an Bord gezogen und versucht, den Vogel vom Haken zu befreien, aber das verängstigte Tier hatte sich so gewehrt, dass es ihnen nicht gelungen war – sie entschieden sich dazu, einfach die Schnur zu kappen. Seit dieser unappetitlichen Geschichte war ich mir sicher, die Erklärung für unser ausbleibendes Angelglück zu kennen: Die *Libertalia* ist so schnell, dass der Köder an unser Schleppleine nicht absinkt, sondern nur über die Wasseroberfläche platscht. Statt Fischen scheint er so eher Vögel anzulocken. Doch so überzeugend ich auch meine Theorie fand, Phil und Kyle ließen sich nicht davon abbringen, es weiter zu versuchen. Während ich die Flamme am Herd wieder lösche und an Deck klettere, hoffe ich, dass sich wirklich ein Fisch am Ende unserer Leine befindet und wir keinen weiteren Vogel verletzt haben. Oben sehe ich, dass außer Arne die gesamte Crew wild am Heck des Bootes hin- und herläuft. Alle zeigen auf den silbern schimmernden Punkt, der immer wieder aus dem Wasser springt: Ich bin erleichtert. Das ist eindeutig ein Fisch, kein Vogel oder irgendein anderes Tier, das man nicht an einem Angelhaken haben möchte. Es ist etwas mühsam und dauert eine Weile, ihn an Bord zu ziehen, denn unsere Angelschnur ist ziemlich lang und wir müssen sie von Hand aufwickeln. Kyle wickelt, so gut es geht, während die anderen ihm aufgeregt Ratschläge zurufen, die er unmöglich alle gleichzeitig befolgen kann: »Vorsichtig!«, »Schneller!« und »Jetzt ein Ruck!« – »Nicht so stark!« Auch ich befürchte jetzt, den Fang im letzten Augenblick noch zu verlieren – frischer selbst gefangener Fisch auf dem Ozean, das wäre vielleicht doch einfach zu schön, um wahr zu sein! Wahrscheinlich dauert der Drill nur eine Minute, aber es fühlt sich nach einer Ewigkeit an, bis der Fisch schließlich direkt unter uns neben der Bordwand treibt. Er scheint den Kampf aufgegeben zu haben, wehrt sich nicht mehr. Trotzdem wird es jetzt noch einmal brenzlig: Die gut zwei Meter zwischen Wasseroberfläche und Reling hängt unser Fang mit seinem ganzen Gewicht am Haken, einen Kescher haben wir nicht. Doch schließlich greift Johannes einmal beherzt zu und der Fisch liegt an Deck. Phil erledigt ihn sofort mit einem erstaunlich sicheren Schlag mit einem dicken Schraubenschlüssel auf den Hinterkopf. Er ist gar nicht mal so klein, vielleicht 70 oder 80 Zentimeter lang – das sollte auf jeden Fall eine gute Mahlzeit ergeben. »Was ist das für einer?«, fragt Kyle und erntet Schulterzucken. Das Schuppenkleid ist grünlich gefärbt und übersät mit schwarzen Punkten. Die Flossen sind dunkler und der Kopf sieht merkwürdig eiförmig aus. Auch ein Blick in die kleine Bordbibliothek hilft nicht weiter: Zwar findet sich ein kleines Büchlein zur Bestimmung von Seevögeln, aber ein Fischlexikon haben wir nicht dabei. Die Punkte erinnern ein wenig an eine Forelle, aber gibt es die hier draußen? Vielleicht eine Dorade? Eine Weile beratschlagen wir, wie hoch das Risiko ist, einen giftigen Fisch erwischt zu haben. Gibt es so etwas überhaupt? »Ich glaube, wenn, dann sind nur Bisse oder Stiche giftig«, beendet Phil die Diskussion schließlich und wir beginnen, unser Festmahl vorzubereiten. Kyle, Johannes und ich drücken uns erfolgreich darum, den Fisch auszunehmen (»Die Ehre gebührt dem Käpt'n!«), was Phil dann zwar murrend, aber ziemlich gekonnt übernimmt. Irgendwann muss er das doch schon mal geübt haben.

Während die beiden anderen den Grill vorbereiten, mache ich in der Kombüse dort weiter, wo ich unterbrochen worden war: Wir entscheiden uns zwar für Reis statt Nudeln, was aber an der Prozedur wenig ändert. Bei beidem haben wir es uns angewöhnt, unser mitgebrachtes Trinkwasser mit Seewasser zu mischen – pures Süßwasser wäre Verschwendung, pures Ozeanwasser hatte sich beim ersten Versuch als viel zu salzig herausgestellt. Als der Fisch schließlich in Alufolie gewickelt auf dem Grill brutzelt, gesellt sich schließlich auch Arne zu uns. Die Unruhe an Deck und der Grillgeruch haben ihn zwar früher geweckt, als er es geplant hatte, was ihn aber nicht sonderlich schmerzt: Der Fisch schmeckt hervorragend, das heutige Abendessen ist ohne jeden Zweifel die bislang beste Mahlzeit unserer Reise und wir essen so lange, bis wirklich jeder pappsatt ist. Anschließend kocht Phil eine große Kanne starken Kaffee und wir sitzen noch lange zusammen an Deck. Selbst Phil freut sich offensichtlich sehr über den ersten selbst gefangenen Fisch auf seinem Schiff und ist bei guter Laune.

In den nächsten beiden Tagen beginnt einzig der Wind, uns ein bisschen Sorgen zu machen. Wir haben noch immer nicht das Gefühl, wirklich im Passat zu sein. Und auch der letzte Wetterbericht von Phils Vater verspricht keine Besserung, im Gegenteil: Morgen dreht der Wind angeblich sogar noch weiter auf Nord, statt endlich auf Nordosten. Wir müssten jetzt bald Richtung Westen abdrehen, aber zeitweise leuchten auf dem Kurskompass sogar Zahlen unterhalb der 180-Grad-Marke auf – wenn man es genau nimmt, nähern wir uns manchmal für einige Stunden eher der afrikanischen Küste statt der südamerikanischen. Wir experimentieren jetzt mit verschiedenen Segelstellungen und versuchen, ein paar Grad mehr Richtung Westen abzudrehen, aber jedes Mal verlieren wir sofort dramatisch an Geschwindigkeit. »Wäre es denn so schlecht, wenn wir einfach ein bisschen langsamer unterwegs sind?«, frage ich Phil, der jetzt vor unseren Schichtübergaben immer öfter den Navigationscomputer einschaltet und abwechselnd auf den Bildschirm mit der Seekarte und seinen handgeschriebenen Zettel mit den Wetterdaten starrt. Schließlich geht es uns gut hier, finde ich. Ich hätte jedenfalls kein größeres Problem damit, wenn wir einen oder zwei Tage länger auf See wären. Der Käpt'n will mich erst mit dem Karnevalsbeginn abspeisen, den wir erreichen müssten. Dann gibt er mir aber doch noch eine richtige Erklärung: »Schon eineinhalb Knoten weniger würden vier Extratage bedeuten«, rechnet er mir vor. »Solange es dabei bleibt, ist das kein Ding«, meint er, aber: Damit würden wir schon jetzt zu Beginn einen Großteil unseres Sicherheitspuffers aufbrauchen. Es müsse dann ab sofort alles optimal laufen. Ansonsten kämen wir langsam in einen kritischen Bereich, was unseren Proviant angeht, Nahrung, Diesel, Trinkwasser, Brennstoff. Phil lässt mich spüren, dass er meine Frage für nicht sehr intelligent hält, erklärt aber weiter: Wir wüssten nicht, wie lange wir im Flautengebiet am Äquator brauchen werden, »und dass am Boot auch immer was kaputtgehen kann, hast du auch begriffen, oder?« Ich verstehe: Herumtrödeln ist keine Option, je länger wir diesen Kurs halten, desto dringender brauchen wir den Wind aus einer deutlich östlicheren Richtung.

Aber auch Phil wird wissen, dass wir den Wind nicht beeinflussen können. Wir können nur das Beste aus ihm und unserer Zeit auf See machen. Und den meisten von uns gelingt das eigentlich ganz gut: Ab und an gönnen wir uns eine Wasserschlacht mit dem Duschschlauch, mit Kyle und Arne quatsche ich manchmal stundenlang über Gott und die Welt. Johannes und ich albern viel herum, er ruft mir den Grundschulgag in Erinnerung, bei dem man nicht in das aus Zeigefinger und Daumen geformte »Loch« gucken darf. Es dauert allerdings eine ganze Zeit, bis ich ihn wieder verinnerlicht habe und nicht mehr bei jedem seiner Versuche Schläge auf die Schulter kassiere. Heute Morgen wurden unsere Albernheiten nach einer Entdeckung auf dem Bug etwas makaber: Dort lag bei Sonnenaufgang ein gutes Dutzend toter Fische in der Sonne. Um herauszufinden, wie sie dort gelandet sein mögen, untersuchen wir sie etwas näher. Groß sind sie nicht, vielleicht 20 Zentimeter lang. Die riesigen Bauchflossen an den Seiten bringen uns schließlich auf die einzige schlüssige Erklärung: Es muss sich um die Fliegenden Fische handeln, die wir seit

Kurzem ständig beobachten. Ganze Schwärme, bestimmt über hundert Fische gleichzeitig, schießen dann plötzlich durch die Wasseroberfläche und segeln erstaunlich weit, bevor sie wieder in die Wellen eintauchen. Eigentlich ein fantastischer Trick, um größeren Raubfischen zu entkommen. Das Dutzend auf unserem Deck hat offensichtlich einfach das größtmögliche Pech gehabt – mit einem Hindernis über Wasser konnte es nun wirklich nicht rechnen. Jo und ich haben jedoch kein Mitleid: Wir spielen mit den Kadavern und machen wie kleine Jungs mit Spielzeugflugzeugen Jagd aufeinander. Sicher nicht die ganz feine Art, aber die Tiere sind ja schon tot, und immer noch besser, als in Langeweile zu verfallen.

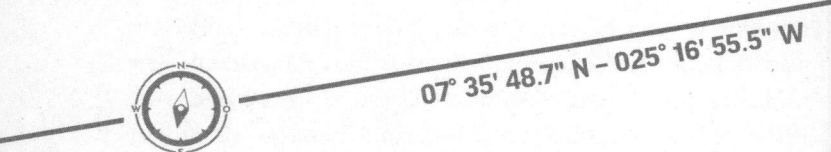

07° 35' 48.7" N – 025° 16' 55.5" W

Tag 81 der Reise

Kyle lässt eine schwarze Spule durch die Hände gleiten, von der sich langsam eine dünne, durchsichtige Leine abwickelt. Er blinzelt nach oben in die Sonne, wir umringen ihn und schauen ebenfalls hoch: Einige Meter über uns steigt ein regenbogenfarbener Drachen Zentimeter für Zentimeter in den hellblauen Himmel. Ein paar Meter tiefer kann man noch gerade so einen kleinen schwarzen Kasten entdecken – eine Kamera. Ihm war beim Frühstück der Einfall gekommen, dass heute ein guter Tag für ein paar

Luftaufnahmen von unserem Schiff wäre. Johannes behauptet zwar unentwegt, dass unsere Spielereien mit den Fliegenden Fischen ihn dazu inspiriert haben müssten, aber in Wirklichkeit befindet sich diese Idee schon mindestens seit den Kanaren an Bord der *Libertalia:* Beim Entrümpeln in Gran Tarajal wäre der Drachen fast auf dem »Zu verschenken«-Haufen gelandet, wenn Phil nicht erwähnt hätte, wofür er ihn ursprünglich gekauft hatte: als einzige Möglichkeit, endlich mal Fotos von seinem Schiff unter vollen Segeln zu bekommen. Zumindest, wenn man keine teure Drohne dabeihat.

Ich hatte den Drachen schon längst vergessen, aber Kyle gibt jetzt zu, dass er ihn die ganze Zeit im Hinterkopf gehabt hat. Jetzt hält er den Zeitpunkt für gekommen: Wir haben die Muße, uns damit zu beschäftigen, und perfektes Fotowetter. Die *Libertalia* segelt mittlerweile mit drei Segeln, Groß- und Besansegel an den beiden Masten und ganze vorne das riesige Genuasegel. Damit trägt sie annähernd »volles Tuch« und sieht so auf den Bildern hoffentlich spektakulär aus. Unser Käpt'n würde sich über solche Fotos sicher sehr freuen, die so vielleicht auch noch als Stimmungsaufheller taugen könnten – ich bin mir sicher, dass auch dieser Gedanke irgendwo in Kyles Hinterkopf eine Rolle spielt. In Mindelo hat er sogar noch im Netz nach Anleitungen für die Lösung des größten Problems bei einem solchen Projekt gesucht: Den Vormittag verbrachte er zusammen mit Johannes damit, aus ein paar Metern Strick, zwei Karabinern und einem kleinen Metallkreuz eine Kameraaufhängung zu basteln, die die Kamera ausreichend stabilisiert, um einigermaßen wackelfreie Bilder zu ermöglichen. Währenddessen klären wir parallel die Frage, welche Kamera zum Einsatz kommen soll – ein gewisses Risiko, die Kamera an den Ozean zu verlieren, lässt sich nicht leugnen. Phil spricht sich lange vehement für Kyles oder meine Kamera aus, gibt aber irgendwann zu, dass seine eigene eindeutig die beste Wahl ist: Es ist die einzige wasserdichte Cam an Bord und außerdem nur ein Ersatzgerät, das seit Monaten nicht zum Einsatz gekommen ist. Damit bleibt nur noch eine echte Herausforderung: Kyle muss den Drachen, die Kamerakonstruktion und die Schnur irgendwie in eine ausreichende Höhe manövrieren, ohne sich auf dem Weg in dem Netz aus Segeln, Leinen, Wanten und Stagen über uns zu verfangen. Einfach ist das nicht: Unser Drachen hat nur eine Schnur, lässt sich also nicht lenken. Schon vor dem Steigenlassen rätseln wir lange, wo der perfekte Platz ist, denn neben dem tatsächlichen Wind müssen wir auch beachten, dass das Boot sich bewegt und damit auch Fahrtwind herrscht. Dazu gibt es mit fast jedem Höhenmeter manchmal sprunghafte Veränderungen: Unsere Segel lenken den Wind ab und erzeugen an einigen Stellen einen gefährlichen Sog. Einmal macht der Drachen einen Sprung, als wolle er die *Libertalia* überholen, würde dabei aber schnurstracks in ihren Besanmast krachen. Mehrere Minuten benötigt Kyle, bis sich die gesamte Konstruktion oberhalb der Spitze des Hauptmastes befindet. Dann atmet er tief durch und wir klatschen ihn in seine freie Hand ab, jubeln kurz und fragen uns dann, wie lange unsere Drachencam jetzt dort oben bleiben muss. Sie tanzt ganz schön hin und her, ständig im Zickzack, wir sind uns nicht sicher, ob so ein scharfes Bild entstehen kann. An der Kamera haben wir die Filmfunktion eingestellt, um anschließend die besten Standbilder aus dem Video auswählen zu können. Also beschließen wir: Je länger, desto besser! Wir filmen so lange, bis die Speicherkarte voll ist. Die Spule wandert von einer Hand zur nächsten, jeder von uns probiert verschiedene Höhen aus und versucht, irgendwie für Stabilität zu sorgen. Als Kyle den Drachen und vor allem die Kamera wieder sicher an Deck geholt hat, sichten wir unter Deck gemeinsam das Material: Als Video ist es unschaubar, aber einige eindrucksvolle Standbilder sind dabei. Sie zeigen ein Segelschiff, das unbeirrbar durch den tiefblauen Ozean in Richtung eines leicht gekrümmten Horizonts stampft und in seinem Fahrwasser eine weiße Schaumspur hinterlässt. An Deck kann man noch gerade so fünf halb nackte und braun gebrannte Männer erkennen. Sie werden den Abend damit verbringen, die Stunde Videomaterial akribisch nach dem besten Frame zu durchsuchen. Und damit, auf gute Nachrichten aus dem Satellitentelefon zu hoffen – Phil hat später noch eine Verabredung mit seinem Vater.

Im Kalmengürtel

Die Milchstraße blendet fast ein bisschen, so sehr leuchtet sie hier draußen auf dem Atlantik und so sehr gewöhnen sich die Augen im Laufe der Zeit an die Dunkelheit. Während der Nachtschichten habe ich mich schon häufiger geärgert, dass ich mich nicht besser mit Sternenbildern auskenne. Die Milchstraße ist hier unübersehbar, dann finde ich noch den Großen Wagen und seit Kurzem das M der Kassiopeia, die Arne mir gezeigt hat, der sich ein bisschen besser auszukennen scheint. Aber damit enden meine Kenntnisse über den Nachthimmel auch schon. Ich behelfe mir, indem ich markante Sternformationen zu meinen eigenen Formen miteinander verbinde. Dabei bin ich bei Weitem nicht so kreativ wie die alten Ägypter: Statt Widdern, Fischen und Giraffen merke ich mir nur ein Haus (wie das vom Nikolaus), eine Raute und ein Dreieck mit einem weiteren Stern in der Mitte. Aber es reicht, um festzustellen, dass die Sternbilder über Nacht über den Himmel ziehen und ausnahmslos auf- und untergehen zu scheinen. Die meisten sehe ich zumindest nur in bestimmten Schichten: Das Nikolaus-Haus geht am späten Abend auf, das Dreieck taucht erst gegen Morgen auf.

Heute Nacht aber gilt meine Aufmerksamkeit deutlich schnelleren Himmelskörpern: Wir segeln durch einen wahren Regen von Sternschnuppen. Besonders stark war er ganz zu Beginn meiner Schicht. Um ein Uhr hatte ich Arne abgelöst, der noch fast eine Stunde bei mir an Deck geblieben war, um fast minütlich einen der in der Erdatmosphäre verglühenden Meteore zu beobachten. Mittlerweile sind die Abstände ein wenig größer geworden, aber noch immer leuchtet alle zwei, drei Minuten einer der Lichtschweife am Himmel auf – ich fühle mich hervorragend unterhalten. Normalerweise ist die mangelnde Unterhaltung der Grund dafür, dass die Ein-bis-vier-Uhr-Schicht die unbeliebteste an Bord ist: Es kann sich zwar durchaus romantisch anfühlen, bei fast vollkommender Ruhe ganz allein an Deck zu sitzen und in die Nacht und auf den Sternenhimmel zu schauen, während alle anderen in ihren Kojen schlafen. Aber die Nachteile dieser Schicht macht es nicht wett, da sind wir uns alle einig. Mitten in der Nacht um halb eins von seinem Mitsegler geweckt zu werden ist einfach ein unangenehmer Zeitpunkt. Zumal man sich mit dem Wissen aus der Koje quält, dass aller Voraussicht nach während der drei Stunden im Cockpit rein gar nichts passieren wird: In den sieben Tagen seit Kap Verde haben wir auf unserer Route genau ein Schiff am Horizont gesichtet. Der Wind heult leise durch das Rigg, das Meer rauscht am Bug entlang, ab und zu piept der Autopilot – während meiner Nachtschichten kann ich mich meist nur mithilfe von rauen Mengen Kaffee wach halten. Mehrmals unterläuft mir der Fehler, um vier dann plötzlich zu wach zu sein, um direkt schlafen zu gehen. Wartet man damit zu lange, signalisiert schließlich die anbrechende Morgendämmerung dem Körper, dass es Zeit ist aufzustehen – der Zeitpunkt zum Schlafengehen ist verpasst. Den Sternenhimmel jedenfalls beobachte ich lieber zwischen zehn Uhr abends und ein Uhr nachts als in den Stunden danach. Dafür verpasst man den Sonnenaufgang, der hier auf dem Ozean eigentlich täglich so spektakulär ist, dass er fast dem Sternschnuppenregen Konkurrenz machen könnte. Er ist wahrscheinlich auch einer der Gründe, warum ich die Morgenwache von vier bis sieben Uhr mehr und mehr lieben lerne. Auf dem Meer herrscht zu dieser Zeit am meisten Leben: Nie gleiten mehr Fliegende Fische über die Wellen, denen die Gefahr jetzt von allen Seiten droht: Unter Wasser jagen ihnen Raubfische hinterher, während über Wasser – neben dem Risiko einer Kollision mit dem *Libertalia*-Deck – auch noch Seevögel auf ein proteinreiches Frühstück lauern. Ich wundere mich, dass es die so weit draußen auf See noch gibt: Der nächste Felsen für eine Zwischenlandung müsste bald in 1000 Kilometern Entfernung liegen. Auch die Delfine scheinen bei Sonnenaufgang die größte Lust auf Surftouren in unserer Bugwelle zu haben. Zwar ließ sich bislang nur ein einziges Mal eine Handvoll Tiere kurz in unserer Nähe blicken, aber auch das war in der Morgendämmerung.

Ist der Morgenkaffee ausgetrunken, wird es jetzt heiß auf dem Ozean. Die Hitze macht uns mehr und mehr zu schaffen, und es gibt kaum eine Möglichkeit, ihr aus dem Weg zu gehen: An Deck spenden nur die Segel ein wenig Schatten, der aber gerade dann am kleinsten ist, wenn die Sonne zur Mittagszeit senkrecht steht und am unerbittlichsten vom Himmel knallt. Wir durchsuchen das Schiff händeringend nach Kopfbedeckungen, ich sichere mir eine unförmige orange Schirmmütze, die – unterhalb von fetten chinesischen Schriftzeichen, deren Bedeutung ich nicht kenne – in gelben Lettern »splendid holiday« verspricht. Johannes läuft meist mit einem feuchten Geschirrtuch herum, das er regelmäßig durch unser Fahrwasser zieht und sich dann neu um den Kopf wickelt. Mehrmals täglich schmieren wir uns gegenseitig mit Sonnencreme ein: Obwohl wir mittlerweile alle an Sonne gewöhnt sind, haben wir das Gefühl, bald völlig zu verbrennen. Tief in meinem Rucksack habe ich ein Surfshirt gefunden, dessen Aufdruck einen Lichtschutzfaktor von 50 verspricht – leider ist es schwarz, sodass ich es auch immer wieder anfeuchten muss. Die Hitze lässt in diesen Tagen jede Aktivität unmöglich erscheinen, den größten Teil des Tages liegen wir einfach auf dem Deck herum. Wir verfrachten Matratzen und Kissen nach draußen und spannen eine Hängematte zwischen die Reling – der mit Abstand beliebteste Schlafplatz an Bord.

Denn unter Deck hält man es noch weniger aus: Die Luft steht und erwärmt sich im Laufe des Tages auf nahezu unerträgliche Temperaturen – der Salon erinnert eher an eine Sauna als an einen gemütlichen Raum für gemeinsame Mahlzeiten. Nur der Geruch hat nichts zu tun mit einem frischen Minzaufguss: In der Luft liegt eine toxische Mischung aus Schweiß und langsam verderbenden Lebensmitteln. Die von der Decke baumelnden Obstnetze werden stündlich kleiner, mehrmals täglich werfen wir faulende Zitronen und Limetten über Bord, Bananen gibt es schon lange nicht mehr. Auch der Zustand unseres kostbaren Jamón Serrano, der bisher zwischen den Obstnetzen hing, verschlechtert sich. An einigen Stellen hat er Schimmel angesetzt, außerdem beginnt Fett aus dem Schinken auf den Salonboden zu tropfen. Zum Wegwerfen können wir uns trotzdem nicht durchringen: Unter der bläulich schimmernden Schimmelschicht befindet sich schließlich noch schmackhaftes Fleisch. Wir verfrachten ihn nach draußen, von jetzt an baumelt der Schweinefuß zwischen zwei Wanten an Deck.

Während unsere Bärte länger werden, zeigen sich auch erste Verschleißerscheinungen am Boot: Einen Nachmittag verbringe ich damit, einen Riss in der Sprayhood zu nähen, dem Stoffverdeck, das die Instrumente in unserem Cockpit und den Wachhabenden vor Spritzwasser schützt. Eine willkommene Abwechslung im mittlerweile wirklich öden Alltag an Bord. Weitaus dramatischer ist ein Ruderausfall, den Phil eines Nachts bemerkt: Wir können das Schiff für einige Stunden nicht lenken und treiben daher mit einer Geschwindigkeit von einem Knoten in Richtung Angola. Völlige Manövrierunfähigkeit – eigentlich ist das ein Fall für einen Seenotruf und noch schlimmer als der Verlust aller Masten und Segel. Bei einem Mastbruch könnte man wenigstens noch den Motor anwerfen und so versuchen, sich irgendwie in Sicherheit zu bringen. Ohne Ruder aber ist man vollständig dem Meer und seinen Strömungen ausgeliefert. Ich habe die Situation – zum Glück – verschlafen und will mir nicht vorstellen, wie das an Deck abgelaufen sein mag. So aber lasse ich mir nur berichten, wie unser Tüftler Johannes das Problem irgendwie gelöst bekommen hat und sich so endgültig den Spitznamen »MacGyver-Jo« verdient hat. Vielleicht ist es Galgenhumor, vielleicht aber auch eine gewisse Gleichgül-

tigkeit, die sich in der Hitze dieser Tage an Bord breit-
gemacht hat, oder die Einsicht, dass wir eh alles so nehmen
müssen, wie es kommt. Jedenfalls scherzen wir über den
Vorfall, als würde es sich um einen unbedeutenden Lack-
schaden handeln: »Einfach mal treiben lassen, auch nicht
schlecht«, meint Kyle und Phil bemerkt: »Nicht mal auf
den Golfstrom ist noch Verlass – der sollte uns doch eigentlich direkt nach Brasilien treiben!« Da ist tatsächlich
was dran, aber wichtiger ist in diesem Augenblick: Unser
Käpt'n lacht. Auch seine Stänkereien nehmen ab in diesen Tagen und es scheint ein wenig, als würde sein Opti-
mismus langsam zurückkehren: »Gut 900 Meilen noch bis
zum Karneval.«

04° 09' 10.0" N – 025° 57' 26.1" W

Tag 83 der Reise

Es ist mein Geburtstag, seit heute bin ich 29 Jahre alt.
Nach Silvester und Weihnachten ist das schon der dritte
Feiertag, den ich an Bord der *Libertalia* verbringe – und
auch der wird nicht groß gefeiert. Fast hätte ich ihn vergessen, denn das Datum spielt für uns auf See einfach
keine Rolle. Ich habe zu keinem Zeitpunkt auch nur den
Hauch einer Ahnung, welchen Wochentag wir haben, und
bin mir sicher, dass es auch den anderen so geht. Außer
vielleicht Phil, der ja dem Rosenmontag in Recife entge-

genfiebert. Jedenfalls war er es, der mich beim Aufstehen am Vormittag mit »Da steht frischer Kaffee für dich« begrüßte und mit »Für Kuchen hat es leider nicht gereicht«. Stimmt, da war ja was.

Ein lang gezogenes Kaffeeritual am Vormittag gehört mittlerweile fest zu unserem Tagesablauf, wir trinken ihn stark, schwarz und in so rauen Mengen, dass wir uns anschließend fast ein bisschen beschwipst fühlen. Wir albern herum und quatschen über belangloses Zeug, geben uns Träumereien von unserer Ankunft in Brasilien hin. Wenn ich mir noch was hätte wünschen können, wäre es Musik gewesen, aber der Strom an Bord ist schon wieder zu knapp für so einen Luxus – die Reparatur der Solarzellen scheint nicht lange gehalten zu haben. Phil schiebt es auf die mangelnde Qualität: »Wahrscheinlich hätte ich doch nicht auf die ganz billigen Dinger setzen sollen.«

Ein wirkliches Highlight steht für mich trotzdem noch an, bevor meine Elf-Uhr-Schicht beginnt: Auf Kap Verde hatten wir beschlossen, dass sich jeder von uns während der Überfahrt einen zehnminütigen Anruf genehmigen darf. Mein Geburtstag passt dafür einfach gut, denn er liegt annähernd in der Mitte des Törns, weshalb ich noch vor dem Ablegen meiner Mutter versprochen hatte, mich heute zu melden. Natürlich hat sie dem schon den ganzen Tag entgegengefiebert und nimmt nach dem ersten Klingeln ab. »Mir geht es gut«, spreche ich in den Hörer, um meine wichtigste Botschaft gleich zu Beginn loszuwerden. Meine Mutter versteht mich gut, allerdings bemerken wir schnell eine sehr störende Verzögerung in der Leitung, die das Gespräch schwierig macht. Außerdem frage ich mich, was ich sonst erzählen soll in zehn Minuten. Ich rede über die Hitze und verspreche ihr, mich regelmäßig einzucremen. Von unseren Kursproblemen will ich erst einmal lieber nicht berichten, das ist was für später. Stattdessen erzähle ich ihr von unserem Fischfang, der sie aber nicht sonderlich zu beeindrucken scheint. Es bleibt ein merkwürdig oberflächliches Telefonat, bis nach sechseinhalb Minuten die Verbindung komplett abbricht. Unbefriedigend, aber immerhin habe ich ein Lebenszeichen gegeben.

Bei der anschließenden Schichtübergabe wartet dann aber eine gute Überraschung auf mich: Arne hat einen neuen Kurs im Logbuch vermerkt, 200 Grad! Phil beobachtet, wie ich von der Kladde auf meinem Schoß auf das Display des Autopiloten schaue, um mich zu vergewissern, und zur Sicherheit noch mal auf den Kurskompass. »Wir sind ein bisschen nach rechts abgebogen«, bestätigt er jetzt grinsend, während Arne den restlichen Kaffee aus der Kanne unter uns aufteilt. Endlich machen wir ein bisschen Boden in Richtung Westen gut – Happy Birthday!

Während meiner Schicht segeln wir mit stabilen fünf Knoten in die richtige Richtung. Wir sitzen zu dritt im Cockpit und unterhalten uns, Phils Laune scheint langsam wirklich auf einem guten Weg zu sein. Als Kyle und Johannes fast gleichzeitig wach werden, beobachten wir sie bei einer kleinen Wasserschlacht am Bug. Anschließend beschließen wir, dass es zur Feier des Tages auch noch eine zweite Runde Kaffee sein darf. Der Vormittag verläuft alles andere als spektakulär, aber alles sieht nach einem guten Geburtstag auf See aus.

Doch es kommt anders: Während Phils Nachmittags-wache sitze ich gerade mit Arne und einer Wanne See-wasser beim Geschirrspülen an Deck – selbst den Ab-wasch erledigen wir mittlerweile lieber dort als unten in der Kombüse –, als von oben ein seltsames Geräusch zu hören ist. Klatsch, klatsch. Unsere Köpfe schnellen hoch. Dass seltsame Geräusche uns hellhörig machen sollten, ist uns mittlerweile ins Blut übergegangen. Diesmal ist es aber kein Bruch am Boot, sondern genau genommen das Gegenteil: Das Vorsegel hängt nach unten durch, der Wind hat von einer Sekunde auf die andere stark nachge-lassen. Ich starre noch immer auf das Segel, das sich jetzt wieder mit Wind zu füllen und seinen gewohnten Bauch aufzubauen scheint. Doch er hält nicht lange, einige Se-kunden später hängt das Segel wieder. Dann plötzlich scheint der Wind aus der anderen Richtung zu kommen und droht das Segel umzuschlagen. Arne und ich springen auf, auch Johannes und Kyle stehen jetzt in Alarmbereit-schaft an Deck. Sollten wir nicht das Segel so schnell wie möglich einholen? Ich denke kurz daran, wie wir gut 1500 Seemeilen nordwestlich von hier vor einigen Wochen un-ser Besansegel verloren hatten – auch damals hatte der Wind plötzlich von der falschen Seite angegriffen. Alle Augen richten sich jetzt auf unseren Käpt'n. Phil aber gibt kein Kommando, er verharrt einfach im Cockpit und schaut sich um. Nach einigen Sekunden deutet er auf den weißen Lappen, den wir vor ein paar Tagen in die Take-lage geknotet haben, und sagt: »Wind von oben.« Das ist Seglersprache für »kein Wind«, schließlich zeigt der Lap-pen nach unten. Schweigen an Bord, die anderen scheinen ebenfalls nachzudenken, was das jetzt bedeutet. Ich bin erst einmal für einen Augenblick erleichtert, dies ist wahrscheinlich einer der schlechtesten Orte des Planeten für einen Notfall. »Der Äquator«, unterbricht Kyle schließlich die Stille. Das stimmt nicht ganz, bis dorthin sind es noch gut 200 Meilen. Aber alle wissen, was er meint: Wir sind im Kalmengürtel. Zumindest segeln wir in ihn hinein. Der Wind ist noch nicht völlig eingeschlafen und noch machen wir immerhin drei Knoten Fahrt. Da muss jetzt aber der Golfstrom mithelfen, erklärt Phil, sonst wären wir bei so einer kleinen Brise nicht so schnell. Am frühen Abend frischt der Wind noch einmal für eine Stunde auf und wir setzen gleich drei Segel, um so viel wie möglich herauszuholen. Zeitweise schaffen wir viereinhalb Knoten und ich hege schon die leise Hoffnung, vielleicht auf eine besonders schmale Stelle der Flautenzone getroffen zu sein. Als ich mich jedoch nach dem Abendessen in meine Koje lege, ist der Wind wieder fast gänzlich verschwunden und die Logge schwankt zwischen eineinhalb und zweieinhalb Knoten.

Eine Viertelstunde nach Mitternacht werde ich wieder wach: Neben mir, nur durch eine zehn Millimeter dicke Stahlwand von mir getrennt, heult der Dieselmotor auf. Johannes hat ihn gestartet. Er wirft mir einen entschuldigenden Blick zu, als ich in den Salon klettere, wo auch die anderen drei sitzen. Auch Phil hat ein bisschen Mitleid mit mir, aber uns bleibt keine Wahl: »Ein Knoten«, sagt er, »ohne Motor wären wir vor Ostern nicht in Recife.« Er bläut uns jetzt ein, dass wir in den kommenden Schichten deutlich wachsamer sein müssen, als wir es uns in den letzten Tagen angewöhnt haben. Statt anderer Schiffe gilt jetzt unsere besondere Aufmerksamkeit Gewitterwolken. Wenn man sie rechtzeitig sieht, kann man sogar versuchen, sie zu umschiffen, erklärt Phil, so klein sollen sie manchmal sein. Wenn uns das nicht gelingt, bleibt uns nur, das Schiff so gut wie möglich auf ein Gewitter vorzubereiten: Noch in der Nacht ziehen wir die Spanngurte nach, mit denen unser Schlauchboot festgezurrt ist, und sichern die Müllsäcke, die sich mittlerweile an der Bugspitze türmen, mit zusätzlichen Schnüren. Auch die Hängematte verschwindet wieder unter Deck. Ich lege mich dort im Salon auf die zweite Bank und schließe die Augen noch ein wenig, bevor um vier Uhr meine Morgenschicht beginnt. Dort kann ich mich kaum umdrehen, ohne an den Tisch zu stoßen, und viel leiser als in meiner Koje ist es auch nicht. Ich bekomme kaum noch Schlaf, bevor Arne sich mit der 20-Minuten-Warnung vor unserer Übergabe meldet. Kyle, der neben mir im Salon liegt, geht es offensichtlich ähnlich und auch aus der Bugkabine kommen mehr Geräusche als normalerweise zu dieser Zeit. Hoffentlich legt der Wind bald wieder zu. Mit Glück soll man die Äquatorflaute in zwölf Stunden durchqueren können, es kann aber auch drei oder vier Tage dauern oder noch länger. Ich stelle mich auf eine anstrengende Zeit ein.

Es ist ungewöhnlich dunkel, als ich die kleine Treppe zum Cockpit hochsteige. Kaum Sterne am Himmel, der Mond ist entweder schon untergegangen oder er versteckt sich ebenfalls hinter einer Wolke. Auch an den Motorenlärm kann ich mich nicht gewöhnen, es riecht nach Abgasen und statt schräg im Wind zu liegen, schaukelt die

Libertalia unruhig von links nach rechts. Normalerweise mache ich es mir zu dieser Zeit auf einem Kissen an Deck gemütlich und lasse den neuen Tag auf mich wirken. Jetzt aber tigere ich unentwegt zwischen Bug und Heck hin und her und beobachte den Himmel. Bewölkt ist es definitiv, aber wie stark? Und wie soll ich in der Dunkelheit eine Gewitterwolke erkennen? Ich sehne den Sonnenaufgang herbei. Als er endlich kommt, beginnt der Tag nicht wie sonst mit einem leuchtend roten Feuerball am Horizont, sondern mit einem diffus schimmernden Streifen im Osten. Das Meer darunter schwappt ruhig und in einem sehr dunklen Blauton, fast schwarz, vor sich hin. Die Wolken sehen zum Glück weniger bedrohlich aus als in der Nacht, an einigen Stellen geben sie den Blick auf hellblaue Flecke am Himmel frei. Kein Gewitter weit und breit. Trotzdem bin ich erleichtert, als ich schließlich höre, wie Phil eine halbe Stunde zu früh den Kopf aus der Luke der Kapitänskabine steckt: Die Verantwortung gebe ich gerne ab.

Das Wetter ist seltsam hier im Kalmengürtel, es verändert sich fast minütlich. In einem Moment ist die Sonne von dicken grauen Wolken verhangen, im nächsten Moment knallt sie, als wäre nichts gewesen, vom Himmel. In den oberen Schichten der Atmosphäre scheint es anders als hier unten an Wind nicht zu mangeln, der immer neue Wolkenhaufen über uns hinwegbläst. In der kleinen Bordbibliothek habe ich ein Buch mit dem Titel »Seewetter« gefunden und beim Blättern darin lerne ich, dass wir hier perfekte Beispiele für Cumuluswolken vorgeführt bekommen. Dunkel erinnere ich mich, dass die auch in meinem

Sportbootführerschein vorkamen. Sie entstehen hier, weil die Winde des Nord- und Südpassats aufeinandertreffen, beide wehen Richtung Äquator. Die Luftmassen steigen hoch, nehmen dabei Feuchtigkeit mit und kondensieren dann zu den dicken Schäfchenwolken, denen man förmlich ansieht, dass sie jede Menge Regen enthalten. Gefährlich wird es aber erst, wenn eine Wolke nicht mehr wie ein fettes Schaf aussieht, sondern die Form eines Ambosses annimmt – ein sicherer Hinweis auf ein entstehendes Gewitter. Bislang aber entdecken wir keine Spur von Ambossen am Himmel. Heute Vormittag hat Phil mit seinem Vater telefoniert, der nur sehr diffuse Wettervorhersagen zu bieten hatte. Wirklich sicher sind die beiden sich nur in einem Punkt: Wir werden es sehen. Immerhin sagen die Wetterberichte wohl, dass der Kalmengürtel sich an dieser Stelle des Ozeans im Moment zwischen dem Äquator und dem vierten nördlichen Breitengrad befindet – das hieße, dass wir in hundert Meilen durch wären. Ziemlich genau noch ein Tag bei den vier Knoten, auf die es der Motor der *Libertalia* bringt. Wobei wir im Moment mit ein bisschen Restwind und drei gehissten Segeln deutlich schneller sind – »Motorsegeln« nennt Phil das und es verschafft uns eine ordentliche Geschwindigkeit. Das sollte optimistisch stimmen, wenn wir nicht zunehmend genervt von der Situation wären: Wir haben alle schlecht geschlafen, die Luft ist unerträglich schwül und stinkt nach Diesel. Dazu der Lärm, der uns ganz verrückt macht – ich habe Kopfschmerzen und frage mich, warum wir so empfindlich sind. Schließlich geht das gerade einmal zwölf Stunden so. Zwischen Fuerteventura und São Vicente war fast jede Nacht so anstrengend und auch tagsüber war die Belastung realistisch gesehen höher. Macht sich jetzt die Dauer des Törns bemerkbar? Immerhin sind wir genau an dem Punkt, an dem wir länger ununterbrochen auf See sind als jeder von uns jemals zuvor. Oder haben wir uns nach neun Tagen fernab jeden Zivilisationslärms einfach so sehr an die Ruhe gewöhnt? Was auch immer es ist, es geht nicht nur mir so und am frühen Abend beschließt Phil, dass wir eine Pause benötigen, und stoppt den Motor. Als hätte er auch in meinem Kopf einen Schalter umgelegt, verschwindet auch dort das Dröhnen augenblicklich. Ich spüre, wie meine Schultern sich entspannen, und höre, wie meine Mitsegler tief durchatmen und Seufzer der Erleichterung ausstoßen: »Krass«, sagt Arne, »das war ja echt nicht mehr auszuhalten!« Wir pflichten ihm bei und kehren wie ferngesteuert zu unserer gewohnten Bordroutine zurück: Kyle geht in die Kombüse und setzt einen Kaffee auf und während Phil und Johannes mit den Segeln herumexperimentieren, um vielleicht doch noch ein bisschen mehr aus dem lauen Lüftchen herauszuholen, schnappen Arne und ich uns jeweils ein Kissen und legen uns an Deck. Sofort fallen mir die Augen zu.

Tag 84 der Reise

War das ein Wasserspritzer in meinem Gesicht? Ein bisschen verwirrt reibe ich mir die Augen, es fühlt sich nicht an, als hätte ich lange geschlafen. Wir können doch nicht plötzlich wieder so schnell segeln, dass mir die Gischt in die Augen fliegt? Ich gähne und als ich mich langsam aufrichte, sehe ich, dass Arne ähnlich bedröppelt aus der Wäsche guckt. In dem Moment kommt Kyle mit der Kaffeekanne in der Hand den Niedergang hoch und starrt fasziniert in den Himmel. Da war wieder ein Tropfen. Es regnet! Und zwar richtig: Innerhalb von wenigen Sekunden haben sich die vereinzelten Tropfen zu einem kräftigen Schauer entwickelt. Kurz denke ich an die Gewitter, realisiere aber schnell, dass es sich hier um einen harmlosen Sommerregen handelt. Noch schneller reagiert aber Kyle: Als wolle er sichergehen, dass sich außer uns niemand in Sichtweite befindet, schaut er sich noch einmal um, stellt dann die Kaffeekanne auf die Ablage im Cockpit, reißt sich das T-Shirt vom Leib und schlüpft aus seiner Badehose. Einen Moment später stehen wir mit versammelter Mannschaft splitternackt an Deck: Eine kalte Süßwasserdusche hatten wir uns zwar während unserer Kaffeesessions immer wieder herbeifantasiert, aber in Wirklichkeit in frühestens einer Woche damit gerechnet – im Hafen von Recife. Der Regen prasselt geradezu herunter. »So einen Strahl gibt's in der besten Marina nicht!«, sagt Kyle und jauchzt dabei fast. Irgendwo taucht sogar eine Flasche Shampoo auf. Der Schauer hält fast eine halbe Stunde an, wir grölen vor Freude und ich seife mich gleich mehrmals ein. Endlich werde ich diese klebrig-schmierige Salzschicht auf meiner Haut los! »So einen Stimmungswechsel hat es hier an Bord auch noch nie gegeben«, sagt Phil, als wir anschließend beseelt bei lauwarmem Kaffee und brasilianischer Sambamusik aus den Lautsprechern zusammensitzen – die Stunden unter Motor haben unsere Batterien vollgeladen, diesen Vorteil hatte der Krach immerhin. Und wirklich deutet nichts an Bord mehr auf die Niedergeschlagenheit hin, die hier noch vor einer knappen Stunde herrschte. Meine Müdigkeit ist verflogen und plötzlich blicken wir auch wieder mit Zuversicht auf den nächsten Tag im Kalmengürtel. Denn um eine erneute Nacht unter Motor werden wir nicht herumkommen, das ist uns allen klar: Der Ozean liegt graublau und jetzt fast spiegelglatt da, die Wellen ziehen sich behäbig und in riesigen Abständen unter unserem Kiel entlang. Während ich auf die Segel schaue, die wie riesige, nasse Handtücher an der Wäscheleine bewegungslos herunterhängen, bereite ich mich innerlich auf den nächsten Tag vor: Ich habe noch immer kaum geschlafen, die Müdigkeit kommt bestimmt. Als ich gerade aufstehen will, um die Stille noch einmal auszunutzen und mich schlafen zu legen, deutet Johannes auf das Display mit der Geschwindigkeitsanzeige: Null Komma null leuchtet dort auf. »Wir stehen.« Den Hinweis hätte er sich auch verkneifen können, denke ich, damit dürfte es bald vorbei sein mit der Ruhe. Doch Johannes hat etwas ganz anderes im Sinn: »Können wir nicht eine Runde baden gehen hier?«, fragt er unseren Käpt'n. Kyle macht große Augen, ich halte inne. Das hätte schon was. Phil hat natürlich Sicherheitsbedenken, murmelt irgendwas von »Verantwortung«. Er sträubt sich, aber er schließt es nicht sofort und kategorisch aus und außerdem sieht man ihm an, dass auch er den Gedanken reizvoll findet. Wir vier sind jetzt Feuer und Flamme und arbeiten daran, ihm den letzten Ruck zu geben: »Meinetwegen hängen wir auch die Badeleiter raus«, sagt Kyle schließlich und spielt damit auf den eher mittelmäßigen Hollywoodschinken »Open Water 2« an, bei dem genau das vergessen wird und den Hauptdarstellern zum Verhängnis wird. Filmfan Phil muss grinsen: Wir haben ihn. »Wir halten uns aber nah beim Boot, wer sich daran nicht hält, kassiert Schläge von mir persönlich!«, sagt er und ich bin mir nicht ganz sicher, ob er scherzt oder das ernst meint. Ob es nun aber wirklich Prügel setzt oder nicht: Darauf ankommen lasse ich es nicht, ich verspüre nämlich keine große Lust darauf, hier von der Strömung abgetrieben zu werden. Außerdem besteht Phil auf eine Sicherheitsleine, die wir an die Reling knoten und über Bord werfen. »Und einer bleibt zur Sicherheit an Bord!«

Kyle, Johannes und Arne springen vor mir. Mir ist ganz schön mulmig bei der ganzen Angelegenheit und ich würde gerne einen Rückzieher machen. Das nächste Ufer liegt 1300 Kilometer südwestlich von uns, 750 Seemeilen bis Südamerika. Afrika im Nordosten wäre noch einmal 400 Kilometer weiter. Die Wassertiefe beträgt hier ungefähr 4000 Meter, genauer kann man es nicht sagen: Die Forschung ist noch nicht so weit, so abgelegene Winkel der Weltmeere zu kartieren. Als mein Kopf ins Wasser taucht, setzt mein Herz für einen Schlag aus. Was, wenn ich die Leine nicht zu packen bekomme? Könnte mich eine Strömung davonziehen? Ein Strudel? Die drei Schwimmzüge zur Leine kommen mir vor wie eine Ewigkeit. Als ich endlich ankomme, bin ich völlig aus der Puste und brauche zwei Versuche, um sie zu greifen. Vor mir liegt die *Libertalia*, wie ich sie noch nie gesehen habe: Mit leeren Segeln dümpelt sie vor sich hin und schafft es doch, majestätisch auszusehen mit ihrem schwarzen Lack, den weißen Segeln mit den roten Rändern und der zerfledderten Piratenflagge. Wir vier Couchsurfer strahlen um die Wette. Dass der Käpt'n nicht über Bord springen würde, hätten wir uns denken können.

Äquatortaufe

Mit beiden Händen umfassen Johannes und ich den Aluminiumbalken und drücken ihn von uns weg über die Reling. Immer wieder machen wir gleichzeitig Schritte vor und zurück. Hier vorne ist mehr Bewegung als in der Mitte des Schiffs, für eine bessere Balance gehen wir tief in die Knie und ein bisschen muss es so wirken, als würden wir einen Tanz aufführen. Wir können dabei keine Rücksicht auf die Solarzellen nehmen, die am Mastfuß auf dem Deck montiert sind und auf die wir eigentlich nicht treten sollten. »Eins, zwei, drei« – wieder und wieder stemmen wir uns auf Kommando synchron mit unserem ganzen Gewicht in den Balken, um verlorene Zentimeter wiedergutzumachen. Die gut vier Meter lange Stange ist oberarmdick, also dicker als meine, aber dünner als die unseres Käpt'ns, und wir wollen sie benutzen, um die Genua auszubaumen. Was das bedeutet und warum wir das tun, hat Phil uns eben bei einem langen Ausflug in die Segeltheorie erklärt. Jede Menge Überlegungen scheinen hinter dem Einsatz dieses Baumes bei einem Segel, das eigentlich keinen Baum braucht, zu stecken und ich habe nicht jedes Detail begriffen. Im Kern scheint es darum zu gehen, das Vorsegel so im Wind zu stabilisieren, dass es jederzeit einen schönen Bauch bildet und so seinen Job bestmöglich erledigen kann. Der Wind kommt ziemlich achterlich, ist aber sowohl in seiner Richtung als auch in seiner Stärke etwas instabil, weswegen mir die Erklärung einleuchtet. Und im Moment ist die Problemstellung sowieso eher von sehr praktischer Natur: Ein Ende des Baumes haben wir an der äußeren losen Ecke der Genua befestigt, die jetzt von dort an ihm zerrt und uns die Handhabung erschwert. Das andere Ende müssen wir an den Mast drücken und dort so lange mit Muskelkraft halten, bis wir es mit einem Schekel am Mast verankert bekommen. Das wiederum ist eine fummelige Angelegenheit, wir müssen den Stahlschekel durch eine Öse am Baum und eine weitere am Mast fädeln und dann zuschrauben. Während ich fädle und schraube, versucht Johannes, den Baum in Position zu halten. Ich muss dabei mit spitzen Fingern arbeiten, um sie mir nicht einzuklemmen, und immer wieder macht uns in letzter Sekunde der Wind einen Strich durch die Rechnung und zieht den Baum von uns. So benötigen wir mehrere Anläufe, bis es schließlich klappt. Anschließend sichern wir die Konstruktion mit mehreren Leinen in alle Richtungen ab, bis unser Baum sich wie angenagelt vom Mast abspreizt. Die weiß-rote Genua formt einen stabilen Bauch und wir machen gute Fahrt durch das Wasser – perfekt.

Johannes und ich hatten uns ein wenig vorgedrängelt, als es darum ging, wer das Ausbaumen übernehmen würde. Nennenswerte Änderungen der Segelstellung sind ohnehin rar gesät auf dieser Reise. Aber jetzt, nach zwei Tagen in der Äquatorflaute, bin ich besonders scharf auf ein bisschen Action und ein echtes Segelmanöver. Im Anschluss an unseren Badeausflug in den Ozean hatten wir den Motor wieder angeworfen und waren daraufhin 24 Stunden durch den Kalmengürtel getuckert, die sich zogen wie Kaugummi. Zwar blieben währenddessen meine Kopfschmerzen aus und irgendwie schafften wir es auch, zwischendurch wenigstens ein bisschen zu schlafen. Aber der zweifelhafte Höhepunkt dieses Tages war ein vorbeidümpelnder weißer Gartenstuhl aus Kunststoff gewesen, dessen Bergung uns auch noch missglückt war. Die Erleichterung an Bord war groß, als knapp 30 Seemeilen vor dem Äquator der Wind endlich wieder zulegte, sodass wir endlich wieder die Segel hissen und den Motor ausschalten konnten. So diskutierten wir in unseren letzten Stunden auf der Nordhalbkugel der Erde recht ausgelassen, wie wir unseren Übergang auf die Südhalbkugel feiern sollten. Wir alle haben von den verschiedensten Ritualen zur Äquatortaufe gehört und gelesen: Von Urkunden mit Scherznamen für jedes Crewmitglied bis hin zu eher unangenehmen, schmerzhaften oder gar erniedrigenden Zeremonien scheint auf den Weltmeeren alles erlaubt zu sein. Vor einiger Zeit war die *Gorch Fock* in die Schlagzeilen geraten, weil auf dem Segelschulschiff der Bundeswehr die Taufe angeblich darin besteht, Erbrochenes zu essen und Vorgesetzten die nackten Füße zu küssen. Kyle würde die Äquatorquerung gerne mit einem erneuten Sprung in den Ozean feiern, aber dass der wegen des Windes nicht infrage kommt, sieht er schnell ein. Weil von uns anderen keine ernst gemeinten Vorschläge kommen, sagt Phil schließlich: »Das hier ist kein Kreuzfahrtschiff und beim Militär sind wir auch nicht.« Als schließlich irgendwann am Nachmittag das N auf unserem Kompass erlischt und an der Stelle ein S aufblinkt, klatschen wir uns kurz ab, klopfen ein paar

Sprüche und halten es wie bislang immer bei festlichen Anlässen auf See: ausgesprochen unaufgeregt. Eine kleine Party feiert immerhin ein knappes Dutzend Delfine, das zwar erst auftaucht, als wir den Äquator schon wieder einige Meilen hinter uns gelassen haben, aber umso übermütiger in unserer Bugwelle herumtollt. Als die Delfine uns gerade verlassen haben, machen wir sogar noch die Silhouette eines Containerschiffs etwas östlich von uns am Horizont aus. Bei beiden Sichtungen handelt es sich erst um die zweite ihrer Art seit Kap Verde – die Südhalbkugel begrüßt uns erst einmal freundlich und mittlerweile macht auch Phil den Eindruck, als hätte sich seine Laune dauerhaft auf einem guten Niveau stabilisiert.

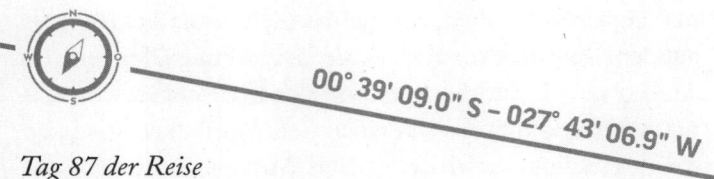

00° 39' 09.0" S – 027° 43' 06.9" W

Tag 87 der Reise

Reis mit Zwiebeln und Bohnen, Spaghetti mit Zwiebeln und Knoblauch. Zum Frühstück gibt's Pfannenbrot und Eier, im Fach unter Kyles Schlafbank im Salon rollen noch ein paar einsame Kartoffeln und Yamswurzeln im Takt des Ozeans hin und her – mehr oder weniger ist es das, wovon wir im Moment leben. Frisches gibt es schon lange nicht mehr an Bord, außerdem rächt sich unser etwas überstürzter Provianteinkauf in Mindelo: Corned Beef stand nicht auf unserem Zettel, weil wir noch einige Dosen aus Gran

Tarajal übrig hatten. Die letzte landete noch lange vor der großen Flaute in der Pfanne. An den Schinken an Deck traue ich mich nicht mehr heran, meiner Meinung nach hängt er jetzt wirklich zu lange an Deck in der Sonne. Ich hätte ihn schon lange über Bord geworfen. Bei Phil und Kyle allerdings siegt immer mal wieder der Heißhunger über den Ekel und sie kratzen sich die letzten Schinkenstreifen ohne Schimmelbefall vom Knochen. So baumelt weiter ein unappetitliches Schweinebein über unserem Deck. Um den immer wieder entstehenden Fettfleck klein zu halten, müssen wir die Stelle regelmäßig mit Spülmittel schrubben. Die Versorgung mit Fleisch ist also zumindest stark eingeschränkt und auch Nüsse, Trockenfrüchte und Kekse gehen langsam zur Neige. In den letzten beiden Wochen haben wir es zwar geschafft, mindestens einmal täglich zu kochen, das hat deutlich besser geklappt als auf dem Teilstück vor Kap Verde. Trotzdem griffen wir von Anfang an wieder und wieder in das Fach mit den Snacks für zwischendurch. Es ist erstaunlich: Wir haben einen Bewegungsradius von vielleicht fünf Metern und so gut wie nichts zu tun, trotzdem sind wir alle durchgehend hungrig. Jeder Topf wird bis zum letzten Rest ausgekratzt und auch das letzte Reiskorn aus den weißen Plastikschüsseln gefischt, aus denen wir nahezu jedes Gericht essen. Es muss an der Seeluft liegen, dass wir jederzeit Appetit haben, zu groß jedenfalls können die Portionen nicht sein, die wir in der Kombüse zubereiten.

Immerhin hat unser durchgehend großes Hungergefühl den Vorteil, dass wir keinen hohen Anspruch an die Gerichte haben. Arne ist der Einzige, der ein bisschen Kreativität in unseren Speiseplan bringt. Zum Glück kocht er nicht nur gut, sondern auch gerne, sodass er immer mal wieder für einen von uns einspringt. Gerade tut er das für mich: Ich muss nur schälen und schnippeln, während er am Herd Kartoffeln und Yamswurzeln zu einem Eintopf vermischt. Dazu kommen wie fast täglich Zwiebeln und Bohnen und als Highlight eine Dose Kokosmilch, die wir irgendwo gefunden haben. Während die Zutaten im Topf vor sich hin garen, verdrängt ihr Duft sogar den sonst herrschenden Mief im Salon. Mir läuft langsam das Wasser im Mund zusammen und Arne testet mit einer Gabel noch einmal den Garzustand der Kartoffeln, als er plötzlich innehält: »Ich glaube, wir müssen mal Spiritus nachfüllen.« Ausgerechnet jetzt, denke ich, kann mich aber erinnern, wo wir den Brennstoff für den Kocher verstaut haben. Als ich den Fünf-Liter-Kanister hinter den WD-40-Dosen und dem Motoröl hervorzerre, schlage ich ihn fast in mein Gesicht: Er ist viel leichter als gedacht. Deutlich unterhalb der Halblitermarkierung schwappt die durchsichtige Flüssigkeit am Boden des weißen Behälters. 200 Milliliter, vielleicht 300, mehr sind es nicht. Das ist doch nicht etwa alles? Während Arne den Rest in unseren Kocher füllt und sich weiter um den Eintopf kümmert, steige ich den Niedergang hinauf und frage Phil, wo mehr Spiritus sein könnte: Der meint zwar, dass irgendwo noch ein weiterer Kanister sein müsste, kann aber eine gewisse Verunsicherung in seinem Blick nicht verbergen. Sofort beginnt eine große Suchaktion, zu dritt durchwühlen wir sämtliche Kisten und Fächer. Als schließlich feststeht, dass wir auf dem Trockenen sitzen, macht sich vorübergehend leichte Panik breit: Mindestens vier Tage sind es noch bis Recife, eher fünf oder sechs – so lange reicht unser Spiritusrest wahrscheinlich nicht. Hektisch fragen wir uns, was das bedeutet: Kann man Nudeln und Reis essen, ohne sie vorher zu kochen? Rohe Kartoffeln? Vor ein paar Tagen hatte ich Phil beobachtet, wie er – noch ohne Not – in eine rohe Zwiebel gebissen und sie wie einen Apfel verspeist hatte. Schon bei dem Gedanken daran schüttle ich mich innerlich.

»Wollen wir nicht erst einmal was essen?«, sagt Arne schließlich und deutet auf den Eintopf. Wir beruhigen uns ein bisschen, aber vor der Krisensitzung lasse ich nun jeden Happen langsam und genüsslich auf meiner Zunge zergehen – wer weiß, wann ich das nächste Mal so gut esse. Mit gefüllten Mägen sind wir dann schnell wieder zuversichtlicher, dass wir zumindest vorerst nicht verhungern werden: Unser Spiritus reicht sicher noch für drei oder vier Mahlzeiten. Außerdem haben Johannes und Arne noch zwei Campingkocher dabei, die für unseren großen Topf zwar zu klein und für das schaukelnde Schiff reichlich wacklig sind, aber ich bin mir sicher, dass Johannes in seinem Kopf schon an einer Lösung tüftelt. »Vielleicht benutzen wir die beiden zum Kaffeekochen«, schlage ich vor. Andererseits müssen wir unseren exzessiven Kaffeegenuss wohl erst einmal deutlich einschränken, da sind wir uns einig – Essen hat Vorrang, zum Trinken reicht auch erst mal Wasser. Wir fragen uns gerade, nach wie vielen Minuten Kochzeit Nudeln genießbar werden, da sagt Phil plötzlich mit breitem Grinsen: »Ich glaube, Cecilie hat uns gerettet!« Wir schauen ihn fragend an, keiner von uns versteht, was er meint. Er lacht laut los und deutet auf unseren Bordgrill. Einer nach dem anderen stimmt in sein Gelächter ein und schließlich fällt auch bei mir der Groschen: Wir haben raue Mengen Holzkohle an Bord – dann gibt es ab jetzt eben Spaghetti vom Grill! Unkonventionell, aber es müsste klappen. Während des Essens schütteln wir immer wieder ungläubig den Kopf: Wir können weder fassen, wie viel Glück wir gehabt haben, noch, wie es dazu kommen konnte, dass wir so sehr darauf angewiesen sind. Der Käpt'n nennt es »monumental dumm«, sich vor einer Atlantiküberquerung nicht mit genügend Brennstoff versorgt zu haben. Wie konnte das nur passieren: Klopapier türmt sich an den Seitenwänden der Kapitänskabine und würde wahrscheinlich auch noch für eine Pazifiküberquerung reichen – aber daran, dass wir die Nudeln irgendwie zum Kochen bringen müssen, hat keiner gedacht? Verdient hätten wir es zweifelsohne, für ein paar Tage rohe Eier zu schlürfen und an harten Nudeln zu knabbern. Mit verschwörerischen Blicken vereinbaren wir schließlich, einen Mantel des Schweigens über diese Episode zu legen. Außerdem wollen wir aus unseren Fehlern lernen und verordnen uns absolute Sparsamkeit – sowohl mit dem Rest unseres Spiritus als auch mit den beiden Campingkochern und den fünfeinhalb Säcken Holzkohle. Den Reis und die Nudeln wollen wir ab jetzt nur noch al dente essen, außerdem beschließen wir, bei jedem Kochvorgang noch ein oder zwei Eier mit in den Topf zu geben – Eier sind das einzige Lebensmittel, das wir noch immer im Überfluss haben. Sollte uns doch noch der Brennstoff ausgehen, können wir die dann zumindest hart gekocht essen. Schweren Herzens ringen wir uns schließlich noch dazu durch, unsere Kaffeeexzesse für eine Weile zu unterlassen. Zumindest, bis absehbar ist, dass warme Mahlzeiten bis zum letzten Tag unseres Törns sichergestellt sind.

Zum Glück müssen wir uns dann gar nicht so lange zusammenreißen: Wir gewöhnen uns schnell an das brennstoffarme Leben. Zwar braucht es etwas länger, einen Topf mit Nudelwasser auf dem Grill zum Kochen zu bringen, aber dank der beiden Stahlklemmen können wir ihn dort ebenso gut fixieren wie auf dem Herd. Jetzt kochen wir halt draußen, wo wir uns ja sowieso lieber aufhalten. Für ein Abendessen benötigen wir ungefähr einen halben Sack Kohle – schnell wird klar, dass Cecilies Vorrat auf jeden Fall ausreichen wird. Schon am Tag nach unserer Spirituskrise gibt es wieder Kaffee, und das sogar ohne die Gaskocher von Johannes und Arne: Unsere Kombüse ist ab jetzt eine reine Kaffeeküche – ein Luxus, den wohl nicht jeder Segler sein Eigen nennen kann.

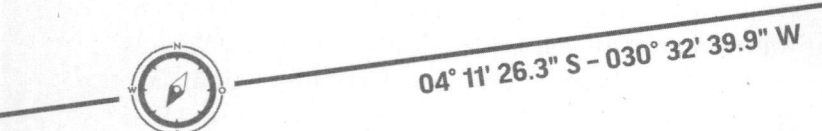

04° 11' 26.3" S – 030° 32' 39.9" W

Tag 89 der Reise

Kyle ist derjenige, der sich am intensivsten mit unserer Route über den Atlantik beschäftigt hat. Dabei ist ihm aufgefallen, dass nicht weit von unserem Kurs so etwas wie ein neuer Wegpunkt auf uns warten könnte: Seit zwei Tagen versucht er, uns und vor allem den Käpt'n davon zu überzeugen, einen etwas westlicheren Kurs einzuschlagen und die Inselgruppe Fernando de Noronha anzulaufen. Offenbar hat der Archipel es ihm echt angetan, jedenfalls versorgt er uns mit jeder Menge verführerischer Infos: Ihm zufolge handelt es sich um ein absolut traumhaftes Plätzchen. Nur eines der 21 Inselchen ist bewohnt, alle zählen aufgrund ihrer einmaligen Flora und Fauna zum Weltnaturerbe der UNESCO. Sie sind umringt von steilen Klippen, die nur von kleinen Traumstränden unterbrochen werden, auf denen sich jede Menge Meeresschildkröten tummeln und kaum Touristen. Die Besucherzahl ist auf täglich 400 Gäste begrenzt – »aber wer mit dem eigenen Boot kommt, wird nicht mitgezählt«, weiß Kyle. Anfangs tue ich sein Gerede noch als Hirngespinst ab, aber je mehr er erzählt, desto sympathischer finde ich die Idee: Einen Hafen gibt es dort zwar nicht, »aber richtig gute Ankerplätze in kleinen Buchten mit Stränden und Delfinen!«. Fast hat er mich so weit, dass ich ihm helfe, Phil von einem Zwischenstopp zu überzeugen. Aber ich weiß, dass in keinem Moment eine echte Chance darauf besteht – Karneval. Und selbst wenn Phil auf sein großes Ziel verzichtet, würden wir alle erst einmal für ein halbes Jahr auf Fernando de Noronha festhängen: »Ich habe erst einmal die Schnauze voll von solchen Gewaltaktionen«, seufzt unser Käpt'n. »Meine nächsten 20 Törns werden alle nicht länger als 30 Meilen sein.« Das klingt absolut unumstößlich. Kyle gibt auf, wir passieren die Inseln in fast genau hundert Seemeilen Entfernung und können nicht einmal einen Blick erhaschen.

Was dafür immer mehr in Sichtweite rückt, ist das Ende unseres Törns: Etwa 350 Meilen sind es noch, bis wir in den

Hafen von Recife einlaufen werden. Während wir uns Stück für Stück der brasilianischen Küste nähern, haben wir in den letzten Stunden mit zwei Tankern und einem Arbeitsboot mehr Schiffe gesehen als in den gesamten zwei Wochen davor. Wenn Phil unseren Navigationscomputer einschaltet, schauen wir jetzt als Erstes auf die Ecke oben links auf dem Monitor. Bislang hatten wir diesem Bereich des Displays keine Beachtung geschenkt, da hier ein Wert eingeblendet wird, der bis hierher von sehr theoretischer Natur war und deshalb nicht wirklich von Bedeutung: Hier blinkt die vom Computer errechnete Zeit bis zur Ankunft im Zielhafen. Im Moment schwankt die Anzeige je nach Geschwindigkeit zwischen 50 und 60 Stunden. Wahrscheinlich werden wir nicht durchgehend mit den fünfeinhalb Knoten unterwegs sein, die wir gerade draufhaben, aber in höchstens drei Tagen sollte feststehen, wer von uns das nächste Anlegebier spendiert bekommt. Diese Aussicht verändert in den nächsten Stunden die Stimmung an Bord: Viele Gespräche verlaufen wieder ähnlich wie in den Tagen vor unserer Ankunft in Mindelo und handeln von Burgern und Steaks, von frischem Obst, gerne in Cocktails, und von Bier und eiskalter Cola aus beschlagenden Gläsern. Wir träumen uns an tropische Strände unter Palmen und Phil schwärmt jetzt fast in jedem wachen Moment vom brasilianischen Karneval mit seinen Sambatrommeln und bunten Umzügen. »Bereitet euch auf die Party eures Lebens vor, so etwas habt ihr noch nicht erlebt«, ist er sich sicher. Ich bin davon im Moment nicht wirklich überzeugt, es fällt mir schwer, mich nach Wochen in der Abgeschiedenheit des Ozeans plötzlich tanzend auf einem der größten Volksfeste der Welt vorzustellen.

Überhaupt schleicht sich bei mir in diese ausgelassene Hochstimmung ein seltsames anderes Gefühl. Wie die anderen bin auch ich glücklich und erleichtert, dass es wirklich zu klappen scheint. Klar freue ich mich riesig auf gutes Essen und auch darauf, wieder festen Boden unter den Füßen zu haben. Ich bemerke es erst kaum, denn zunächst sind es nur Bruchteile von Sekunden, in denen eine Art Traurigkeit Besitz von mir ergreift. Dann werden die Momente länger, in denen ich merke, dass ich eher bedrückt in den Himmel schaue als freudig erregt. Während Kyle und Phil Caipirinharezepte besprechen und Partypläne schmieden, sitze ich starr da, fühle mich beklemmt und mache mir Sorgen, dass mir gleich die Tränen in die Augen schießen. Erwartet mich etwa am Ende unseres Törns noch eine große Ozean-Depression? Ich muss an Bernard Moitessier denken, den Regattasegler vom Golden Globe Race, der nach seiner Weltumsegelung kurz vor der Ziellinie beigedreht war, um erst vier Monate später auf Tahiti wieder an Land zu gehen. Ob er damals vor rund 50 Jahren und 2000 Meilen südlich von hier im Atlantik auf seiner *Joshua* ähnliche Gefühle hatte? Andererseits: Ein paar Tage länger würde ich es schon noch auf See aushalten, aber vier Monate und dabei mal eben allein das Kap der Guten Hoffnung und das Kap Leeuwin umsegeln? Jetzt schüttle ich mich einmal kurz und schmunzle über mich selbst: Jetzt bist du nicht nur wehmütig, sondern auch noch größenwahnsinnig! Nur weil du gerade keine Lust auf Menschenmassen hast, bist du noch lange nicht depressiv. Und schon gar nicht einer der größten Segler der jüngeren Geschichte ...

Nach einem eigenartigen Nachmittag wische ich meine Melancholie beiseite und widme mich den Vorbereitungen auf den Landfall, die auf der *Libertalia* schon in vollem Gange sind. Plötzlich fallen uns jede Menge Dinge ein, die wir vor unserer Ankunft noch erledigen wollen. Meine Kamera liegt seit Tagen unberührt neben meiner Koje, jetzt hole ich sie für eine ausgiebige Fotosession mit Johannes heraus. Albern stellen wir Szenen der letzten Wochen nach: Ich, wie ich das Pfannenbrot anschneide. Johannes, wie er auf der Gitarre klimpert. Das klischeehafte Bild von unten am Steuerrad, düsterer Blick nach vorne – eine Haltung, die in Wirklichkeit dank des Autopiloten keiner von uns in den letzten Wochen auch nur ein einziges Mal eingenommen hatte. Für Entdeckerposen klettern wir auf die Reling, was wir noch vor 24 Stunden für vollkommen unverantwortlich gehalten hätten. Das Shooting endet mit Bildern von fast jedem Crewmitglied beim Zähneputzen an Deck und schließlich Nacktfotos von Johannes beim Duschen am Bug. Denn das ist ein weiterer und wahrscheinlich auch weitaus wichtigerer Punkt auf unserer immer länger werdenden To-do-Liste: Bevor wir im Hafen auf die ersten Menschen stoßen, wollen wir uns auf jeden Fall in einen halbwegs präsentablen Zustand bringen. Fuß- und Fingernägel werden gesäubert und geschnitten, Phil und Kyle verpassen sich gegenseitig frische Haarschnitte und ich rasiere mich, was ich jedoch bereuen soll: Unter meinem Atlantikbart habe ich eindeutig weniger Farbe abbekommen als im Rest meines Gesichts, was sehr komisch aussieht. Außerdem fühlte ich mich mit den Stoppeln deutlich seemännischer als ohne – sei's drum.

Die letzten Tage auf See verbringen wir also deutlich geschäftiger als die Wochen davor. Wir räumen das Schiff auf und putzen fröhlich vor uns hin, schließlich werden mit Cecilie und ihrer Freundin Alice aller Voraussicht nach schon bald wieder Gäste an Bord wohnen. Während wir uns der Küste nähern, nimmt der Schiffsverkehr um uns herum zu, trotzdem erledigen wir den Ausguck eher nebenbei und manchmal sind wir uns nicht einmal ganz sicher, wessen Wachschicht gerade läuft.

Kurz nachdem wir feierlich den jetzt aber wirklich ungenießbar gewordenen Jamón ibérico im Atlantik versenkt haben, stellen wir fest, dass sich noch genau zwei Packungen Spaghetti und vier Zwiebeln an Bord befinden. Noch genau eine letzte warme Mahlzeit auf See. Hätte der Törn länger gedauert, hätten wir uns nur noch von Brot und Eiern ernähren können. Schon wieder so eine grobe Fahrlässigkeit, über die wir nur die Köpfe schütteln und lachen können – es ist jetzt einfach alles egal.

Am Morgen unseres 17. Tags auf dem Ozean stehen wir geschlossen kurz nach Sonnenaufgang an Deck. Zur Feier des Tages tragen wir saubere Shorts, auf unseren Kojen liegen frische T-Shirts und Flipflops stehen bereit. Im Cockpit halten wir zwei Ferngläser parat, die bald reihum gehen werden. Es sind noch 23 Seemeilen bis zur kleinen Marina des Pernambuco Iate Clube an der Molhe do Porto in Recife.

Karneval

Cecilie ruft mir über die Köpfe mehrerer Brasilianer hinweg etwas zu. Ich verstehe es zwar nicht, lache aber laut auf – sie lacht ebenfalls, meine Reaktion scheint also angemessen zu sein. Jedes Wort hier wird verschluckt von den ohrenbetäubenden Sambarhythmen, die aus allen Richtungen dröhnen: Auf den Ladeflächen der im Schritttempo vorbeikriechenden Trucks schlagen ebenso Trommler auf ihre Instrumente ein wie vor und hinter den bunt dekorierten Wägen. Überall stehen dicke Boxen auf Stativen, selbst auf den bis auf den letzten Zentimeter mit Menschen besetzten Balkonen der Hochhäuser am Straßenrand. Der Lastwagenumzug wird angeführt von verschiedenen Gruppen von Tänzerinnen, die in hautengen Kleidern in knalligen Farben und mit goldenen Verzierungen gekonnt mit ihren Hüften wackeln, auf dem Kopf tragen sie mit glänzenden Perlen und großen farbigen Federn dekorierte Hüte. Sie befinden sich in der Mitte einer Menschenmenge, die sich von dieser Kreuzung aus in alle Himmelsrichtungen erstreckt, so weit das Auge reicht. Sie hat ihre eigene Dynamik entwickelt, niemand hier hat eine Kontrolle darüber, wo er sich gerade hinbewegt, wir lassen uns von der dicht gedrängten Masse lenken. Um mich herum zwängen sich halb nackte, schweißtriefende Körper aneinander. Es gibt hier auf der Straße keinen Schutz vor der Sonne, ich habe mein T-Shirt ausgezogen und mir um den Kopf gebunden. Wirklich verkleidet ist der Großteil der Menschen nicht, die meisten belassen es bei ein paar lustigen Accessoires wie bunten Blumenketten und ausgefallenen Kopfbedeckungen. Gerade sah ich einen schmächtigen Mann durch die Menge spazieren, dessen Hut aussah wie neun schwere Zementsäcke, die er auf seinem Kopf balancierte. Fast jeder hier hat wie ich eine gelbe Dose »Skol« in der Hand. »Latão« steht in großen Buchstaben auf den Pappschildern der fliegenden Händler, die alle paar Meter das brasilianische Pils anbieten. Das Wort bedeutet so viel wie »Blech«, steht hier aber unmissverständlich für eine Halbliterdose Bier. Sie kostet meist drei Reais, ungefähr einen Euro, und auch wenn einige der Händler mit 2,50 Reais einen Kampfpreis anbieten, dürften alle hier ein gutes Geschäft machen: Die Bierdosen werden ihnen nur so aus den Händen gerissen. Irgendwo auf dem Weg hierher war mir jemand auf die Hacke meines linken Flipflops getreten, und bevor ich ihn wiederfinden konnte, hatte die Menge mich schon weitergetrieben. Mir blieb nichts anderes übrig, als mich auch des anderen Flipflops zu entledigen und von jetzt an barfuß durch die Straßen von Recife zu tanzen. Als einzige offensichtliche Touristen im Umkreis erregen wir in diesem heillosen Durcheinander immer wieder die Aufmerksamkeit von Einheimischen, die uns umringen und fragen, was uns hierhergeführt hat. Wahrscheinlich war es der riesige, zehn, fünfzehn Meter hohe blau-rot-weiße Hahn auf dem Dach eines Lastwagens, dem wir zu dieser Brücke über den Rio Capibaribe gefolgt sind. Zeitweise waren wir aber auch dem grinsenden blauen Esel mit den weit aufgerissenen Augen näher gewesen, auf dessen Rücken eine Figur mit orangerotem Hawaiihemd und Sombrero reitet.

Phil hat nicht übertrieben mit seinen Ausführungen zur Karnevalsparty von Recife, die an diesem Samstagmittag vor Rosenmontag gerade erst eingeläutet wird: Ich hatte schon mit einer Menge Trubel gerechnet, aber das gigantische Ausmaß dieses Festes übersteigt meine Vorstellungskraft, das muss ich zugeben. Irgendwann später werde ich lesen, dass es dieser Umzug, der »Galo da Madrugada« (»Hahnenparade«), als größte Parade der Welt ins Guinnessbuch der Rekorde geschafft hat: zweieinhalb Millionen Teilnehmer, ein geteilter erster Platz mit dem Umzug in Rio de Janeiro.

Es ging turbulent zu in den letzten Tagen auf der *Libertalia:* Als sich am Donnerstagmorgen die ersten Hochhäuser von Recife in unseren Ferngläsern abzeichneten – Johannes war es gewesen, der sie als Erstes erblickt hatte –, spendierte Phil zu unserem vorerst letzten Kaffee auf dem Atlantik eine Runde dicker Zigarren. Das passte gut, denn nach dem Brennstoff und dem Proviant waren uns auch noch die Zigaretten ausgegangen – dass wir in den letzten zweieinhalb Wochen alle viel zu viel geraucht haben, hinderte uns jedoch nicht daran, tiefe Züge von diesen dicken braunen Stumpen zu nehmen. Während wir uns langsam der Küste näherten, machte sich die gleiche kindliche Aufgeregtheit breit, die auch schon bei den Sichtungen von Lanzarote und São Vicente geherrscht hatte: Still sitzen war unmöglich, wir tigerten auf und ab auf dem Deck der *Libertalia*, liefen immer wieder zur Bugspitze, kletterten in den Bugkorb. Ich machte viel zu viele Fotos von der sich immer deutlicher abzeichnenden Silhouette Recifes und war etwas überrascht, dass die Stadt mit einer richtigen Skyline aufwarten kann. Von São Paulo hätte ich das erwartet, aber eher nicht von der neuntgrößten Stadt Brasiliens.

Einen gewichtigen Unterschied zu meinen letzten Landsichtungen gab es allerdings: In jeder unserer Bemerkungen und in jedem Kommentar lag ein Überschwang, der seinesgleichen sucht. Wir sparten nicht mit Superlativen und ich war in einigen Momenten froh, dass uns niemand bei dieser hemmungs- und pausenlosen Angeberei zuhören konnte – nur um dann doch wieder in die Prahlerei einzustimmen. Während ich großspurig Reden von unserer Ankunft in der »neuen Welt«, »auf der anderen Seite des Ozeans« oder »auf dem dritten Kontinent dieser Reise« schwang, war der Atlantische Ozean Phils Meinung nach »völlig überschätzt« und bei näherer Betrachtung eher eine »etwas überdimensionierte Pfütze«. »Es soll Leute geben, die überqueren die mit dem Fahrrad«, ergänzte Johannes. »Weltmeer, dass ich nicht lache!«

Die Hafeneinfahrt dauerte länger als gedacht, weil wir noch die fast zwei Seemeilen lange Hafenmole umfahren mussten. Das störte uns allerdings nicht weiter, so konnten wir die ersten Eindrücke vom südamerikanischen Kontinent in aller Ruhe, aus sicherer Entfernung und in gewohnter Umgebung an Bord der *Libertalia* aufsaugen. Die ersten Gebäude, die wir auf der anderen Seite des Ozeans aus der Nähe zu Gesicht bekamen, waren etwas heruntergekommene Lagerhallen gegenüber der Kaimauer, zwischen denen hindurch wir ab und zu einen Blick auf repräsentative Kolonialgebäude mit ihren roten, grünen und blauen Fassaden erhaschen konnten. Wir schipperten an einer Halle vorbei, vor der gerade eine Bühne aufgebaut wurde, während eine Handvoll Arbeiter Stühle und Tische nach draußen an ihren Platz schleppte – »Central do Carnaval« steht auf dem knallblau gestrichenen Giebel, wir können den Schriftzug noch jetzt von unserem Liegeplatz in der Marina erahnen.

Als wir dort schließlich ankommen, wartet eine Enttäuschung auf uns: Das Restaurant der Marina hat geschlossen und wir finden heraus, dass sich unser Hafen weit entfernt vom Leben der Stadt in ziemlich isolierter Lage mitten an der Hafenmole befindet. Über die Mole erreichen wir nach einem halbstündigen Fußmarsch den ärmlich wirkenden Stadtteil Brasília Teimosa: Dutzende offene Stromleitungen hängen über den Straßen, deren Pflaster sich in Auflösung befindet, von den Fassaden der einfachen ein- bis zweistöckigen Häuser bröckelt der Putz ab und die wenigen Geschäfte haben bereits geschlossen – in Vorbereitung auf den Karneval, wie Phil von einer Gruppe Kinder erklärt bekommt, die über die ansonsten fast menschenleere Straße streunt. Die Sonne ist bereits untergegangen, als wir schließlich hinter den vergitterten Fenstern eines flachen Gebäudes eine kleine Garküche entdecken, die uns noch Essen serviert: Unser erstes Gericht nach zweieinhalb Wochen auf dem Ozean ist eine Feijoada – Bohneneintopf mit Reis. Phil schwatzt der Besitzerin außerdem noch eine Flasche Cachaça aus ihrem privaten Vorrat und ein paar Limetten ab. Crushed Ice für eine ordentliche Caipirinha hat sie nicht – zum Verdünnen nehmen wir noch einen Tetrapak Apfelsaft mit zurück auf das Boot. Unsere Ankunftsfeier fällt also erst einmal deutlich kleiner aus als erhofft: Nach ein paar Drinks an Deck fallen wir alle recht früh in unsere Kojen und schlafen bis in den späten Vormittag.

Nach dem Ausschlafen gibt es das große Wiedersehen mit Cecilie, die schon seit ein paar Tagen mit ihrer Freundin Alice in der Stadt ist. Die beiden beziehen die letzten beiden Kojen an Bord und lauschen unseren Geschichten vom Ozean, bevor sich das Boot im Laufe des Nachmittags weiter füllt: Phil hatte gestern Abend noch einen Post bei Couchsurfing veröffentlicht, in dem er alle Couchsurfer in der Stadt zur »diesmal richtigen« Ankunftsparty an Bord der *Libertalia* eingeladen hat. Erstaunlich viele folgen diesem spontanen Aufruf: Zusammen mit den beiden Norwegerinnen, einem halben Dutzend Brasilianern, einem Mexikaner und zwei Französinnen feiern wir unsere geglückte Atlantiküberquerung bis spät in die Nacht mit einem wilden Fest.

Für uns ist es nur die erste einer langen Reihe von durchfeierten Nächten. Wir haben jeden Grund zum Feiern und selbst, wenn es anders wäre, hätten wir kaum eine andere Möglichkeit: In den zwei Wochen um den Rosenmontag gibt es in Recife keinerlei Alternativen zur täglichen Karnevalsparty. Alles in der Stadt ist den Feierlichkeiten untergeordnet und jeder Einwohner der Stadt scheint in diesen Tagen irgendwie mit dem Karneval beschäftigt zu sein. In Stadtteilen, in denen gerade keine Parade stattfindet, sind ganze Straßenzüge menschenleer, alle Läden sind geschlossen. Wir haben den Eindruck, dass gerade niemand in der Stadt arbeitet. Und wenn doch, dann zur Versorgung der Karnevalisten: Entlang der Karnevalsrouten stellen sämtliche Geschäfte, vom Fleischer bis zum Juwelier, ihr Angebot auf maximal zwei Produkte um – Dosenbier der Marke Skol und Caipirinhas aus Plastikbechern. Selbst in Banken beobachten wir, wie Angestellte mit Hubwägen palettenweise Bier in die Schalterhalle schieben, um sie dann für drei Reais die Dose an die Feiernden zu bringen. Das führt zu kuriosen Nebenwirkungen: Offensichtlich werden zur »Época de Carnaval« nicht einmal die Geldautomaten Recifes mit frischen Banknoten versorgt. Ist ein Automat einmal leer, dann bleibt er es, bis der Karneval gefeiert ist und die Bankangestellten wieder Bausparverträge statt Bier verkaufen. Für die Crew der *Libertalia* bedeutet das, dass wir uns glücklich schätzen können, Cecilie und Alice an Bord zu haben, die im Moment die ganze Crew durchfüttern: Sie wurden während ihrer ersten Tage in der Stadt vorgewarnt und haben ausreichend Bargeld abgehoben. Jetzt verleihen sie immer neue Scheine an uns fünf Ozeanüberquerer. So scheint in diesen Tagen für jedes auftauchende Problem die Lösung gleich mitgeliefert zu werden. Wer kein Geld hat, leiht sich welches, wer keine Flipflops hat, läuft barfuß. Mehrmals verliere ich im Gewimmel unsere Gruppe und beschließe schon, mich ab jetzt allein durch die feiernde Menge treiben zu lassen, als plötzlich Kyle einen Arm um mich legt, Johannes mir zuprostet oder Cecilie mir einen frischen 100-Reais-Schein zusteckt: »Danach hattest du doch vorhin gefragt, oder?«

Am Rosenmontag fühlen wir uns zwar verkatert, aber auch schon wie echte Karnevalsprofis und denen macht so etwas nichts aus. Der Höhepunkt der Festivitäten steht an und Phil meint, den besten Ort dafür zu kennen: Wir müssen nach Olinda, denn dort sei der Karneval noch einmal eine Stufe besser als hier in Recife. Beim Rühreifrühstück kommt an Bord eine kurze Diskussion auf, ob wirklich eine Reise in die Nachbarstadt notwendig ist. Auch ich frage mich kurz, was »noch eine Stufe besser« genau bedeuten mag. Andererseits ist mir inzwischen sowieso das meiste egal, ich bin in den Tagen nach der erfolgreichen Ozeanquerung restlos zufrieden mit mir und der Welt und mir sehr sicher, im Moment wohl an jedem Ort des Planeten eine gute Zeit zu haben. So wahrscheinlich auch in Olinda, zumal sich das weiter entfernt anhört, als es wirklich ist: Recife und Olinda liegen so nah beieinander, dass sie in den letzten Jahrhunderten mehr oder weniger zu einer Stadt zusammengewachsen sind – auch wenn die Bewohner der beiden Orte das sicher anders sehen. »20 Minuten mit dem Bus, nicht länger«, verspricht der Käpt'n und behält das letzte Wort.

Zur Feier des Tages wollen wir uns heute sogar verkleiden. Darauf bestehen Cecilie und Alice, die in den letzten Tagen irgendwo auch ein paar Perücken und Masken aufgetrieben haben. An Bord entdecken sie noch einen Piratenhut, den sich Arne schnell schnappt: Einen langen Bart und verfilzte Haare hat er schon, Cecilie malt ihm noch ein paar Tätowierungen auf die Arme und fertig ist der Seeräuber aus der Karibik. Johannes findet eine unserer roten Zipfelmützen aus der Weihnachtszeit und geht als eine Art tropischer Weihnachtsmann in Tanktop und Shorts, die Norwegerinnen tragen glitzernde Paillettenkleider und Perücken, Cecilie bekommt rosa Locken, Alice eine lila Haarpracht. Für Kyle, Phil und mich läuft es etwas schlechter, unser Widerwille ist trotzdem eher gespielt: Während sich Phil einen wackelnden Penis auf den Kopf setzen muss, werden Kyle und ich als Frauen verkleidet. Kyle zwängt sich in ein weißes Sommerkleid, mir wird kurzerhand ein Kleid aus Sicherheitsnadeln und einem Tuch in Leopardenoptik gebastelt.

Als Alice mir mit Lippenstift und Wimperntusche ein passendes Make-up verpasst, fällt uns auf, dass wir noch kaum ein Wort gewechselt haben, seit sie an Bord gekommen ist. Irgendwie hatte es sich nicht ergeben, in dem Trubel war es meist bei gegenseitigem Zuprosten und ins Ohr gebrüllten Bemerkungen geblieben. Sie ist ein bisschen kleiner als Cecilie, entspricht aber mit ihren blonden Haaren, blauen Augen und Sommersprossen wie ihre Freundin dem Norwegenklischee. Gesegelt ist sie ebenfalls noch nie, aber ziemlich heiß darauf. Motorboot fahren hat sie schon als kleines Kind auf den Fjorden gelernt und außerdem steht sie »auf alles, was draußen ist«. Wenn sie nicht in der Uni ist, reist sie viel und gerne oder ist in den norwegischen Bergen zum Wandern unterwegs. Nach dem Brasilientrip hat sie auf dem Rückweg noch einen Zwischenstopp in New York geplant, im Sommer will sie unbedingt zur »Trolltunga«, einem wohl spektakulären Felsvorsprung an der Fjordküste. Mein Eindruck der letzten Tage bestätigt sich: Sie scheint gut zu uns zu passen. Bei der Auswahl seiner Crew hat Phil entweder ein wirklich gutes Händchen oder einfach jede Menge Glück.

Als ich fertig angepinselt bin, legt auch schon das bestellte Taxiboat an unserem Steg an. In den letzten Tagen haben wir gelernt, dass dies die bequemste Art ist, in die City auf der gegenüberliegenden Seite des Hafenbeckens zu gelangen – so sparen wir uns die Parkplatzsuche für unser Schlauchboot auf der anderen Seite. Der Taxifahrer ist wie anscheinend jeder Brasilianer im Karnevalsmodus und bestens gelaunt. Zur Begrüßung bietet er uns einen Joint an und dreht die gewaltige Musikanlage auf, die am Heck seines Holzboots steht und von einer Autobatterie betrieben wird. Am anderen Ufer geht es für uns zu Fuß zum Busbahnhof, wo wir feststellen, dass Phils »20 Minuten« wohl nicht ausreichen werden, um nach Olinda zu gelangen, denn heute gilt der Karnevalsfahrplan: Der Bus kommt dann, wenn er kommt. Ein Problem ist das aber nicht, denn wir sind nicht die Einzigen, die heute nach Olinda wollen. Mit uns warten ein- oder zweihundert Brasilianer, die die Party offensichtlich einfach schon begonnen haben: Ein knappes Dutzend Trommler verteilt sich wie zufällig über den Busbahnhof, bleibt aber trotzdem im gleichen Rhythmus, zu dem eine johlende Menschenmenge tanzt. Vor dem Fahrkartenschalter versorgt ein Mann in blauer Uniform uns mit Bier und wir mischen uns unter die Feiernden.

Tag 96 der Reise

Es ist weit nach Mitternacht, als wir auf einem als Bulle verkleideten Tandem eine Runde über den Praça Monsenhor Fabrício drehen, dem Platz vor dem Rathaus Olindas. Mit Händen und Füßen konnte Alice den sicher über 70-jährigen Besitzer dazu überreden, uns sein mit echten Kuhfellen und langen Hörnern dekoriertes Fahrrad für eine kurze Spitztour zu leihen. Der Mann trägt eine blonde Perücke und kann seine Erleichterung nicht ganz verbergen, als wir ihm sein Gefährt nach wenigen Minuten unversehrt zurückgeben. Als wir ihm zum Dank ein Bier ausgeben wollen, holt er stattdessen eine Plastikflasche aus der Seitentasche des Rads und lässt uns nicht gehen, bevor wir jeder einen kräftigen Schluck der lauwarmen Caipirinha getrunken haben.

Seit dem späten Nachmittag sind Alice und ich allein unterwegs. Kaum in Olindas Altstadt angekommen, hatten wir zunächst Johannes an eine hübsche Brasilianerin verloren, die ihn einhakte und nicht mehr losließ, bis die beiden außer Sichtweite waren. Ähnliches wiederholte sich nicht viel später mit Kyle, bis irgendwann Alice und ich es waren, die nicht ganz aus Versehen den Kontakt zur Gruppe abreißen ließen, um am Strand von Olinda eine kurze Pause von der elektrisierenden Party in der Altstadt einzulegen. Denn die hat es wirklich in sich. Zwar hatte unsere Anreise am Ende mehrere Stunden in Anspruch genommen, aber sie hatte sich gelohnt: Der Karneval in Olinda unterscheidet sich tatsächlich von dem in Recife. Auch hier sind die Straßen vollgestopft mit zigtausend Menschen, aber alles wirkt eine Spur liebevoller als in der großen Nachbarstadt einige Kilometer südlich von hier: Statt von Bier- und Telekommunikationsfirmen präsentiert zu werden, sind hier die Fahnen, Banner und Bühnen handgemalt. Die Parade folgt keinen professionell hergestellten Hähnen und Comiceseln, sondern behutsam gestalteten Figuren aus Pappmaschee, die historische und aktuelle Persönlichkeiten der Stadt abbilden. Die Kleider der Tänzerinnen auf den Ladeflächen der Trucks sind ebenfalls knallig bunt, aber statt hauteng anzuliegen, sind sie ganz traditionell gehalten. Irgendjemand erzählt mir, dass sie oft schon seit Generationen im Besitz der Familien der Tänzerinnen sind, ein anderer behauptet, dass sie von ihnen passend zum Thema der Parade selbst genäht werden. Auch die Kulisse, vor der sich der Karnevalszug bewegt, ist deutlich eindrucksvoller als die eintönigen Hochhäuser an den mehrspurigen Straßen der Hahnenparade in Recife: Im historischen Stadtzentrum von Olinda feiern wir in schmalen Gassen zwischen kleinen bunten Häuschen mit reich verzierten Balkonen und verstuckten Fenstern aus der Kolonialzeit, in den meisten Straßen tanzen wir auf Kopfsteinpflaster und auf den gemütlichen Plätzen unter Palmen. Am Nachmittag beschließe ich, auf jeden Fall noch einmal zurückzukehren nach Olinda, um mir die Altstadt noch einmal ohne diese feiernde Meute anzuschauen.

Am Strand von Olinda entspannen Alice und ich für einige Zeit. Ich bekomme hier endlich meinen lang ersehnten

Burger und beim Sonnenuntergang liegen wir am Strand, schauen auf den Atlantik und verstehen uns blendend: Wir beeindrucken uns gegenseitig mit Erzählungen von unseren Reisen, Alice schwärmt von den Fidschi-Inseln, die sie bei einer Backpackingtour von Neuseeland aus besucht hat, und gibt damit an, dass sie auf Hawaii mal mit einem Hammer in der fließenden Lava des aktiven Kīlauea-Vulkans herumgestochert hat. Es ist stockdunkel, als wir irgendwann wieder bei Kräften sind und uns ins Getümmel stürzen. Den Abend über tanzen wir zwischen Feuerspuckern mit brasilianischen Super-Marios, lassen uns von einem Sexy-Pinguin die bewegte Stadtgeschichte von Olinda erzählen und trinken die beste Caipirinha der Welt. Nach dem Ritt auf dem Bullentandem setzen wir uns schließlich in den nächsten Bus nach Recife, wo wir am Ende unsere Haltestelle verpassen. Die Nacht verbringen wir gemeinsam unter freiem Himmel an einem Strand zwischen Palmen und den Wellen des Atlantiks.

Epilog

Etwa 3300 Seemeilen habe ich zwischen Gibraltar und Recife zurückgelegt, ungefähr 5300 Kilometer. Auf der *Mystique* und der *Libertalia* habe ich genau 30 Tage auf hoher See verbracht, zwischendurch wohnte ich zusammengerechnet über zwei Monate lang an Bord der Boote in den verschiedenen Atlantikhäfen. Was die Autobahnraststätten für Tramper zu Land sind, bedeuten die Häfen für die Tramper zur See: Hier trifft man auf seinen nächsten Kapitän. Nur muss kaum ein Tramper an Autobahnen und Landstraßen dabei helfen, die Autos zu warten oder gar überhaupt erst einmal straßentüchtig zu machen, bevor die Fahrt losgeht. Und ganz sicher nicht auf das richtige Wetter warten.

Auf dem Weg über den Atlantik tauchte ich ein in eine Welt, von der man an Land kaum etwas mitbekommt: die Community der Fahrtensegler – so nennen sich die Abenteurer, die auf unbestimmte Zeit auf ihren Booten wohnen und über die Meere und Ozeane reisen. Ihre Leben haben einen völlig anderen Rhythmus als unsere: Statt von Fahrplänen und Terminkalendern werden sie getaktet von Wind- und Meeresströmungen, von Gezeiten und den großen Wettersystemen des Planeten. Die meiste Zeit verbringen sie aber nicht einsam auf See, sondern zusammen mit Gleichgesinnten in den kleinen und großen Häfen an den Segelrouten der Weltmeere. Wie auf See ergibt sich auch dort überraschend schnell eine Form von Alltag. Der allerdings ist geprägt von einer Mischung aus Ankunft, Aufbruch und den zahllosen unterschiedlichen Träumen, die hier jederzeit in der Luft liegen. Ich kann gut verstehen, warum die Phils, Tims, Annas und Crazy-Peters es vorziehen, zumindest einen Teil ihrer Leben in dieser Welt zu verbringen. Ich bewundere sie für die Konsequenz, mit der sie auch Entbehrungen, Schwierigkeiten und Gefahren auf sich nehmen.

Ich dagegen beließ es bei einer kleinen Stippvisite in ihre Welt. Nach meiner Rückkehr nach Deutschland dauerte es allerdings nicht lange, bis es mich wieder auf See zog: Wieder als Couchsurfer zur See half ich, einen Katamaran von den Balearen in die Niederlande zu überführen, durchsegelte noch einmal die Straße von Gibraltar und überquerte den berüchtigten Golf von Biskaya zwischen Frankreich und Spanien. In den Marinas von A Coruña und Brest trifft man auf einen ähnlichen Menschenschlag wie in Gibraltar, Las Palmas und Mindelo. Auch hier tummeln sich mutige Menschen auf der Jagd nach ihren Träumen.

Meine Zeit als Couchsailor auf dem Atlantik hat eine neue Fantasie in mir geweckt. Heute träume ich davon, mir irgendwann ein eigenes Segelboot leisten und damit auf den Weltmeeren unterwegs sein zu können. Noch ist es mehr ein Hirngespinst, eine Idee, die tief in mir schlummert und sich noch vollkommen unrealistisch anfühlt. Aber so ähnlich startete schließlich auch einst meine Atlantiküberquerung per Anhalter. Wer weiß: Vielleicht drängt sich irgendwann auch dieser Traum so in den Vordergrund, dass mir keine andere Wahl bleibt, als es zu versuchen. Denn so ist es nun einmal mit den Träumen: Kaum ist der eine erfüllt, ist oft der nächste schon da, um seinen Platz einzunehmen.

Manchmal kommt es aber auch vor, dass man – fast im Vorbeigehen und ohne großes eigenes Zutun – sich einen Traum erfüllt, von dem man gar nicht wusste, dass man ihn hat: Noch vor dem Törn mit dem Katamaran wanderte ich mit Alice auf der Trolltunga in Norwegen. Später musste ich unbedingt ausprobieren, ob man von Deutschland nach Norwegen trampen kann, und ein anderes Mal stieß ich plötzlich auf eine Mitsegelgelegenheit entlang der Fjordküste Norwegens. Alice und ich stiegen auf den höchsten Berg Skandinaviens, überquerten norwegische Gletscher und zelteten im Schnee.

Wenn ich heute an meinem Schreibtisch sitze und aus dem Fenster schaue, dann sehe ich einen kleinen, von saftig grünen Wiesen gesäumten Fjord. Im Osten liegt unser kleines Dörfchen mit seinen 70 oder 80 gelb, rot und weiß angepinselten Holzhäuschen. Aus einigen der Schornsteine steigt auch jetzt im Mai noch der Rauch aus den Kaminen. Im Westen beginnt irgendwo am Horizont der Atlantik und während ich diese Zeilen tippe, könnte sich jederzeit das kleine Baby bemerkbar machen, das kürzlich bei uns eingezogen ist. Ich freue mich schon darauf, ihm irgendwann von meinem unerschrockenen Sprung in den Ozean zu berichten.

Mehr von Timo Peters:

bruderleichtfuss.com
Mehr abenteuerliche Erlebnisse und Geschichten aus den wildesten Winkeln der Welt.

fjordwelten.de
Im Reisemagazin für Fjordnorwegen gibt es Tipps aus Timos neuer Heimat: Spektakuläre Fjorde, atemberaubende Berglandschaften und die schönsten Orte Norwegens.

Dank

Vielen Dank an jeden meiner Gastgeber, Fahrer und Segler, die mich auf dieser Reise meinem Ziel ein Stück nähergebracht haben!

Bei dieser Gelegenheit will ich mich außerdem bei jedem bedanken, der schon mal einen Couchsurfer beherbergt hat oder einen Tramper in seinem Auto oder Boot, auf seinem Trecker oder Fahrrad oder im Anhänger mitgenommen hat. Ihr macht die Welt zu einem besseren Ort!

Großer Dank gebührt auch Hans Peter für sein Vertrauen und besonders David für seine unerschütterliche Geduld, seine grenzenlose Nachsichtigkeit und seine guten Ideen. Ohne euch wäre dieses Buch höchstens ein unvollendetes Manuskript auf meinem Laptop.

Aus Verantwortung für die Umwelt hat sich der
Verlag Kiepenheuer & Witsch zu einer nachhaltigen
Buchproduktion verpflichtet. Der bewusste Umgang mit
unseren Ressourcen, der Schutz unseres Klimas und der Natur
gehören zu unseren obersten Unternehmenszielen.

Gemeinsam mit unseren Partnern und Lieferanten
setzen wir uns für eine klimaneutrale Buchproduktion
ein, die den Erwerb von Klimazertifikaten zur
Kompensation des CO_2-Ausstoßes einschließt.

Weitere Informationen finden Sie unter:
www.klimaneutralerverlag.de

Verlag Kiepenheuer & Witsch, FSC® N001512

1. Auflage 2021

© 2021, Verlag Kiepenheuer & Witsch, Köln
Alle Rechte vorbehalten
Covergestaltung: Barbara Thoben, Köln
Covermotiv: © privat
Fotos Bildteil: © privat
Karten: Markus Weber / Guter Punkt, München
Gesetzt aus der Adobe Caslon Pro und der Good Pro
Satz: Buch-Werkstatt GmbH, Bad Aibling
Druck und Bindung: CPI books GmbH, Leck
ISBN 978-3-462-05382-1